1916−1930

1929(昭和4)年8月号
画／鏑木清方

1925(大正14)年12月号
画／小川芋銭

●創刊号

1916(大正5)年1月号
画／長原孝太郎

1930(昭和5)年9月号
画／加藤静児

●モダンガールが表紙に

1928(昭和3)年1月号
画／村上松次郎

1923(大正12)年3月号

1936（昭和11）年10月号
画／岩田専太郎

1933（昭和8）年4月号
画／堂本印象

1931（昭和6）年1月号
画／東郷青児

●東郷青児デザインのロゴ登場

1937（昭和12）年3月号
画／大森啓助

1931
|
1941

1931（昭和6）年2月号
画／古賀春江

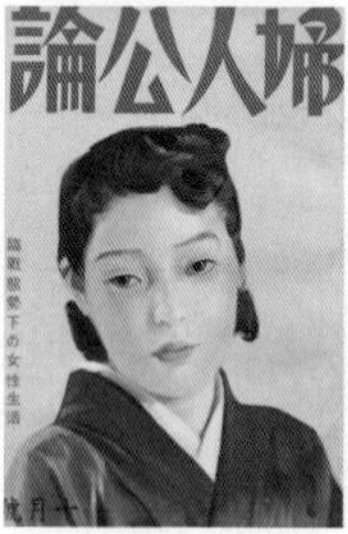

1941（昭和16）年10月号
画／木下孝則

1935（昭和10）年8月号
画／山川秀峰

1932（昭和7）年8月号
画／中村大三郎

1942–1951

1942（昭和17）年4月号
画／松野一夫

1943（昭和18）年10月号
画／田邊 至

●戦前最終刊

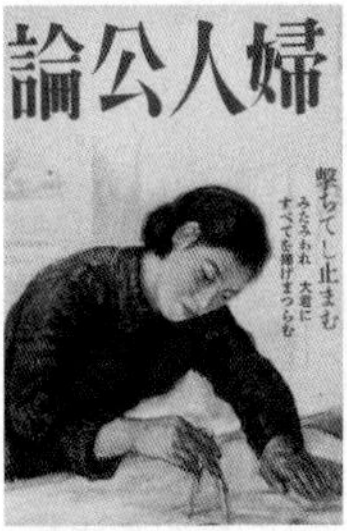

1944（昭和19）年3月号
画／田邊 至

●終戦から半年で再生

1946（昭和21）年4月号
（再生第1号）

●新しい時代へ

1947（昭和22）年4月号
画／藤田嗣治

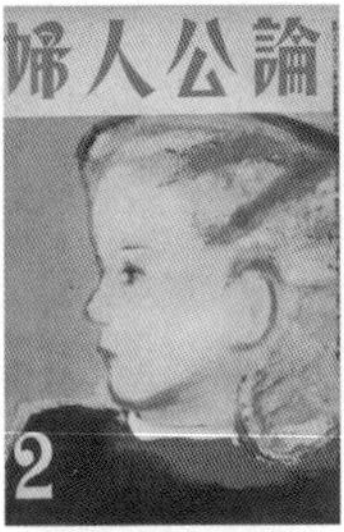

1948（昭和23）年2月号
画／岡田謙三

1950（昭和25）年4月号
画／東郷青児

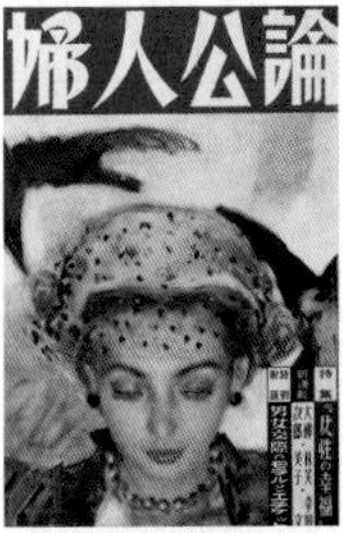

1951（昭和26）年1月号
画／宮本三郎

1952
|
1963

1952（昭和27）年7月号
画／小磯良平

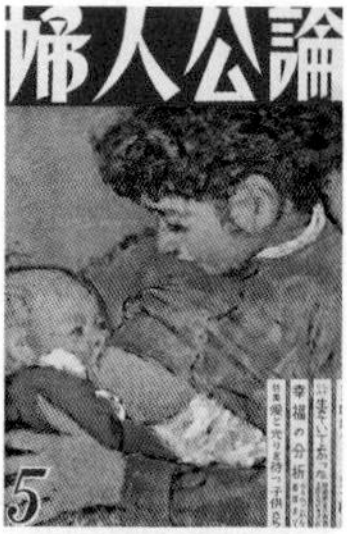

1956（昭和31）年5月号
画／宮本三郎

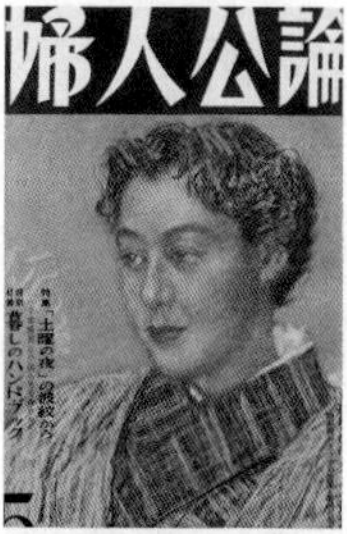

1957（昭和32）年5月号
画／宮本三郎
モデル／山田五十鈴

1958（昭和33）年10月号
画／東郷青児

1959（昭和34）年1月号
画／東郷青児

●女優シリーズ開始

1960（昭和35）年1月号
写真／大竹省二 衣装／
森 英恵　絵／清川泰次

1961（昭和36）年12月号
写真／大竹省二
モデル／岸 恵子

1963（昭和38）年6月号
写真／大竹省二
モデル／岩下志麻

●国宝と女優・土門 拳

1968(昭和43)年4月号
写真/中村正也
モデル/石井美千

1966(昭和41)年7月号
写真/秋山庄太郎
モデル/三田佳子

1964(昭和39)年1月号
写真/土門 拳　衣装/森英恵　モデル/岡田茉莉子

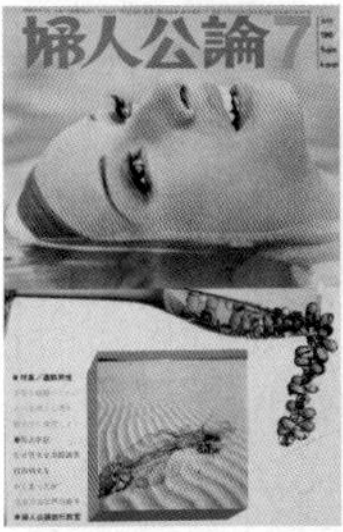

1969(昭和44)年7月号
写真/奈良原一高 モデル/吾妻マリ

1964
|
1971

1964(昭和39)年11月号
写真/土門 拳　衣装/森英恵　モデル/若尾文子

●気鋭の画家・金子國義登場

1971(昭和46)年1月号
画/金子國義

1967(昭和42)年11月号
写真/大竹省二 衣装/中林洋子　モデル/加賀まりこ

1965(昭和40)年8月号
写真/土門 拳
モデル/吉永小百合

1988（昭和63）年1月号
画／池田満寿夫

●池田満寿夫の世界

1983（昭和58）年2月号
画／小松崎邦雄

1973（昭和48）年12月号
画／金子國義

1991（平成3）年1月号
画／山本容子「読書する女」

●山本容子が描く女たち

1973
|
1997

1975（昭和50）年1月号
画／高沢圭一

●妖艶な高沢圭一の美人画

1997（平成9）年1月号
画／山本容子「岡本かの子」

1985（昭和60）年7月号
画／芝田米三

1982（昭和57）年10月号
画／高沢圭一

●篠山紀信が旬な人を切り取る

2006（平成18）年5月7日号
モデル／樋口可南子

2002（平成14）年12月7日号
モデル／ジャンヌ・モロー

1998（平成10）年3月22日号
モデル／松田聖子

2008（平成20）年1月22日号
モデル／坂東玉三郎

1998
|
2008

1998（平成10）年8月22日号
モデル／黒木 瞳

2008（平成20）年2月7日号
モデル／森 光子

2005（平成17）年5月7日号
モデル／松坂慶子

1999（平成11）年5月7日号
モデル／松 たか子

2014(平成26)年2月22日号
モデル／草間彌生

2011(平成23)年9月7日号
モデル／美輪明宏

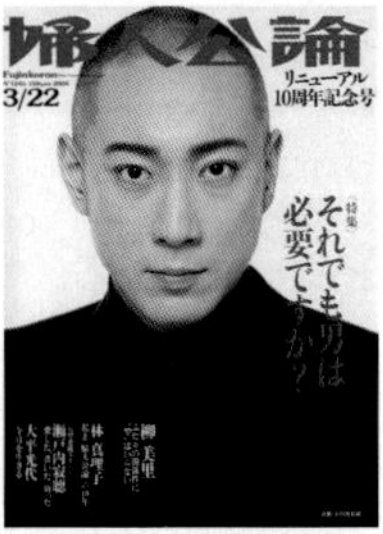

2008(平成20)年3月22日号
モデル／市川海老蔵

2015(平成27)年7月14日号
モデル／真矢ミキ

2008
|
2016

2009(平成21)年1月22日号
モデル／氷川きよし

2016(平成28)年1月26日号
モデル／宮沢りえ

2012(平成24)年8月7日号
モデル／澤 穂希

2010(平成22)年8月22日号
モデル／黒柳徹子

中公文庫

百年の女

『婦人公論』が見た大正、昭和、平成

酒井順子

中央公論新社

百年の女　『婦人公論』が見た大正、昭和、平成

†

目次

戦後の希望　昭和22年～39年

※原則として、引用部は新字新かな表記に改め、適宜ルビを加えました。また、今日の視点から見ると不適切な表現がありますが、雑誌発表当時の時代背景を考慮しそのままとしました。明らかな誤植については一部改めた箇所があります。

百年の女　『婦人公論』が見た大正、昭和、平成

はじめに

大正五年（一九一六）に創刊され、平成二十八年（二〇一六）に創刊百周年を迎えた、『婦人公論』。大正、昭和、平成と三つの世をまたいで、この雑誌は日本の女性達を導き、そして受け止め続けました。

『婦人公論』百年の歴史をひもとくことによって、日本女性がいかに生きてきたかを振り返るこの本。そこにはあなたの祖母がいるかもしれないし、母がいるかもしれないし、またあなた自身がいるかもしれません。まずは百年前の日本へと、時計の針を戻してみましょう。百年の間に変わったこと、そして変わらなかったことが、見えてくることでしょう。

大正の爛熟

大正5年～15年

1916-1926

1　創刊前夜

『中央公論』の妹分として

『婦人公論』が創刊されたのは、大正五年（一九一六）のことでした。

一、高尚にして興味饒《ゆた》かなる小説読物を満載して以《もっ》て現代婦人の卑俗にして低級なる趣味を向上せしめ、

二、穏健優雅なる実践的教義を鼓吹して以て突飛極端なる新思想と固陋頑迷《ころうがんめい》なる旧思想とを極力排撃す。

との二大綱領《こうりょう》を掲げ世に出たこの雑誌が、百年後も刊行を続けていると、その時に誰が予想したでしょうか。

『婦人公論』は中央公論社（現・中央公論新社）から創刊された、いわば『中央公論』誌の妹分的な存在。まずは簡単に中央公論社の歴史について、振り返りましょう。

中央公論社のルーツは、京都にあります。西本願寺が開いた普通教校の学生達がつくった修養団体「反省会」の機関誌『反省会雑誌』が『中央公論』の前身であり、その創刊は明治二十年（一八八七）のこと。

普通教校とは、宗教教育のみならず一般的な学問も教え、一般の人も入学できる学校でした。その頃の京都では、新島襄《にいじまじょう》が開いた同志社が勢いを得ていました。明治になって西欧文明がどっと流入してきた日本において、同志社が行うキリスト教をベースにした教育は、目新しかったことでしょう。それに仏教側でも対抗すべく設立されたのが、普通教校だったと思われます。

やがて『反省会雑誌』の編集部は、東京に移転。次第に雑誌からは仏教色が薄くなり、社会・総合雑誌となっていきます。雑誌名が『中央公論』と変わったのは、明治三十二年（一八九九）のこと。大正の初めには西本願寺との関係も切れて、中央公論社は宗教色のない出版社となりました。

その後、名編集者である滝田樗陰《たきたちょいん》が、夏目漱石などのスター作家に執筆を依頼して、文芸欄を拡張。『中央公論』は、部数を伸ばしていくのでした。

一方、女性誌の世界は、どのようなものだったのでしょうか。日本で最初の女性誌は、明治十七年（一八八四）に創刊された『女学新誌』（創刊翌年、『女学雑誌』に）。西欧文化の流入に伴う女性改良を目指した女性誌が、ほかにも創刊されます。また明治二十二年（一八八九）の明治憲法発布後は、国が目指した「良妻賢母」思想をベースにした女性誌群が登場。明治時代の前半は、女性に対する啓蒙《けいもう》色が強い女性誌の、一種の創刊ブームだったのです。

明治も後半になると、女学生向けの雑誌、そして既婚女性向けの雑誌も登場。女性誌が少しだけカジュアル化し、読者ターゲットも分かれてきました。

今、女性は月である

大正に入ってからの『婦人公論』創刊を語る前に、明治の最末期に登場した、印象的な女性誌のことを取り上げておくべきでしょう。その女性誌の名は、『青鞜《せいとう》』。平塚らいてうなどによって、日本で初めて女性だけで作られたこの雑誌は、女性の作品のみを掲載する文芸誌としてスタートしたのです。

「元始、女性は実に太陽であった。真正の人であった。
今、女性は月である。他に依って生き、他の光によって輝く、病人のような蒼白い顔の月である」

という、『青鞜』発刊に際してらいてうが書いた創刊の辞は、冒頭のこの部分のみが有名ですが、実に長く、熱い文章です。弱冠二十五歳のらいてうは、『青鞜』というメディアを使い、世の女性に向けて「女性解放」を呼びかけようとしていました。

では、女性解放の「解放」とは、何を意味するのでしょうか。この時代の女性達は、多くの重い枷《かせ》を、国から、そして男性からはめられて生きていました。明治憲法下において、女性の権利は無いも同然。女性は結婚すると法律上の〝無能力者〟として扱われたため、選挙権、被選挙権どころか、政治的集会に参加する権利も無い。財産を持つこともできず、離婚に際しての財産分与を請求する権利もありませんでした。つまり女性は経済的に自立することが不可能であり、夫の管理下で生きるしかなかったのです。

姦通《かんつう》罪というものもこの時代は存在していましたが、既婚女性が他の男性と通じるのは罪になっても、既婚男性が他の女性と通じるのは何ら罪ではない。今の時代にこの法律があったら、逮捕者続出でしょう。

そんなわけでこの時代、日本女性に、今で言うところの人権は与えられていませんでした。今を生きる私達の中には「男も女も、同じ人間」という感覚が当たり前のように存在していますが、この時代は法律で女性への差別が定められていたのです。

らいてうが女性のことを「他に依って生き、他の光によって輝く、病人のような蒼白い顔の月」と書いたのは、だからこそ。古い因習や制度からの解放を目指した彼女達は、「新しい女」と呼ばれました。

この「新しい女」という言葉は、『青鞜』刊行前後の日本で、おおいに話題になった模様です。ただしこれは、らいてうや『青鞜』が作り、流行《はや》らせた言葉ではありません。世界的に女権拡張の動きが広がっていた中で、アメリカで使われていた「new woman」という言葉が日本に入り、「とはいえ、これはどういう女なのだ?」となっている時にらいてう達が華々しく登場、「新しい女」の典型例と目されたものと思われる。

「新しい女」は、多分に揶揄《やゆ》的な意味合いを帯びた言葉として使用されていたようです。当時、『青鞜』の社員達が公然と酒を飲んだり、吉原に遊びに行ってみたりするといった行為が、世間からは攻撃されていました。日本女性の美徳をふみにじる、奇矯《ききょう》でふしだらな女が「新しい女」なのだと、マスメディアは悪評を立てたのです。

らいてうという「新しい女」

『青鞜』の創刊から二年後の大正二年（一九一三）、世間では「新しい女」論争ともいうべきものがおこっていました。『中央公論』では「閨秀《けいしゅう》十五名家一人一題」という特集を組みます。そこにはらいてうも登場し、

「自分は新しい女である。
　少なくとも真に新しい女でありたいと日々に願い、日々に努めている」

と始まる文章を記しています。それは自分達が「新しい女」と揶揄されていることを逆

手にとった開き直りであり、覚悟の提示であったのでしょう。

同年、『中央公論』は臨時増刊「婦人問題号」を刊行しました。それほど当時、「新しい女」問題はホットな話題であったということです。

多彩な顔ぶれが婦人問題について考えるこの臨時増刊では、評論家の島村抱月《しまむらほうげつ》が「近代文芸と婦人問題」という文章を記しています。抱月は、「新しい女」達にとってのシンボル的作品と言うことができた、イプセン作『人形の家』を翻訳した人。歌舞伎に対する「新劇」を興《おこ》した人でもあります。

抱月は、古今東西の婦人問題に鑑《かんが》みつつ、

「若《も》し女が偶然の行きがかりから劣等者たる三千年の歴史に囚《とら》えられたものであったら、其《そ》の三千年の囚われから救い出してやるのが吾々の任務だと言ってよい」

と記しています。この頃、世には「女は下等な存在である」と確信している男性も多かったわけですが、抱月は女性の側に立つという旗印を掲げたのです。

そして、

「婦人問題の根本は、女も亦《また》一個の人間であるという個人格の自覚である。真に此《こ》の自覚を身に感じた以後の女が所謂《いわゆる》新しい女でなくてはならぬ。女は常に男よりも劣等の地に立つものとしか思い得ないあいだの女が旧《ふる》い女である」

と、「新しい女」と「旧い女」を定義づけているのでした。女性が、自分は一人の人間

であるという自覚を持つことも、この時代は困難だったのです。そして女が男と対等になり、人間対人間の関係性になった時、

「男と女としての対人関係は、他の何ものよりも真の愛に到達する事によって意義を生ずる」

とも。男女の関係が上下関係にしかならない時、そこに「愛」が生じることの困難さを示します。

「人物評論　平塚明子《はるこ》論」という特集もありました。平塚明子とは、らいてうの本名。佐藤春夫から与謝野晶子《よさのあきこ》まで、多くの人がらいてうを評しているのであり、婦人問題の世界において、らいてうがいかにスター性を持つ人物であったかがわかります。

　ここでのらいてうは、賛美されるばかりではありません。佐藤春夫は、

「所謂『新らしい女』よりも『古い女』が好きなのである」

「兎《と》に角《かく》『新らしい女』に対しては私はあまり同情のない方である」

と、らいてうに味方する気はゼロ。また与謝野晶子は、意外なことに独身女性における「貞操」を重視する人だったらしく（否、意外ではないのかも。十三人も子供を産んだ晶子だが、それはすべて鉄幹《てっかん》の子なのだし）、らいてうの貞操問題を云々《うんぬん》して、らいてうを支持するかどうか、「自分は迷って居ます」と書くのです。若い独身女性作家が、他の女性作家から「あの人は処女ではないのではないか」と公然と非難されるというのは、今からする

と考えられない事態ですが、晶子からしたら、らいてうが処女か否かは大問題。そしてそんな時代にらいてうは、「新しい女」の看板を掲げていたのです。

この『中央公論』臨時増刊の「婦人問題号」こそが、『婦人公論』創刊へとつながる、一粒の種子となりました。その種子が発芽の時を迎えるのは、「婦人問題号」の発行から三年後の、大正五年（一九一六）になります。

『婦人公論』創刊時、主幹（編集長）となったのは、嶋中雄作《しまなかゆうさく》。彼は大学を卒業して中央公論社に入社し、まだ一年も経っていない時に『中央公論』の「婦人問題号」を作った人でした。

『婦人公論』の創刊と時を同じくして、女性誌の世界では『青鞜』の火が消えようとしていました。この頃、らいてうは画家の奥村博史《ひろし》と、今で言うところの事実婚的な生活を始めます。また『青鞜』の事務仕事を一手に引き受けていた女性が社を去り、らいてう一人では仕事が回らなくなってきました。

結果、らいてうは『青鞜』を伊藤野枝《のえ》に譲るものの、野枝の出産や大杉栄との不倫問題等で行き詰まり、ほどなくして刊行が続かなくなります。『青鞜』無き後の野枝は、社会運動へ傾倒。関東大震災後、大杉栄とともに、憲兵隊によって殺害されることになります。

『青鞜』の最後の号が出たのは、大正五年の二月。そして『婦人公論』が創刊されたのは、同年一月。二つの雑誌は、時代の中でほんの僅《わず》かに指先を触れ合っただけで別れたわけですが、その瞬間に多くの女性達の思いが託されたのではなかったか。

不幸系ルポルタージュも

嶋中雄作は、『婦人公論』の創刊について、

「その頃、澎湃《ほうはい》として劇に評論に一世を風靡したのは、個人主義的思想に伴う、婦人の自覚と解放であった。私は滝田氏〔以下引用者注＝樗陰、当時『中央公論』編集長〕に献言して、中央公論夏期増刊号を発刊せしめ、これを『婦人問題号』と名付けたこともあった。その臨時増刊が比較的評判がよかったから、というわけでもないが、時代の動きや青鞜の運動などに刺激されて、私は新しい婦人雑誌の創刊を麻田社長に進言し、その容《い》れるところとなって、ここに婦人公論が生れた」（『婦人公論の五十年』）

としています。『青鞜』に対する意識は確実に存在したのであり、らいてうをはじめとした『青鞜』執筆陣はその後、『婦人公論』においても活躍を続けることになりました。

とはいえ、『婦人公論』と『青鞜』との違いは、明白です。『青鞜』は、例外はあったものの、基本的には女性の作品のみを載せる雑誌であり、作り手もすべて女性。対して『婦人公論』は、主幹の嶋中雄作からして男性ですし、創刊号の目次を見ても、執筆陣は圧倒的に男性の方が多いのです。それも最初から、

現代婦人の行くべき道　安部磯雄《いそお》
婦人運動と日本の女　相馬《そうま》御風《ぎょふう》
現今女学生気質　宮田修
『嫉妬』の心理学的研究（一）　高島平三郎
大正新女大学　三宅雪嶺《せつれい》

……と、漢字だらけでいかにも硬い。

今を生きる私達は、女性誌というと「女性にとっての娯楽の一種」という意識で捉えていますが、この時の『婦人公論』に、娯楽要素は少ないのです。最初に挙げた綱領に、「現代婦人の卑俗にして低級なる趣味を向上せしめ」との一文がありましたが、「男性が女性の蒙《もう》を啓《ひら》くための雑誌」という意識が、そこにはあった。

同時に『婦人公論』は、女性という存在を知るための雑誌でもあったのでしょう。この頃の男性にとって女は、わけのわからない存在になり始めていたはず。自らの支配下にあっておとなしくしているはずと思っていたのが、急に自我に目覚めて意見など言い始めたのですから。「女とは」という謎をとくために『婦人公論』を読んだ男性読者も少なくなかったのではないか。

とはいえ、その後の『婦人公論』につながる原型のようなものは、すでに最初からできているようです。

「不良少年を産んだ家庭」

「薄命に泣いて居る女」

といった記事は、読者が我が身に引き寄せて読むことができる、不幸系ルポルタージュ。

「女子容色美発揮《はっき》術（顔容と髪の結い方）」

「最近流行界の趨勢《すうせい》」

は、美容・ファッション記事。さらには、田村俊子や巌谷《いわや》小波《さざなみ》などの文芸作品も、掲載されているのです。

「新しい女」の時代にあって、男が作った器に女の話題を乗せて、『婦人公論』は船出しました。百年続くこととなるその航路を、これから追っていきます。

2　女の心得、説くのは男？

トンデモ本的「女大学」

大正五年（一九一六）の創刊当初、『婦人公論』がとっていたのは「女という発展途上の生き物を、男が導く」という姿勢です。そのことをよく示すのが、創刊から九回にわたって続いた「大正新女大学」という連載でしょう。

「女大学」とは、江戸中期から明治初期にかけてさかんに出版された、女性向けの教訓を記した書。宝永七年（一七一〇）に儒学者・貝原益軒《かいばらえきけん》が著した「女子を教ゆる法」（『和俗童子訓』内）がその嚆矢《こうし》とされ、それをベースとして、『女大学宝箱』等、様々な〝女大学もの〟が世に出ました。明治初期まで百七十年余も、少しずつ内容を変えつつ刊行され続けた女大学ものは、大ロングセラーと言うことができます。

封建社会で家父長制を守り、家を存続させていくためには、女性、特に「嫁」の忍従が不可欠です。その時、嫁に個性だの人間性だの自由だのを認めてしまうと、夫が主で妻が従という家父長制は崩壊するのであり、そのようなことを避けるために刊行されたのが、女大学の数々。それはいわば、「よく服従する嫁を育てるためのマニュアル」です。

　女大学の基本的な考え方は、ですから「絶対服従」。幼い時は親に、結婚したら夫に、老いたら子に従うという「三従」はよく知られていますが、「総じて婦人の道は、人に従うにあり」「夫若《も》し腹立て怒るときは、恐れて順《したが》うべし」「女は夫をもって天とす。返す返すも夫に逆らいて天の罰を受くべからず」（『女大学宝箱』）、といった調子です。

　他にも、「芝居や踊りや三味線好きの女で淫乱でない者はない」「湯茶をたくさん飲むのはダメ」「針仕事ができない者は、犬猫にも劣る」等、女を人間として見ていない文言がずらりと並び、中には「醜女《しこめ》が派手に着飾っているのはかえって見苦しい」など、個人的趣味でしかないような文章も。

　今となってはトンデモ本的面白さがある、女大学もの。もちろん全ての女性が女大学的に生きていたわけではなく、規範に従わない女性が多かったからこそ、この手の書は必要とされたのでしょう。しかし日本の女性は「トンデモ」にしては長すぎる間、女大学が「正しい」とされる中で生きていました。

婦人と言えども人である

そんな女大学に異を唱えたのは、福沢諭吉。彼は明治三十二年（一八九九）に、「女大学評論」および「新女大学」を記しています。従来の女大学ものを、男にとって都合よく女を従わせようとしているだけの書、としてバッサリ斬《き》ったこの文章。封建制度が崩壊してもなお、世の女性を縛る女大学的価値観に対する警鐘は、大胆に響いたものと思われます。

『婦人公論』における「大正新女大学」の連載も、福沢諭吉の「新女大学」を受けてのものであったと、私は思います。そして今この連載を読んで理解できるのは、「とはいえこの頃の人々は、封建時代の女大学の流れから、抜け切ってはいない」ということ。

連載は毎回違う執筆者が記しているのですが、それが全員男性であるというところが、まずその事実を示していましょう。「女が行くべき道を示すことができるのは、男」という思いが、編集側にはあったのです。「文学博士　三宅雪嶺」、「文学博士　澤柳《さわやなぎ》政《まさ》太郎《たろう》」、「法学博士　浮《うき》田《た》和民《かずたみ》」など、執筆者は堅い人が多いのですが、「新女大学」を男が書くことに異論を呈するのは、評論家の山《やま》路《じ》愛山《あいざん》ただ一人。

「男の私が女の心得を書くのは可《お》笑《か》しきことなり。如《い》何《か》なる世にても道徳は他人に指揮せらるべきものに非ず。貞女の操も自身の意思から出でしものならでは何の価値もなし」

という文がそれを示していますが、他の人たちは「女の心得を男が書く」ことに対して、何ら疑問を感じていないのです。

　たとえば三宅雪嶺は、そもそも女性の問題に関して「どうでもいい」という感じ。欧米文化に接することによって男女同権論や婦人解放論が出てきて、三従説や女大学を打破しようとする人も見られるようになったけれど、大昔の書に対して、「今更の様に切って懸《かか》るのは、聊《いささ》か滑稽《こっけい》らしいけれど、切って懸る人々は却々《なかなか》熱心であり、真面目である」と半ば揶揄。そして、

「同権だの解放だのの叫ばれるのは妻に頼むべき力の無い場合であって、其《その》力さえあれば黙って居ても解放される」

と、当事者意識はゼロ。すなわち、妻の実家が金持ちだったり、そうでなくとも妻本人が手に職を持っていたり美人だったり人に好かれやすかったりといった「力」さえあれば、問題は解決。同権だ解放だと騒いでいるのはそのような「力」の無い手合いなのだ、と書いています。

　中には、真剣に考えている人もいます。「女子の思想の極めて幼稚なるを遺憾とする」という澤柳政太郎は、「女子の思想の進歩は女子の教育に俟《ま》つより外《ほか》はないのである」と。このように、女性が受ける教育の質を高めて男性との釣り合いをとり、できれば経済力を持つことが望ましい、という考えを持つ人は多い。

そして、「今後の家庭に於《おい》ては、夫婦又は男女の関係が決して上下貴賤の尊卑関係にならない」（浮田和民）と、近代的なことを記す人もいます。しかし浮田にしても、

「女子の幸福は矢張《やは》り人の妻となり母となる賢母良妻にある」

という思いは、確固たるもの。山路愛山にしても、

「道徳の第一の目的は種属《（ママ）》の存続なり」

と記し、そのためには「各人の自由独立」という目的も犠牲にするべきである、とする。

文学博士の井上哲次郎においては、「女子の地位を高めるには、男子が余程努力して女子の為めに竭《つく》す所が無くてはならぬ」としておきながら、すぐに、

「女子は決して男子に対抗すべきものではない」

と記すのでした。女子は生理的に男子に劣るのみならず、「膂力《りょりょく》に於ても智識に於ても、男子と対等の地位を保つことは不可能である」「女子は男子に普通の場合は従うべく出来て居る」「女子の任務は矢張家庭に在ると言う事は永久に確定されたる社会の事実である」と、「女は家の中にいろ」という封建時代と同じ感覚を持っていることが明らかに。安政二年（一八五五）に生まれた人なので、仕方の無いことなのかもしれませんが。

クリスチャンであり、女性解放運動にもかかわった早稲田大学教授の安部磯雄も筆を執《と》っていますが、「家族は皆其主人の下に能《よ》く服従して行かねばならぬということは、動かすべからざる原則である」とし、「婦人は男子と平等の位置に立って、又出来る丈《だ》け男子

と同じ力を有《も》って、而《し》かも服従する」ということが「本当の服従」であり「美しい服従」であると書くのでした。この手の有識者陣は、井上哲次郎のみならず江戸時代の生まれ。留学経験があろうとクリスチャンであろうと、「女性解放と言っても、程度の問題があるだろう。基本は服従してもらわないと」という頭があるようです。

「大正新女大学」の最終回を記したのは、日本女子大学の創設者で、当時校長だった成瀬仁蔵《じんぞう》。その文章には、大正時代の男性知識人の考え方の基本となるようなフレーズが見られます。それはすなわち、

「婦人と言えども人である」

というもの。この「言えども」という部分に、当時の男性が女性をどう捉えていたかが、如実にあらわれているように私は思います。

成瀬は、女子教育を自らの天命とし、女子を「人として」「婦人として」「国民として」教育することを理念として掲げましたが、この「言えども」を見ると、当時は成瀬のような人にとっても、女子を「人として」見るという感覚は斬新であったことがわかります。この「言えども」に近いのは、「手のひらを太陽に」における「ミミズだってオケラだって」の「だって」。ミミズ、オケラのように取るに足らない生物も人間と同じ生き物なのだ、とこの歌は歌います。そして江戸時代に生まれ、文明開化の激変期を経て大正時代に知識人の立場を得ていた男性達も、「女も男と同じ生き物だ」ということを、身体に染み

付いた感覚では拒否したくなりながらも、頭で懸命に納得しようとしていたのではないか。

「古い女」と「新しい女」

平塚らいてうは、成瀬が創設した日本女子大で学びました。成瀬の理念に共感して入学したらいてうですが、次第に学生達の雰囲気に反感を覚え、成瀬の教えにも期待を持つことができなくなっていきます。女子大学という器におさまりきらなかった人であったと言うことができましょう。

そんならいてうの『青鞜』が『婦人公論』に与えた影響については前章で記しましたが、『青鞜』無き後、らいてうは『婦人公論』にもしばしば執筆することとなりました。

初期『婦人公論』の執筆者は圧倒的に男性が多かったわけですが、少数ながら存在する女性執筆人は、歌壇のスター・与謝野晶子、良妻賢母系の女子教育者である下田歌子、鳩山春子、山脇房子。そして美容ページ担当の遠藤波津子《はっこ》といったところでした。そんな中でらいてうの存在感は、異色かつ新鮮です。江戸時代生まれの「古い女」である女性教育者達が「卒業から結婚まで」（下田歌子）、「一家和合の秘訣」（鳩山春子）、「娘を嫁入らす為めに」（山脇房子）といったことを書いている時代に、新しい女・らいてうが書いたのは「男女性的道徳論」。

蓄妾《ちくしょう》、買春も全く不名誉とならない男性に対して、処女性や貞操が命のように言われる女性。それは「男性の女性に対する所有欲の反映」であり、「奴隷制御の一手段でしかない」。らいてうが考える新しい道徳とは、真剣に男女が愛し合うことこそが「貞操」で、「愛なくて只《ただ》肉体の上で夫一人を守っているような妻は不道徳な、不貞なもの」とします。

今を生きる私達からすると、すっきり納得できる論ですが、当時はさぞや過激に聞こえたことでしょう。そういえばあの井上哲次郎も「大正新女大学」の中で、新しい女は「女子の風俗を破壊する様な事をやった」としています。そして「女子は殊《こと》に煽動《せんどう》され易いから」、新しい女などに乗せられることなく「何処までも女性の本分を完《まっと》うして健全なる発展を遂ぐべき」と、文章をしめくくっているのです。

江戸時代生まれの「古い」人には不興を買っても、しかし三十そこそこのらいてうの文章は圧倒的に新鮮で力があり、そして雑誌ジャーナリズムが求めるスキャンダラスな要素をも持っていました。創刊当初の『婦人公論』には、江戸時代生まれ文化人の封建がかった論を重視する面もありましたが、明治十九年（一八八六）生まれのらいてうの新しい論をそれにぶつけるという冒険心もあったのです。

では、らいてうより八歳年上、明治十一年（一八七八）生まれの与謝野晶子は、どのような立場であったのでしょうか。生涯で十三人の子供を産んだ晶子ですが、『婦人公論』創刊当時は三十八歳、既《すで》に十人の子供を産み、文筆家としての立場も確立されていました。江戸時代生まれの人とは異なる感覚だけれど、「新しい女」達よりは一世代上の彼女。しかし既婚男性・鉄幹と熱愛の末に出奔《しゅっぽん》という、らいてうが言うところの「恋愛という貞操」をも、実践していたのです。

女による女のための議論

らいてうが『婦人公論』における若手花形だとしたら、晶子は立女形《たておやま》（本物の女だが）、という立場であった二人。この二人の出会いは、らいてうが女子大を卒業した後、晶子に短歌の指導を受けたことに始まります。『青鞜』創刊時には、「山の動く日来《きた》る」の書き出しで有名な詩「そぞろごと」を、晶子に寄稿してもらってもいるのです。

　しかし次第に、両者の間には微妙な考え方のずれが生じたのであり、大正七年（一九一八）に勃発《ぼっぱつ》したのが、「母性保護論争」。同年三月号の「女子の徹底した独立」という文章の中で晶子は、妊娠分娩期の女性は国の経済的保護を受けて然るべき、という欧米の婦人運動に対して、異を唱えています。晶子の主張は、男性にであれ国家にであれ、「婦人は如何なる場合にも依頼主義を採ってはならない」というもの。将来生まれてくる子供の養育・教育も保証できる経済力を男女が共に持ってはじめて人は結婚するべきで、「たとい男子にその経済上の保障があっても女子にまだその保障が無い間は結婚及び分娩を避くべき」なのであり、経済力の無い婦人が「妊娠及び育児と云《い》う生殖的奉仕に由《よ》って国家の保護を求めるのは、労《（ママ）》動の能力の無い老衰者や廃人等が養育院の世話になるのと同じ」と、手厳しいのです。

対してらいてうは、同年五月号にて反論しています。「十分な言葉の意味で母の経済的独立ということは余程特殊な労働能力ある者の外は全然不可能なこと」であり、経済力の無い女は結婚できないとしたら「まず現代大多数の婦人は生涯結婚し分娩し得る時は来ない」。それほど経済力を重視するなら、「こうした要求を婦人の前に提出せられるに先立って、婦人の職業教育の奨励、職業範囲の拡張、賃銀値上問題等に大《おおい》に努力せらるべき」と。

母性保護論争は他の雑誌上でも展開され、『婦人公論』ではさらに、若き社会主義者の論客・山川菊栄《きくえ》も加わって展開していくのです。

母親という存在に対して理解の深そうな晶子、クールならいてう……というイメージですが、実は晶子は「妻でも母でも稼いでナンボ」という主義。この頃、二人目の子を産んだばかりの新米ママ・らいてうの方が、「母」に優しいのです。

晶子は、らいてうが言うところの「余程特殊な労働能力」を持つ女性であり、たくさんの子を生み育て、夫を追って海外にまで行くという、何に対しても尋常でない力を発揮できる人でした。だからこそ「経済力を得てから結婚するべき」という考えだったのかもしれません。

が、それは町人の娘として必死に働いて夫を支え、子を育てた晶子ならではの意見でもあったのでしょう。裕福な士族の娘として、『青鞜』刊行時も多分に親がかりであったらいてうのことが、「依頼主義」に見えたのかもしれません。

いずれにしても、創刊当初は「男が女を導く」という姿勢が目立った『婦人公論』において、女性が女性のための議論をしてその道を探るという動きが出てきたのは、紛れもない事実。それは初期の『婦人公論』において、意味のある論争であったのだと思います。

3　職業、政治、恋愛の自由

与謝野晶子vs.平塚らいてうの「母性保護論争」のみならず、『婦人公論』は創刊当初より、様々な問題に関する様々な方向からの意見を盛る〝器〟としての役割を果たしていました。

婦人が仕事を持つ弊害？

文化人や作家といった著名人の意見の他にも、創刊翌年の大正六年（一九一七）からは、一つのテーマに関して読者の手記を募《つの》って当選作を掲載するという、現在も続くページが登場。読者参加という、今で言うところの「双方向性」を、当初から大切にしていたのです。「公論」とは、「世間の人々の意見、世論、議論」といった意味ですから、まさに雑誌の名が体《たい》を表していました。

そんな器の中で議論されたのは、たとえば女性の職業問題。創刊年には、経済学者の堀江帰一《きいち》が「婦人の職業を排す　婦人職業の可否得失を論じて」という文章を記しています（十一月号）。

　この時代、職業を持つ女性が次第に増えていました。それも女性でなくてはできない仕事以外に、男性の職場にも女性が進出してきたのであり、「男子職業の範囲が婦人に依《よ》って、蚕食《さんしょく》される状態と為《な》った」ことに対して、堀江は「婦人職業には大《だい》なる弊害の伴うものであって、私は何としても其流行に反対せざるを得ない」と、危機感を抱いています。「古来女髪結の亭主は必ず意気地なし野郎と相場が定《き》まって居った」という感覚を持つ堀江は、「婦人の職分は要するに家庭に於《お》ける内助に外ならぬ」と考えます。「新しき婦人と称する一団の間には斯《か》かる婦人の職分を以て、甚《はなは》だ詰《つま》らぬものの如くに考えて居るようであるが」、内助の功は「男子の社会に於ける功業と何等優劣なきもの」なのだ、と。

　女性が職業など持てば、家庭から愛情が失われ、「晩婚の風《ふう》」が生じ、「妊娠の結果職業を失うことを恐れて、避妊をするようなことがあったならば、社会上に由々しき大問題を生ずる」。……この堀江の予測は、当たっています。その後も職業を持つ女性は増え続け、今の日本では晩婚化、少子化が大問題となっているのですから。

　堀江の誤りは、女性が職業を持つのは金銭のためのみと考え、「働きたいから働く」という感覚を視野に入れなかったことです。そして女性が働くのは「畢竟此《ひっきょうこの》社会に於ける男子の無気力なること」のせい。「裏店《うらだな》住いの熊公八公」であれば夫婦共稼ぎも仕方ないけれど、教育も知識もある男子が妻や娘を働かせるとは「何と云う意気地のないことであろうか」と、怒っているのです。

次の号には早速、堀江の意見への反論が載りました。婦人運動家の西川文子《ふみこ》はさすがに、「充分自己の個性を発揮したい、あんな事がしたい、こんな事がしたいと云う希望を持つに至る所から職業婦人が多くなるのだ」と書きます。そして「主婦が職業婦人である場合に如何《いか》にすれば家庭を乾燥無味でなく温味《あたたかみ》ある家庭生活を営む事が出来るかと云う事を講ずるのが、寧《むし》ろ今日の肝要事ではあるまいか」と指摘。これは今もなお課題として残されているものでしょう。

女性が仕事を持つようになり、「家のことをちゃんとしてくれないと困る」「晩婚化、少子化は国の弱体化につながるぞ」と焦る男性と、今の言葉で言うなら「自己実現」のために職業を求める女性。両者の意見は、この頃からすれ違っていました。

大正デモクラシーの中で

女性と政治の問題についても、同様のことが言えます。後に代議士になったジャーナリストの石川半山《はんざん》は、大正六年（一九一七）の三月号に「総選挙と婦人」という文章を寄せているのですが、そこでは「婦人の多くは議会解散の報を聞いて、出入りの八百屋の破産した噂ほどにも感じなかったで有《あ》ろう」とし、女性達に「立憲的に覚醒せん」ことを望んでいます。夫をしっかりと監視し、買収されたりせず「正しい投票を行わしめる」ことが女性には求められている、と。

　この頃は、一定以上の税金を納めている男性にしか投票権が与えられない、制限選挙の時代。さらに女性は、政治的な集会に参加したり演説をすることも禁じられていたわけで（その後、平塚らいてうが市川房枝らと結成した新婦人協会の働きにより、政党結社への参加禁止、政治演説会への参加禁止は大正十一年に撤廃される）、だからこそ石川は「妻は夫に正しい投票行動をさせるようにしろ」と、まどろっこしいことを書いたのです。同号では与謝野晶子も、「まだ婦人が屋外に出て政治運動に従事するまでの必要には達して居ないと思います」と、そしてまずは「政治上の独立意見を纏《まと》めて見ることが必要です」と書くに留めている。

　しかし少し時が経つと、事情が変化します。その頃、次第に普選運動、すなわち納税額の多寡《たか》によらず投票ができる普通選挙を求める活動が活発化してきたのであり、大正八年（一九一九）の三月号には、法学者であり国会議員、そして山脇学園を創設したことでも知られる山脇玄《げん》による「我国の婦人参政権問題」、そして与謝野晶子「婦人も選挙権を要求す」の二つの時評が。

　山脇は、日本女性の奮起を求めています。女子教育についても、日本の女性は「自ら厥《けっ》起《き》して新教育を要求した例《ため》しが更にない」。社会的にも「自分達の新領土を拡張しようと努力するに至らないのは何《ど》うした訳か」、と。彼は女性に発破をかけつつ、女性にも参政権を与えるべきという意見を記します。

山脇はさらに、今は男女が差別されずに「一個の人格として待遇されねばならぬことになった」と、そして「女子にも男子同様の参政権を与えその志を遂げしむる道を開いてやって、茲《ここ》に始めて世界の維新の仲間入《いり》が出来る」としています。前章でご紹介した日本女子大創設者の成瀬仁蔵もそうですが、この時代に女子教育に関わる男性教育者は上から目線を持ちがちで、山脇もまた「開いてやって」とか「与え」と、動物にエサを投げる感覚で女性を見ている印象が。女性に奮起を求めるのも、躾《しつけ》の一環という感じか。

貴族院議員の山脇だからこそ、「選挙権を女性にも〝与えて〟やれば？」という考えになるわけですが、与謝野晶子は制限選挙における「制限」の外の人間として、この問題を捉えます。「普通選挙と云えば、当然そのうちに男女の参政権が含まれて居るものと私は考えたいのです。この権利の要求から婦人を除外することは、婦人を非国民扱いにし、低能扱いにするものだ」、と。

結果的に言うならば、普通選挙法は大正十四年（一九二五）に成立しましたが、この時、女性に選挙権はもたらされませんでした。選挙権は、日本国籍を持ち、国内に居住する満二十五歳以上の成年男子にのみ与えられたわけで、女性は第二次世界大戦が終了した後の一九四五年まで、政治への参加を待たなくてはなりません。

職業婦人にしても、それらは大正デモクラシーの流れの中に存在する問題でした。様々な面における民主化、自由化が進んでいったこの時代に、女性の世界もまた、激変したのです。

自由の気運は、女性を巡る社会においては劇薬でもありました。平塚らいてうのように劇薬を生み出す側と、そんな「新しい女」達を世に悪弊《あくへい》を撒《ま》く者として苦々しく見る当時の「おじさん」側。『婦人公論』の役割は、双方の意見を戦わせる土俵を提供することでした。

自由恋愛の果ての刺傷事件

『婦人公論』は、「読者ターゲット」というものを定めていない雑誌でもありました。雑誌の性質上、ある程度以上の教育レベルを持つ人を対象にしていたとは思われますが、それ以外は職業や年齢、それどころか男女の別すら読者像を特定していなかったのではないか。らいてう達の進歩的な意見を載せる一方で、「○○氏夫人」という肩書きの名流婦人達による「わが家のお花見」といったのんびりした記事もある……という雑誌作りに、その辺りの空気を感じます。そして、広く「女性に関する諸問題に関心がある人」を土俵に乗せるという姿勢は、現在も変わっていないところ。

「自由恋愛」というものもまた、平塚らいてうが投じた劇薬の一つです。当時の日本は、男性は三十歳以上、女性は二十五歳以上にならなければ、親権者の同意無しに結婚することができませんでした。つまり、相当な大人になるまでは、親がうんと言わない相手とは結婚することができなかったのです。「婚姻は、両性の合意のみに基《もとづ》いて成立し……」という憲法が成立したのは、やはり第二次大戦後の、一九四六年のこと。

そんな時代に「自由恋愛からの自由結婚」を提唱すれば当然、おじさん達は怒ります。らいてうの考え方は「本当に愛し合うことこそ貞操」というものですが、おじさん達はどうしても、「自由恋愛」＝「フリーセックス」のように捉えがち。『婦人公論』誌上においても、自由恋愛ブームに対する怒りと困惑を覚える文章が、しばしば登場します。

男女が自由に恋愛をすれば、当然セックスの問題が出てくるわけで、「貞操解放か死か」「貞操の根拠」「避妊可否論」といった、性についての議論も盛んとなりました。女性の〝性の解放〟に危機感を覚えたおじさん系執筆者は、編集主幹の嶋中雄作が『中央公論』執筆者の中から選んだ人たちであるわけで、「新しい女」とは当然、相容《あいい》れません。

大正五年には、神近市子《かみちかいちこ》が、交際相手である大杉栄を刺傷するという事件が発生します。自由恋愛主義者のモテ男である大杉は、堀保子《やすこ》という内縁の妻がいながら、市子のみならず伊藤野枝らとも交際。市子はそれに「キレ」たのです。

『婦人公論』のおじさん系常連執筆者の一人である安部磯雄は同年、「所謂新しい女の殺傷事件」として「自由恋愛」に一言申す、といった文章を書いています。しかし、大正八年には「神近市子の出獄を出迎うの記」（服部桂子）、翌年には神近市子自身による「牢獄通信」が掲載されたことは、『婦人公論』ならではの姿勢。事件が時代の中で抱く意味を解きつつ、スキャンダルを欲する読者の気持ちも満足させる手法を取っているのです。

神近市子の事件の翌年には、伯爵令嬢である芳川鎌子《よしかわかまこ》が、夫を持つ身でありつつ実家の運転手を愛して、心中事件を起こしました。また大正十年（一九二一）には、東京女子高等師範学校出の才媛である十八歳の濱田栄子が、未婚のまま懐胎し、自殺。同年には、あの柳原白蓮《びゃくれん》が炭鉱王である夫の元から出奔・駆け落ちするという事件が。いずれも自由恋愛ブーム影響下の事件であり、今であったらワイドショーをおおいに賑《にぎ》わしたことでしょう。

もちろん『婦人公論』は、これらの事件を勇んで取り上げています。他の女性誌と比べて硬い雰囲気であった『婦人公論』の中で、これらのスキャンダルを論じた記事は、誌面にビビッドな色合いをもたらしました。

そんな中、やはりおじさん系常連執筆者である教育者の高島平三郎は「未婚の処女に与う」という文章を、大正十年に寄せています。これは「花子」という姪への私信という体で、結婚の意義について記してあるのですが、言いたいことは「自由恋愛反対」。花子に対して高島は、「今日、我国に於て行われた自由恋愛に基く自由結婚は、その結果、概《おおむ》ね不良である。有名なる新しき男女にして、自由結婚をなししものの、その関係を永続して居る者は、極めて少いでは無いか」と呼びかけます。

かといって高島は、親の言いなりになって見合い結婚をしろと言うわけでもありません。「見合いという唯一回の面会で、生涯の夫を定めるが如き事の無くなることを希望」しているのです。

ではどうしたらいいかというと、高島は自身の娘に、許婚《いいなずけ》と一年間の交際をさせた後に結婚させたのだそう。そうすれば親も納得、本人も納得という結婚になる、と。高島は「貞操解放か死か」を書いた人でもありますので、もちろん「一年間の交際」はセックス抜きのものと思われます。

家では暴君の編集主幹

「おじさん」の意見、そして「新しい女」の意見。混じり合わぬ両者を同時に掲載し、ドレッシングのような味わいを醸《かも》し出した『婦人公論』。そのような誌面構成は、女性の解放を叫びつつも、嶋中雄作の内面が「おじさん」であったというところに起因しているのだと私は思います。

『中央公論社の八十年』によれば、家庭における嶋中雄作は、一回り年下の妻に対して暴君のように振る舞っていたとのこと。家庭では男尊女卑、しかし『婦人公論』では男女同権を唱える矛盾を妻が指摘すると、

「理論と実際とはちがうよ」

と、笑ったのだそうです。

これは当時の知的おじさんにありがちな姿であったのでしょう。女性が虐《しいた》げられるべきではないのは、頭ではわかる。しかし女権拡張によって、自身の生活に不便が出るのは困る、という感覚だったのではないか。

嶋中雄作は、そんなわけで〝理論〟の面での女性解放を進めていきます。この時代の『婦人公論』は、特別号や増刊号には「悪妻愚母」号、「人類の苦悶」号、「桜咲く国の女」号、「誇か恥か」号といった刺激的タイトルをつけていたのですが、大正十一年（一九二二）の新年特別号には「女人神聖」号という、女性を崇《あが》め奉《たてまつ》るかのようなタイトルが。

この号では、各界の男性著名人が「今後婦人の行くべき道」として、女性に期することを記しています。島崎藤村は女性の「涙の力」に期待すると、そして芥川龍之介は「ほのぼのとさせる女」がいいなどと、文学者は文学的なことを書いていますし、「戦争防止運動などは普《あまね》く婦人の努力に待つべき点が最も多い」（徳田秋声）、「教育者としての母に期待をもっています」（宮原晃一郎）、といった意見も。

しかし、「婦人なんどの力を期待せず」（杉村廣太郎《こうたろう》）、「婦人の有する最大の力は嫉妬及び夫《そ》れに伴う狂激ヒステリー的並《ならび》に憂愁暗涙的挙動」だから「格別期待すべき力」は無い（高畠素之《たかばたけもとゆき》）、「婦人が如何に覚醒されても、その力が政治問題や社会問題へ集中せられざらんことを望む」「その力を結婚問題に集中すべき」（島木赤彦）と、「婦人は眼中に入っていない」的な、身も蓋《ふた》もない意見もあるのです。

女が作る女の雑誌だったら、この辺りの意見は掲載されなかったことでしょう。しかし嶋中が作っていたからこそ、男性側の忌憚《きたん》の無い感覚も披露されたわけで、これぞおじさんによる女権拡張雑誌の妙味なのだと、私は思います。

4　女性記者と作家の情死事件

江戸以来の心中ブーム

大正時代、それは恋愛ブームと言っていい状況にありました。「自由恋愛」という言葉は様々に捉えられ、大胆な恋愛事件がそこここに。今まで制限されていたものが、「恋愛をしてもいいらしい」と自由化されることによって、人々は恋愛に夢中になったのです。恋愛が自由なものになってから久しい時が経つ今の時代、既に若者達は「恋愛？　別にしなくてもいいしー」と、恋愛に飽き気味です。しかし大正の人は、突然あらわれた「自由恋愛」という概念に、どれほど興奮したことでしょう。やたらと激烈な行動に出がちなのも、無理の無いところです。

大正の恋愛ブーマー達は、激烈であると同時に「真剣」でした。恋愛ブームとはいえ、一方では親の決めた人と結婚するのが当然と思う人も多い時代ではありましたから、恋愛することは一種の「反抗」なのであり、反抗に酔うあまり、突飛な行動に走ったのではないか。

「自由恋愛」を推奨する平塚らいてうも、『青鞜』発刊前に事件を起こしています。彼女が二十二歳の時、参加していた閨秀文学会で講師をしていた二十七歳の森田草平《そうへい》と、心中未遂をしているのです。とはいえ、死ぬつもりで雪の塩原《しおばら》山中に入っていくも、つい山を登りきって生きる気まんまんになり、死には至らなかったという、らいてう。この事件は世間で評判になり、彼女は日本女子大の同窓会から除名処分を受けるのでした。

しかしこの二人、肉体関係があったわけではありません。恋愛慣れしていないこの時代の人たちは、恋愛成分が一滴でも血中に入ると血圧が上がり、「好きだ！」「死のう！」という状況になりがちだったのではないか。その後も、神近市子、芳川鎌子、柳原白蓮などが様々な恋愛スキャンダル事件を起こしたのは、前章にも記した通り。名家の令嬢、教養ある女性、世間に名の通った女性達は、一種の自己主張として恋愛をし、複雑な理屈をつけながら事件を起こしていたような気がします。

鎌子事件の直後、『婦人公論』大正六年（一九一七）五月号では、「情死の研究」という特集が見られます。常連執筆者である日本女子大教授の高島平三郎は、

「情に脆《もろ》く死を軽んずる国民性の中に育った人であれば、僅かな事情でも動《やや》もすれば情死を企《くわだ》つる事がある」

「元来我国は情死国と言って可《よ》い位に情死の多い国」

としています。江戸時代、近松門左衛門の心中ものがヒットすると、心中そのものも大流行。幕府は、心中ものの上演や心中を禁じたというほどだったのですが、大正時代はそれ以来の心中ブームだったのではないか。

やはり常連執筆者の本間久雄は「情死の根を絶つには」という文章を寄せていますが、そこには、

「親権乱用の弊風を改めることが第一の肝要事」

とあるのでした。

法律的には結婚相手を自由に選ぶことはできず、姦通罪もあったこの時代。そこに「自由恋愛」という思想が入ってきたからこそ、恋愛を志向する心身と、親の思惑や法律との矛盾に引き裂かれて、情死が流行。その意味で、大正時代の情死ブームの根底にあるものは、江戸時代の情死ブームとあまり変わりません。

自社社員のスキャンダル

『婦人公論』が「情死の根を絶つには」といった対策をどれほど講じても、世の中に漂っていた「死にたい……」という気分は、変わらなかったようです。大正八年（一九一九）には、女優の松井須磨子《すまこ》が島村抱月の病死を受けて、後追い自殺。妻子ある抱月は須磨子

の愛人であり、共に劇団・芸術座を旗揚げした同志でもありました。直後には『婦人公論』においても「松井須磨子の死」として特集されており、九人がその死についての感慨を寄せています。

『婦人公論』にはこの後、他人事ではない情死事件も、ふりかかります。『婦人公論』には当時、波多野《はたの》秋子という一人の女性記者がいました。彼女は創刊の二年後に入社し、「一女性記者」として取材記事を執筆。秋子と共に働いていた編集者が記した『大正の雑誌記者　一婦人公論記者の回想』（半澤成二）によれば、彼女は難攻不落で知られた永井荷風《かふう》や芥川龍之介といった人気作家からも原稿をやすやすと取ってくるという、特殊技能の持ち主でした。

　それというのも彼女は、誰もが振り返るような美女だったのです。頭脳も明晰だった秋子が、やはり原稿を取りに行って知り合った人気作家の有島武郎《たけお》と軽井沢で心中したのは、大正十二年（一九二三）の六月のこと。

高級女性誌の編集者という、時代の最先端をいくキャリアウーマンである二十九歳の美女が、四十五歳の人気作家と心中。……というニュースは、新聞の一面を賑わせました。その上、秋子は夫を持つ身。両者の交際は、この時代には姦通罪にあたります。さらには、秋子の夫が、交際を認める代償として有島に金銭を要求した、というスキャンダラスな話題もありました。

対して有島は、妻をすでに亡くしていました。子供が三人と母がいましたが、女性に大変人気があったにもかかわらず、再婚はしていなかったのです。

秋子の側は、母の死や夫との家庭問題。有島の側は、プロレタリアートを目指しながらブルジョアジーから脱しきれない自らの存在や、妻の死。……と二人ともかねがね、死にたくなるような懊悩《おうのう》を持っていたようです。そして共に死ぬのに適当な相手を見つけたことによって、二人は軽井沢へ。普段は人気《ひとけ》の無い有島の別荘で亡くなったため、発見されたのは一ヵ月後の七月のことでした。

ここで興味深いのは、『婦人公論』がこの問題をどう扱ったのか、ということです。現在でも、マスコミ関連企業の社員が事件やスキャンダルの主人公となることがありますが、そんな時、本人が勤めている会社のメディアは、その事件を最小限しか扱わず、火消しに努めるのが常。

しかし『婦人公論』は、大々的にこの事件を扱いました。二人の遺体発見の翌月の八月号では、「有島武郎氏情死事件批判」という特集で九人の意見を扱い、のみならず「附録」として「波多野秋子さんの印象」などを総力取材。ほとんど一冊丸ごと、自社社員の情死事件を取り扱っているかのような力の入れようです。

当然、そこには厳しい意見も記されています。廃娼運動等に尽力した女性解放運動家の久布白落実《くぶしろおちみ》は、

「この秋子姉《し》は庶子と有ります、妾腹で在るか、何かわかりませんが、とにかく生れながらにして、此の方面に、陥《おちい》り易き性格を譲られて居る事を、見ねばなりませぬ」

と、平然とプライバシーの暴露および庶子差別をしています。実際、秋子はある実業家と新橋の芸者の間に生まれた子なのですが、だからといって「此の方面に、陥り易き性格」と言われては浮かばれますまい。

正宗白鳥《まさむねはくちょう》は、秋子の夫に同情を寄せつつ、

「日本もこれから男女関係が今までよりも自由になるであろうから、こんな事件が頻発《ひんぱつ》するであろう」

と、将来を憂いています。そして、

「人間の性慾の不自然な圧迫は、他の家庭を乱すような動機をつくるとしたならば、現今の醜業婦の存在は、そういう危険の調節をしているのである。芸者や娼妓は社会の良風美俗を保つために役に立っているのではないだろうか」

と、「有島は妻の他界後、性欲を解放できなかったから他人の家庭を壊した」と言うかのよう。

「一切を明かにす」

このように様々な批判に晒《さら》されることは、心中した二人も十分にわかっていたことでし

ょう。有島の遺書には、

「私達は最も自由に歓喜して死を迎えるのです」

と記されていたそうですが、「悲嘆のうちに死ぬのではない」ということは、示しておきたかったのだと思います。とはいえ「死人に口なし」、皆が好き勝手なことを書くのを、二人が止めることはできませんでした。

同号の後半部分は、さながら波多野秋子特集となっており、彼女の肖像画に「嗚呼《ああ》波多野秋子女史」と記された扉が。

秋子特集のトップは、『婦人公論』主幹の嶋中雄作による「波多野秋子氏の霊に捧げて一切を明《あきら》かにす」です。彼は、

「波多野秋子さん！

私は今何事も申したくありません」

と最初に書いておきながら、書くわ書くわ、この号で最も長い原稿を書いています。そして、軽井沢へ行く直前の秋子の様子等を詳述。「あなたは林謙吉郎氏の庶子で、その頃美人で有名だった新橋の芸妓の腹に生れ……」などと、上司の身でありながら、何の躊《ちゅう》躇《ちょ》もなく部下のプライバシーを公開。他にも、秋子の夫である波多野氏との結婚の経緯なども洗いざらい披露し、「編集長がこんな感覚でよいのか？」と思われるほど。

さらには、

「常に取澄《とりす》ますことを忘れなかったあなたは、そして常に優越の地位に自分を置きたがったあなたは、そして人から憐憫《れんびん》を寄せられることを此上《このうえ》なく厭《いや》がったあなたは」

などと、明らかに悪口ととれる文章もそここに。秋子と知り合ったばかりの頃に有島氏が言ったという、

「……ある婦人記者が美貌で以て僕を誘惑しに来るのだ。滑稽じゃないか」

という言葉まで紹介しています。「あなたが故意に誘惑なさったものとは、私は思いたくありません」と付け足してはいるものの、「あなたを美人局《つつもたせ》だと見做《みな》しているのがあります」などと、弁護したいのか非難したいのだかよくわからない。

二十二ページにもわたって「一切を明かに」した嶋中主幹は、

「私はお二人の死を清い美しいものとし眺めていたいのです。そっと触らずにおきたいのです」

と最後に書いていますが、既に十分、二人の死に手垢をつけまくっています。

嶋中主幹の原稿の他、この事件を扱う記事を読んで思うのは、当時のプライバシー感覚と死者の扱い方が、現在とは全く異なるということです。

プライバシーに配慮する感覚が日本でも厳しくなってきたのは最近のことですので、その点に関しては仕方のないところでしょう。が、嶋中主幹のみならず、死者の名誉をあまり重んじない言葉を平気で書く人も、この号では散見されるのです。「波多野秋子さんの

印象」によれば、

「あの眼はたまりません、あの眼でぢっと見つめられたら、有島氏でなくとも誰れでも死ぬ気になりましょう」（水谷竹紫《ちくし》）

といった、ほとんど目がハートになっている男性達の感想があれば、一方では、

「其処には私共のような同性を引きつける女らしい暖か味や尊敬を感じさせる叡知《えいち》の閃《ひら》めきはありませんでした」

「私が婦人記者として会った波多野秋子と云う婦人に対して私が感じたのは、軽蔑と反感でした」（ともに伊藤野枝）

などと、厳しい言葉も。

どんな男性作家からも簡単に原稿を取ってくる美人編集者は、やはり同性ウケは悪かろう……と思うわけですが、しかしそれにしても、亡くなって間もない人に対する言葉とは思えない舌鋒《ぜっぽう》の鋭さです。

「死」はすぐそこにあるもの

この傾向は、有島事件に関する記事にばかり見られるものではありません。『婦人公論』においては死者を扱う時、同様に歯に衣着せぬ批判を記す人が少なくないのです。ネット上での「炎上」のことなど考えなくてよい時代であったとはいえ、「死者に鞭《むち》打つものでは

ない」という感覚は、この時代の日本にはまだ無かった気がしてなりません。

つまり今と比べるとこの時代、死および死者の取り扱い方は、どことなくライトなのです。死者の尊厳は一定レベルで守られつつも、死者を批評する自由もたっぷりとある。

それは「情死の研究」において高島平三郎が、日本人のことを「情に脆く死を軽んずる」と記したことと、通じているのではないかと、私は思います。すぐそこにあるものとしての「死」、という感覚が、すぐ「死のう！」となる情死ブーム、および死者に対する遠慮の無い物言いにつながっているのではないか。

有島事件の三ヵ月後、大正十二年（一九二三）九月には、関東大震災が発生します。『婦人公論』が関東大震災をどう取り扱ったかについては次章としますが、東京が壊滅状態となり、死者・行方不明者が十万人を超えたこの大災害を経て、「死」の重さが変化したかというと、どうもそうは思えないのです。

それというのも『婦人公論』大正十四年（一九二五）九月臨時特別号を見てみますと、『心中流行』の新時代的考察」という特集があるではありませんか。震災から生き延び、生きることの有難さを知ったはずの日本の人々の間に、震災後二年にしてもう、心中が流行しているのです。

してみると、日本人の死に対する感覚が大きく変化するのは、おそらく第二次世界大戦以降なのでしょう。悲しいけれどすぐそこにあるものとしての「死」という感覚は、関東大震災とは比べものにならないほどの死者を出した戦争と、その後にアメリカ文化がどっと入ってきたことによって、変わったのではないか。

有島事件については、大正十二年の八月号から二号にわたって記されていますが、九月号には、らいてうに『青鞜』発刊を勧めたことでも知られる作家の生田《いくた》長江《ちょうこう》が「有島氏事件の批判に対する批判」を執筆。この事件を賞賛するべきでもない、かといって非難するのもいかがなものか、という感覚を持つ彼は、

「自殺その事を罪悪視するのは、基督《キリスト》教国に於ける笑うべき伝統的感情たるに過ぎない」

「自殺その物に罪悪呼ばわりすることの不見識と浅薄《せんぱく》と位腹立たしいものはない」

と書いています。

この記述を読むと、やはり死に対する感覚は、大正の人と我々とではだいぶ違うということを実感する私。それはおそらく「生」に対する感覚の違いともなって、この先あらわれてくるのでしょう。

5　関東大震災後の女権拡張

ピンチはチャンス？

大正十二年（一九二三）は、『婦人公論』にとって大変な年でした。この年の始めは、「家庭の革命」号と題された新年特別号が刊行され、主幹の嶋中雄作も「家庭革命の提唱」を巻頭に執筆。『婦人公論』の力をもって日本の家庭を改良してゆかん、という意気込みを感じさせる年だったのです。

しかし六月には、『婦人公論』の編集者である波多野秋子が、作家の有島武郎と軽井沢で心中。七月に遺体が発見されます。秋子は夫を持つ身でしたので、円満な家庭づくりを目指す雑誌を作る編集者の家庭が不倫で崩壊……という事態になりました。

八月号は、この事件の話題一色となった、『婦人公論』。心中をした二人に関するあらゆることが報じられたにもかかわらず、「職業婦人批判」のような記事は、載りませんでした。秋子は職業婦人であったからこそ有島と知り合ったわけで、かつて職業婦人の是非が論じられた雑誌としては、「女が外で働くとろくなことが無い」という批判が載ってもおかしくはなかったはず。

この時の『婦人公論』には、職業婦人問題について論じる余裕が無かったのかもしれません。同号は、前述の通り心中事件一色、翌九月号もまた、多くの紙幅をこの問題に費やしていました。が、この号が出た直後に、あの関東大震災が発生したのですから。

大正十二年九月一日、午前十一時五十八分。『大正の雑誌記者―婦人公論記者の回想』（半澤成二）によると、嶋中雄作は、

「丸ビル七階の中央公論社の応接室で、秋子情死後、募集していた女性記者にたまたま応募して来社していた一女性を面接中であった」

とのこと。

急いで外に出ると、建設中のビルは潰れ、道路には地割れが。日比谷方面、銀座方面、神田方面……と、あちこちから火の手が上がり、身の危険を感じた嶋中達は避難を始めるのです。

翌日、半澤が指《さす》ケ《が》谷《や》町（現・文京区白山）の嶋中の家を訪ねると、嶋中は『婦人公論』をどうするかを語り出します。

「われわれは雑誌記者だ。雑誌記者は、いかなる場合でも、その職場を捨てるべきではな

い」

　と、そして、

「では、雑誌がいつ出るかは別として、早速プランを相談しよう。（中略）当分、編集室は僕の家におこう」

　となり、翌日から半澤は、臨時編集部となった嶋中宅に通うようになりました。

　震災後は、十一、十二月合併号として「臨時特別『女流懇話会』」号が、この年最後の号として刊行。この号は、ほぼ震災の話題で占められています。

　巻頭の「題言」で嶋中は、「震災後の婦人」と題した文章を記しています。震災後、

「印刷能力の関係や輸送機関の関係や発行日の関係等から、婦人雑誌は一斉に十二月号を休刊することに、雑誌組合の方で決定しました」

　ということなのだけれど、『婦人公論』はただ休刊とするのでなく、今号を十二月も含めた合併号とする。それというのも、

「是《こ》れ文化事業としての雑誌の使命は一旦一夕も忽諸《こっしょ》にすることの出来ない責務を有《も》っているのと、大震災の一大打撃を受けて論ずべき又講ずべき多くの事柄が吾等の前に与えられているからであります」

　というわけで、震災後の嶋中の気持ちは熱い。

「女流懇話会」号というのは、様々な女性によって「震災後どうするか」について話し合

われた「女流震災善後懇話会」を載せた号、の意。嶋中は、

「此不幸は人類の歴史あって以来の最大不幸には相違ないけれど、婦人の力を伸張し婦人の力を発揮する点からいって、又とない好機会を与えられたものだと言うことも出来ます。婦人の地位の向上も、婦人の権力の拡張も、此危急の秋《とき》に於ける婦人の力の実現によって容易《たやす》くなされるでしょうし、婦人の力はこの時に於いてこそ思うままに実現せられる筈であります」

と、鼻息が荒いのです。

女権拡張について考えるならば、震災は良い機会、という「ピンチはチャンス」的発想。しかし今の感覚で読むと、「少し早すぎるのでは？」という気もします。

死者・行方不明者が十万人以上、首都が壊滅状態となった関東大震災。その発生から二ヵ月余しか経っていないのに、もう「ピンチはチャンス」でよいのか。もう少し、被災者に思いを寄せたり、悲しみに浸ったりするものでは……？　と、東日本大震災や、熊本の大地震の記憶がまだ新しい我々としては思う。

混乱下に起きた甘粕事件

この号を読むと、どうやらその辺りの感覚は、一九二三年と、九十年後の今とでは、相当違うことがわかります。甚大な被害があったにもかかわらず、全体的に言って、この号

に漂う悲愴感や「追悼」感は非常に薄いのです。たくさんの人が原稿を書いていますが、死者に対する追悼の言葉はほぼゼロ。ショックを受けた様子を記す人もいない。

大災害に際しても、『婦人公論』は自らの「啓蒙誌」という役割を忘れていませんでした。しんみりと落ち込んでいる場合ではない、それよりも早急に前を向かなくては、という姿勢を見て取ることができる。

たとえば評論家の千葉亀雄は、「文化の将来と自然の征服」という文章を記しています。ここで千葉は、

「人類のまことの光栄は、ただ自然に反逆し、自然を征服する者によってのみ握られ、求められるのである」

と書きます。日本人は自然の脅威にさらされた時、逃避ばかりしていて、それに対抗し得る科学の力を持っていない。これからは科学の力で自然を征服し、「人間自からが、世界の創造主に復権することにあらねばならぬ」と、千葉は主張します。科学の力をもって「人間の為に不滅の堅城を樹《た》て」るのだ、と。

家屋の倒壊や火事で多くの人が亡くなった、関東大震災。人々は壊れやすく燃えやすい家の犠牲となったのであり、だからこそ千葉は、科学の力による「自然の征服」を叫びました。それはもっともなことだけれど、東日本大震災を知る者からすると、その叫びからは皮肉な響きをも感じます。我々は今もなお、自然を征服することはできていません。科

学の粋を集めてつくったと思われていた「不滅の堅城」の数々は、かえって人間を窮地に追いやりました。「自然に勝とう」という気持ちが傲慢《ごうまん》なのではないかと九十年後の日本人が思うようになることを、千葉もそして『婦人公論』も、まだ予想していません。

関東大震災と『婦人公論』に関連する出来事としては、甘粕《あまかす》事件というものがありました。震災直後の九月十六日、アナーキストの大杉栄と、内縁の妻の伊藤野枝が、大杉の甥とともに甘粕正彦大尉ら憲兵隊に連行され、三人とも惨殺されたのです。

『青鞜』に参加していた伊藤野枝は、『婦人公論』の執筆者でもありました。合併号では、「殺された野枝さんの事」として、友人知人達が彼女の思い出を綴《つづ》っています。

が、ここでも野枝を褒める人ばかりでないのは、有島事件に関する記事と同様です。平塚らいてうなどは「自分自身の思想らしい思想は遂にもちませんでした」「愛人の思想があの人の思想」などと、悲惨な亡くなり方をした死者に対して厳しいと言ったらない。

有島事件と関東大震災を通して見ても、やはりこの時代の人は現代人と比べて、死をカジュアルに扱う印象があります。死者がどれほど多くとも、またそれが無念の死であろうと知人の死であろうと、そこに「丁重」感が無い。関東大震災から東日本大震災までの約九十年の間に、次第になのか突然になのかはわかりませんが、日本人の死生観は確実に変化したようです。

「ゼロ」から膨らむ女性達の夢

この号の目玉は、「女流震災善後懇話会」。参加者は平塚明子（らいてう）、奥むめお、山川菊栄等、十人ほどの女性文化人に嶋中を加えたメンバーです。震災はある意味で「非常に好い機会を与えてくれたものだとも考えられないことは無い」ということで、これを機に家庭生活や社会生活を改革・改造できる点は無いかを考える、この懇話会。「男の人の忘れて居るような問題、御婦人でなければ気の附かないような問題」を忌憚なく話していただきたい、としています。

アメリカで娼婦をしていたという異色の経験を持ち、帰国後は『青鞜』でも執筆していた婦人運動家の山田わかがまず提示したのは、「公娼廃止」です。震災によって吉原等も灰燼《かいじん》に帰したわけで、

「東京の遊廓は焼けてしまったのですから非常に好い機会だと思います」

と語ります。

公娼廃止に関して反対する参加者は、いません。色々と難しい問題はあるだろうけれど、

「兎《と》に角《かく》公娼は廃《や》めなければなりませぬね。（中略）東京市内だけでも廃止するよう是非運動したいと思います」（平塚明子）

といった意見が多いのです。実際、公娼廃止運動もこの後盛んになっていくのですが、

しかし結果的に言うならば吉原はすぐ再生。公娼廃止は、第二次世界大戦後となります。

女性の服装の問題にも、話は及びます。震災での死者には、着物の裾を押さえた姿勢のまま亡くなっている女性が多かった。着物だからこそ逃げにくく、また逃げながらもはだけないようにしなくてはならなかったのであり、

「和服でなく洋服を着るようにしたらいいのではないか」

「和服でもいいから、もっと女性は靴を履くようにしたら」

といった意見が。

また、罹災《りさい》しなかった人には、

「余程健実な服装をして欲しい、殊に貴婦人とか上流の婦人はそうして欲しい」

という意見も。とかく女が着物を着るには手間がかかりすぎるのであり、もっと簡便な生活にして時間を節約することによって、外に働きに出られるようにしたらよい、という切実な意見もありました。

この時代の女性達は、「家事に手間がかかりすぎる」ということが、おおいなる不満であったようです。「ご飯だけでも配達されたらどんなにかたすかる」かとか、各家庭で炊事をせず、「大きな食堂で一しょに済ませるということにしたら能率が挙がろう」という声も。

「女が居なくてもお菜ができるということにならなければ、〔女は〕落着いて仕事ができ

ませぬ」

という声がありますが、この頃は家庭に冷蔵庫も無ければデパ地下やコンビニで惣菜が買えたわけでもなく、また女子供が外食をする習慣も無かった。とにかく女が手を動かさなくては家族が飢えるという中で溜まっていった女の不満は、大きかったようです。

震災によって、一度「ゼロ」になった東京。だからこそ、衣食住も働き方も、女性を取り巻く全てを改善していくことができるかもしれない。……と、女性達は夢を膨《ふく》らませていたのです。

災禍の中にも幸福が

このように「ピンチをチャンスに」が、震災に際しての『婦人公論』の基本姿勢であるわけですが、次の号ではその前向きな姿勢がさらに強まっています。次号すなわち大正十三年（一九二四）の新年特別号は、その名も「幸福の出生」号。新しい年になったのだから、大震災を良い機会として、さらなる幸福を摑《つか》もう。そして、未曽有《みぞう》の災害とはいえ、「幸福」と言うことができる体験もあったはず。……という号となっているのです。

ここでは、前号を受けての「公娼廃止問題　紙上談論会」といった記事もあるのですが、目につくのは「災禍の中から生れ出た幸福」という特集です。七十人の著名人に、震災を通じて感じた幸福感を尋ねたこの特集では、様々なレベルの「幸福」が挙げられています。

それはたとえば、
「現金買を実行した事」。
かねがね〝掛け買い〟制度に不満を持っていたが、震災後は全ての商店が現金買いになってよかった、と。食料が不足して玄米を食べるようになったので健康になった、という意見も多い。

　心の問題を挙げる人もいます。

「『妻子を愛する心』を喚《よ》び覚まして呉《く》れた」
「『自分のことは自分でする』より外なくなった」
「人間性の貴さと美しさを示すような幾多の事実に接し得た」

　といった感覚は、東日本大震災後も聞かれたものです。

　大正の爛熟《らんじゅく》文化がもたらした倦怠《けんたい》気分が震災によって打ち破られた、というこの時代らしい話もありました。当時は震災が「天譴《てんけん》」と捉えられることが多かったというのも、大正の爛熟気分と関係していたのでしょう。

　しかしそんな中で一人、沈痛な文章を記した人もいます。童話研究家の蘆谷《あしや》蘆村《ろそん》は、

「島中《（ママ）》兄《けい》。
　空前の大震災を中心として八歳と三歳との二愛児を失うという、一生涯にまたとあるべくも思われぬ災禍に遭遇した小生は、如何に考えても『災禍の中から感得した幸福』をも

っている様にも思えません」

と記します。知ってか知らずか、二児を失った人にも、『婦人公論』は「災禍の中の幸福」を尋ねたのであり、今では考えられないその感覚に、ドキリとします。

一方では、

「自分が直接に災禍を蒙《こうむ》らなかったこと――、例えば梁《はり》の下敷になるとか、顔中が焼け爛《ただ》れたりするとかいうことを免《まぬか》れたことを第一に幸福だと思います」

という文章も載っており、「〔だからこそこれからは〕何か少しでも善《い》いことをしなければならないと思います」という文章につながるとは言うものの、これまた今では考えられない極度な素直さに驚くのでした。

このように、多少乱暴な手法をとってはいるものの、読者に対して懸命に幸福の種子を与えようとした、『婦人公論』。未曽有の災害に直面して「ピンチはチャンス」と思うことができたのはその大胆さ故、だったのでしょう。そしてこの大胆さこそ、女性解放という難事業にあたっても、必要とされるものだったのかもしれません。

6　大正モダンガールの悪評

〝丸ビル文化〟への毀誉褒貶

関東大震災が発生した大正十二年（一九二三）、東京には一つのランドマークが誕生していました。それは九年前に完成していた煉瓦造りの中央停車場（東京駅）のすぐ前にできた丸ノ内ビルヂング、すなわち丸ビルです。

丸ビルが完成したのは、関東大震災から約半年前の、二月のこと。地上八階、地下一階の鉄筋コンクリート造りの丸ビルは、東洋一の規模と言われました。一階はショッピングアーケードになっていて、上層階はオフィス。……という造りは今となっては当たり前のものですが、当時は「ビル内は公衆の立ち入り自由」というシステムが非常に珍しかった。

帝都東京において、丸ビルはおおいに話題を呼んだのです。

関東大震災でも、丸ビルは外壁のタイル等が損傷しただけで、ほぼ無事。木造建築が多かった下町方面が壊滅状態となった中で、近代的な建物が並ぶ丸の内界隈の被害は少なく、丸ビルも避難民の収容や炊き出しなどに利用されました。

　関東大震災から一年半後、大正十四年（一九二五）『婦人公論』春季特別号は、その名も「丸ビル中心の文化」号（以下、丸ビル号）というものでした。丸ビルという建造物は、東京の文化に新風を吹かせたようで、それに関する是非がここでは論じられています。

　嶋中雄作による巻頭言には、

「亜米利加《アメリカ》の物質的文明並《ならび》にそれに伴う人間の生活及び気分が、若い日本の必要と嗜好《しこう》とに投じて形の上に大きく根を下したものが丸ビル」

とあります。「堂々としてこけおどし的」で「手っ取り早くて簡便」で「ガサツでチャチで、薄っぺらで、見掛け倒し」、そして「洋装と断髪の気取った姿に似合う」という、丸ビルスタイル。当時の『婦人公論』編集部は、まさにその丸ビルの中にありました。最先端の地にいる嶋中の文章からは、丸ビル的なものに対する愛憎半ばする気持ちが見えるのであり、

「この摸倣と軽薄とが現実の相であり、その混沌と雑駁《ざっぱく》との中から新しい日本が芽生えて来ようとしているのである」

　とも記されているのです。

　今、一つの建造物がここまで大きな意味を持つ事例がありましょうか。東京スカイツリ

ーも六本木ヒルズも、新名所登場で話題にはなれど、日本の文化を担ったり背負ったりはしていません。しかし当時、「亜米利加」式のスタイルを提示した丸ビルは、新しい日本を象徴する存在となっていました。

この号での「丸ビル中心の文化」に対する評価は、毀誉褒貶《きよほうへん》が入り乱れています。と言うより、割合で言えば「毀」「貶」の方が「誉」「褒」よりもグッと多い感じか。

たとえば、北澤秀一《ひでいち》の「丸ビル中心の現代文明論」。北澤秀一とは、日本で初めて「モダンガール」の語を使用した人物ともされ、新聞記者を務めた後に渡米した経験を持ちます。アメリカを知る北澤は、東京駅前から丸ビルの「蜜柑《みかん》箱を置いた様な形」を見て、アメリカの片田舎のようだ、と思うのでした。ロンドンやパリ、はたまたニューヨークやシカゴでも、こんなに索莫《さくばく》とはしていない、と。

そして北澤は、

「偉大なる『丸ビル』よ、汝《なんじ》は新東京の先駆者である」

と呼びかけます。それは、「大正時代の米化期を記念するモニューメント」なのだ、と。

丸ビルはまさに、日本を表現していました。丸ビルのみならず、「新たに建設される東京が、最も便利な米国風を執るより外《ほか》に途《みち》のない事」を知り、自身もまた丸ビルの中で仕事をしている北澤は、しかし、

「日本に於ける近代文明と云うものが余りに、浅薄で情ない様な気がしてならない」

と書きます。アメリカ様式をただ真似した浅さと軽さに、鼻持ちならないものを感じた人は多かったものの、しかしアメリカ様式の便利さと華やかさの魅力に抗《あらが》うことはできない様子が、そこには見えるのです。

当時、「文化」という言葉が流行っていましたが、この時の「文化」は、ほとんど「アメリカ式」と同じような意味を持っていました。洋風の意匠が施された住宅は「文化住宅」で、文化住宅が集まった場所は「文化村」、そこでの生活は「文化生活」。

しかしこの場合の「文化」は往々にして「浅薄」でした。大正十三年（一九二四）から書かれた谷崎潤一郎の『痴人の愛』においても、ナオミと譲治《じょうじ》は、大森の「所謂『文化住宅』と云う奴」に住みます。が、それも「甚だお粗末な洋館」という代物だったのです。

女タイピストの犯罪者集団

関東大震災を挟んで、世には新型の女性達が登場していました。それは、断髪に洋装のモダンガール。モダンガールもまた、表層的に外国を真似た存在ではありましたが、たとえ浅薄であろうと、時代は新しいスタイルを求めずにはいられなかったのです。

丸ビルにいる女性達もまた、新型の女性達でした。作家の大泉黒石《こくせき》は丸ビル号に記した「我が『丸の内』の紳士淑女よ！」の中で、丸ビルのサラリーウーマンは西洋味を帯びているのに対して、三越や白木屋《しろきや》などのサラリーウーマンには江戸の俤《おもかげ》がある、としてい

ます。そして丸の内の職業婦人は、

「この職業が作ってくれる機会を捉えて嫁入仕度をする、恰好《かっこう》な御亭主になってくれそうな男を手取りにする、時と場合によっては、旦那という金色《こんじき》のケダモノを穽《おとしあな》にかける。という下心があるんだ」

と書くのでした。

今であれば、職場で夫を見つけるなどごく当たり前と思われますが、当時それはかなり大胆なことだったらしい。大泉はこの文章の中で、創作形式ではありますが、

「此の村〔＝丸の内〕に塊《かたま》っている広大さまざまなビルディングの中に働いている女の半数はプロスチチュウト〔＝売春婦〕だなんて言われるほど猛烈なんだから」

とか、

「窃盗。美人局。脅喝。詐偽。そんな腕のないものは淫売一式」

などと、丸の内の女性を犯罪者扱いしているのです。

なぜそのような言われ方をされるのかといえば、大正十三年、丸ビル一の美人とされていたタイピストの女性が逮捕されるという事件が発生したからなのでしょう。彼女は通称、「ジャンダークのお君《きみ》」。丸ビルでタイピストとして働きつつ、彼女はタイピスト仲間で「ハート団」という名の不良少女グループを結成し、売春や恐喝を繰り返していたというのです。

昼は最先端のオフィスで働く美人タイピスト、夜は犯罪者集団の女ボス……というお君は、まるで映画の主人公のよう。当時の丸ビルに対しても、六本木ヒルズと香港のかつての九龍《クーロン》城を足して二で割ったような、魔窟《まくつ》的イメージが広がります。

他の丸ビル婦人達は、ジャンダークのお君にはおおいに迷惑していたようです。丸ビル号における「丸ビル婦人だより」というページには、たとえば「松平茶舗　松岡よし子」さんが、

「丸ビル女といえば所謂ジャンダークのお君と云ったような妖婦型の女を聯想《れんそう》させる或《あ》るタイプの中へ白も黒も一《ひ》と纏《まと》めに丸め込んでしまおうとするのは余りに冷酷な視方《みかた》ではないでしょうか」

「職業婦人と云ったような冷《ひやや》かな概念から超越して、もう貴い自分の議務《（ママ）》それ自身より外になにものもないのでございます」

と抗議。「新しい女」も蔑称《べっしょう》化していましたが、この時代は「丸ビル女」も「職業婦人」もまた、蔑称となっていたようです。

「竹内帽子店　原田松枝」さんは、お客さんから求婚された女店員の経験を披露。いわゆるナンパというものですが、多数の人が出入りするビルだからこそ発生するナンパ行為も、丸ビルという単語から発想されるふしだらなイメージを助長したのでしょう。しかし彼女は、「迫害や誘惑」は絶え間なく押し寄せてはくるものの、「丸ビルの婦人は（中略）働ら

くということを恥じないというより寧《むし》ろ誇りと思うように一般の婦人を導いて行った」と自負しているのです。

「世間に丸ビルの悪評がどれほど立とうとも、悪事を働いたのは一部の人のみ。私は明るく華やかな丸ビルの中で、真面目に働いている」と主張している、丸ビル婦人達。『婦人公論』において、「近時日本婦人の貞操観念動揺の事実を何と観るか」とか「処女尊重の根拠」といった特集がある時代に、「丸ビルに処女なし」とまで世間で言われたという中での、必死の叫びだったのでしょう。

断髪婦人の快活と逡巡

平成二十三年（二〇一一）の東日本大震災の後、日本はひっそりとした自粛ムードに包まれました。しかし関東大震災後の日本は、一部においてこのように、ハイな気分が盛り上がっていたようです。下町も銀座も焼けてしまったけれど、鉄筋コンクリートで無事だった丸の内は大にぎわいに。モダンガール、モダンボーイ達も登場。そして『婦人公論』では「贅沢《ぜいたく》と婦人」（大正十三年十月号）といった特集が組まれたりと、奢侈《しゃし》の風潮が強まる傾向すら見えたのです。

日本の女性の全てが、そのような空気を帯びていたわけではありません。結婚そして家庭に縛られる女性が多かった中で、都市のごく一部の女性が、従来の範を破る行為に出ていました。そして都市型の知的女性雑誌である『婦人公論』は、女性を取り巻く最先端の世界を見逃さなかったからこそ、丸ビル号などが登場したのです。

丸ビル号には、「断髪婦人の感想」という記事も載っていました。従来型の日本髪をやめ、最新のヘアスタイルである断髪にした女性達の生の声を集めたわけですが、意外に多いのは、髪が多すぎるとか、猫っ毛だから等、髪質が日本髪には適さなかったので切ってすっきりした、という弁。断髪は手入れも簡単で清潔、ふけも出ず快適だ、と。

しかし中には、「母が生んでくれて、丹精して育ててくれたのですから、いくら自分が、一人歩きが出来るようになったからとはいえ、無断で断髪してしまうことも」……などと、髪を切るにあたって悩んだという人も。まさに髪を「切る」ではなく「断つ」という感覚が見えるのであり、ほとんど刺青を入れるくらいの覚悟が必要だったのではないかと思われるのです。

昭和二年（一九二七）の新年特別号には「モダーン・ガール雑観」という特集が載っていますが、そこでは、

「上調子で、軽薄で、始末におえない」

「『新しい女』達が主義主張を持って立った往年の気概に較べて、モダーンガールはさしたる主張もなく、ひたすら現在を享楽するような嫌いがあります」

「最も極端な生の享楽者であり、刹那《せつな》主義者であって、そこには華美軽薄な服装があり縮

れた洋髪或は洋装があり、濃厚なお化粧があり、異性との絶えざる交渉、自由なる恋愛の推移があり……」

と、悪評がほとんど。「一日も早く之《これ》を改善せねばなりません」と記す人もいます。

しかし当の軽佻《けいちょう》浮薄《ふはく》なモダンガール達は、おそらく関東大震災後、おおいなる解放感を味わっていたのでしょう。それは、思想的な解放と言うよりは、東京が焼け野原になったことによって得られた、物理的な解放感。家庭でもまた制度的にも縛られることが多かった女性に、いったんゼロになってから新しい時代が始まる、という感覚が生じたのではないか。

新しい時代、昭和へ

実際、日本では新しい時代が始まっていました。「モダーン・ガール雑観」は昭和二年の新年特別号に載りましたが、おそらくその号が製作されていた頃、大正十五年（一九二六）十二月に、大正天皇が四十七歳で崩御《ほうぎょ》。皇太子が即位し、元号は昭和に改められます。昭和元年が数日で終わると、昭和は二年から、本格的にスタートしたのです。

大正天皇の崩御という出来事は、『婦人公論』においては意外とあっさりと扱われています。昭和二年二月号に「奉悼大行《たいこう》天皇　挽歌《ばんか》十章」ということで、佐佐木信綱による十首の和歌が載っているのと、「先帝御崩御と新聞報道戦」という、悼《いた》むというよりはドキユメンタリータッチの記事があるのみ。

『婦人公論』においては、大正天皇をしんみり悼むというよりは、昭和という新しい御代《みよ》を、女性にとっての新しい時代にしようという意気込みの方が強かったようで、同号には「昭和維新に際して日本婦人に贈る」という特集があります。書いているのは一人を除き全て男性なのですが、政治問題について、

「女子が何時迄《いつまで》も安閑として他所事《よそごと》に見て居るのも無責任である」

等、社会の様々な問題について女性も考えるべきだ、という意見が多い。しかし、それも「婦人に選挙権という武器が与えられてないから」なのである、という意見も。

大正天皇崩御の前年、日本では普通選挙法が公布されました。ただしこの時は成年男性の普通選挙が認められたのみであり、女性の選挙権が認められるのは、以前にも記した通り第二次世界大戦での敗戦後となります。

大正十五年に『婦人公論』で実施された、全国九十九の女子学校の校長への「婦人に参政権を与えるべきか」のアンケートでは、「絶対反対」を含め、六十二名の校長が「時期尚早」と答えているのでした。中には「女に参政権などは、未来永劫、必要なきことを主張する」という校長も。モダンガールが闊歩《かっぽ》する一方で、このような男性校長が女子を教育する時代でもあったのです。

当時、既にスカンジナビア諸国やアメリカでは女性の普通選挙が実施されていて、それ

によって女性の地位が向上。対してイタリア、スペイン等のラテン系国家では「婦人参政運動の甚だ振わない」のであり、そんなラテン系諸国は「二流国に落ちつつある」という新聞記者の鈴木文史朗《ぶんしろう》の指摘も、ここには記されています。ちなみに現在、フランス以外のヨーロッパのラテン系国家や韓国、日本など、低出生率に悩む国は、女性の参政権において後《おく》れをとった国であり、女性の参政権を早くから認めた国は現在の出生率も高いという点は、注目に値しましょう。

後に国会議員となる太田正孝は、昭和の御代に生きることを誇りとし、

「心を新《あらた》にしなければならぬ。気も入れかえねばならぬ。物マネでは、すまぬ。虚栄の心も、いかぬ」

と書きます。彼は底の浅い「モダン」に苦言を呈しているわけですが、では昭和という新しい時代に入って、女性達はどう変わっていったのでしょうか……？

〈コラム1〉職業婦人からOLへ

昭和五年（一九三〇）一月号に、「職業婦人進出の十五年」（奥むめお）という文章が掲載されています。そこにあるのは、「女事務員S嬢」の話。彼女は「世の中は変りましたよ」と語っています。

S嬢によれば、十四・五年前は、女事務員や小学校の教員といった職業婦人は、「人目に立たぬようにコソ〳〵ッと出かけ」ていたのだそう。大正時代、職業婦人といえば、生活に窮《きゅう》して仕方なく働く女性のイメージ。その言葉は決して肯定的には使われず、「身持ちがわるい」といった印象もあったようで、『婦人公論』にも、女性が職業婦人になることに反対する論が載っていたのです。

しかしS嬢は、

「所がどうでしょう。この頃は、私は家になんか遊んでいやあしないのよ、と云《い》わぬばかりに、職業婦人だという一種のプライドから肩身広《ひろ》う歩いていられるんですからね。全く驚くばかり、婦人は街頭に進出しました」

と語ります。昭和も五年となると、職業婦人のイメージは、ぐっとアップしたようなのです。

昭和十七年一月号には、「栄冠を勝ち得て」として、高等文官試験（今で言う、国家公務員総合職試験）に女性として初めて合格した渡邉美恵の手記が載っています。

「私は夢想する、凡《あらゆ》る職場に於《おい》て完全に女が男に代替し得る時代を」

と、彼女は未来への希望を綴っている。

しかし社会が女に求めていたものは、男に替わることではありませんでした。戦後は、学校を出た女性が就職するのは当たり前になってきましたが、昭和二十七年十一月号では、ある銀行の採用担当者が「頭ばかりよい娘サン」よりも「成績は中等程度でもかまわないから、女らしいやさしさ、しとやかさ、人ずきの好さ」を備えた人を望む、と語っています。

この頃、企業で働く女性はサラリー・ガールと言われており、「現代サラリー・ガール読本」（昭和二十九年一月号）を読めば、彼女達に求められるのは「家の庭の花を持って来て、何気なく机上に飾る」とか「多忙な男社員のために、自分から鉛筆を削ってやる」といったこと。女は「二十五才ぐらいで〔会社を〕辞めてくれた方が、新陳代謝という意味からして好もしい」。ということで、あくまで「ガール」しか求められていませんでした。

やがて「ビジネス・ガール」（ＢＧ）という言い方が浸透するようになりますが、「Ｂ・Ｇいろはかるた」（昭和三十四年一月号）という企画を見れば、「いなくてもよし、いてもよし」とか「あなたも〝動くアクセサリー〟」といった文言が。やはり、あくまで「ガール」扱いなのです。

「〝気楽な稼業〟ＢＧへの羨望」（昭和三十八年七月号）には、ＢＧは企業の中の最底辺であり、エリートサラリーマンは彼女達と結婚したがらない、とありました。別の文章にも「同じ職場での恋愛はイカサない」との言葉があり、ＢＧの立場は、今のＯＬ（オフィス・レディ）とは微妙に違った模様。「レジャーとショッピングのために生まれてきた『消費の王様』」とも言われています。

「ＯＬ」という言葉が「ＢＧ」にとって変わったのは、昭和三十年代の末。以降、この言葉は長く使用されることになります。が、「ＯＬ」の五十年もまた、波乱に満ちていました。女子大学生の就職が困難な時代は長く続き、男女雇用機会均等法制定前年の昭和五十九年になっても「女子大生就職地獄を探る」といった記事が。

平成五年（一九九三）には、「〝女性総合職〟過渡期の試練」という記事が見られます。男性並みの働き方が求められる女性総合職は、いわゆるＯＬとは違う意識を持っていたのであり、働く女性の中も階層化。働く女性の意識は今もなお、迷走を続けているのです。

昭和娘の気質

昭和元年〜21年

1926-1946

7　変わりゆく女性美の基準

女子スポーツのブーム到来

昭和という新しい時代を迎えた、日本。しかし大正末期から不景気が続いており、昭和に入ると金融恐慌に。昭和四年（一九二九）には世界恐慌に巻き込まれ、昭和初期の日本経済は最悪の状況にありました。

不安な気分が色濃かったからこそ、退廃的な気分は募り、人々は享楽的になっていったのかもしれません。たとえば大正末期から流行していたカフェは、昭和になってもその人気が衰えることはありませんでした。

女給目当てで男性が通うという、今で言うキャバクラに近い業態であるカフェ。この頃の『婦人公論』でも、名流夫人達が有名カフェに行ってみるという一種の突撃ルポ「妻のカフェ見学」という記事がありました。さらにはダンスホールも流行。谷崎潤一郎『痴人の愛』には、カフェの女給・ナオミに惚れた主人公が、好きでもないダンスをする……といったシーンが見られます。

その頃、『婦人公論』は姿を変えました。昭和三年（一九二八）には新編集長を迎えて、いわゆる「リニューアル」が行われたのです。

それまでは、黒地に白の筆文字で『婦人公論』と記され、「低俗な雑誌の中に群をぬいて高雅な優姿」だったシンプルな表紙も、変化します。横書き、かつタイポグラフィーで記される雑誌名の下には、カラーの絵。リニューアル第一号は、手を広げる裸体の女性の後ろ姿が描かれていますし（口絵ページ参照）、その後の号も、かなりファッショナブルで露出度の高い女性の姿の絵が続くのです。まさにモダン、かつ新しい時代を感じさせる表紙となりました。

内容も、変化しました。映画ブームを受けて、「ムーヴィセクション」という洋画を紹介するページ、スポーツにまつわるあれこれ（「スケート場のロマンス」「女流庭球選手物語」など）を掲載した「スポーツページ」、〝小ネタ〟を集めた「TEA TIME」といった、新しい定例ページが登場します。

つまりこの頃、『婦人公論』はグッとカジュアル化したのです。女性を教え導くためにスタートした〝高級婦人誌〟の『婦人公論』がカジュアル化する背景には、時代そのもののカジュアル化を見ることができます。

「新しい女」の奮闘、西欧文化の流入、そして『婦人公論』のような雑誌の影響等によって、女性達とその周囲は、活発化していました。大正十五年（一九二六）には、人見《ひとみ》絹枝がスウェーデンで開かれた国際女子陸上競技大会において、走り幅跳びなどで金メダルを獲得。世にはスポーツブームが到来し、人見絹枝は『婦人公論』に「国際女子オリンピック出場記」を寄せていますし、その後も彼女は「全世界の視聴を集めている大選手」「こんな名選手はおそらく、体格に貧弱な日本には今後、一世紀に一人出るかどうか受合えない」と紹介されるのです。

人見絹枝は昭和三年、アムステルダムオリンピックの八〇〇メートル走において日本女子初のメダルを獲得。しかしその後、日本国民の絶大な期待を背負いながら、体調不良を押して国際大会に出場し続け、二十四歳で病没します。絹枝は日本女子スポーツ界の人柱的存在となったわけですが、彼女の活躍によって、日本女性は自らもスポーツの楽しみを知るようになりました。

同年の新年特別号では、「女子のスポーツ熱と女らしさ」と題して、各女学校の校長に「女子がスポーツに熱中すると、日本婦人の美徳である女らしさを失うのでは？」という問題についての意見を求めているのですが、ここでも多くの校長は「只おとなしい弱い女子よりも、少しは女らしからぬも、丈夫な女子を必要とする時代だと思います」といった意見を述べています。しかし「何事に限らず、熱中するということはよくないことであります」という意見も少なからずあり、どうやらこの時代、「熱中」は罪だった模様。
カフェ、ダンスホール、映画、スポーツ……と、様々な娯楽に人々の興味は惹かれていたわけですが、その中の一つが、ラジオです。大正十四年（一九二五）に日本での放送が始まったラジオは、一気にブームに。隣のラジオは騒音か否か、といった問題も、誌上で論議されたりしています。

真のモダンガールとは

女性の間にも余暇を楽しむ気分が生まれてきたことが感じられるこの時代ですが、その一因としてあるのは、〝電化〟でしょう。昭和二年（一九二七）の十月号には、家庭電化についての記事が載っています。早稲田大学教授を夫に持つある婦人は「女中を使うまい」という気分から電化を決心。八人家族を支えるには「普通でしたら女中の二三人は是非必要」だが、洗濯機、掃除機、オーヴン等を導入した結果、主婦一人で家事ができるようになったというのです。

別の家でも、関東大震災後、改築をするにあたって電化を決行、「今迄七八人使った召使が三人で充分事足りるように」なったとのこと。「電気で炊いた御飯は非常においしい」という記述も見られ、薪《まき》で炊く御飯を有り難がる現在とは違う感覚があったようなのです。

女性の視線が外を向くようになったのは、家事負担が減ったせいだけではありません。

外に働きに行く独身女性が珍しくなくなり、社会と接触する機会も増加。既婚女性も独身女性も、家に縛られるだけではなくなってきたのです。

女性達の関心は外の世界のみならず、「自分」にも向かいました。特に自身の「美」への関心が高まり、『婦人公論』でも、新しい商品であるクリームや乳液等の化粧品の広告が増えてきます。

大正末期にモダンガールが登場したと前章で記しましたが、昭和に入っても彼女達の勢いは衰えず、断髪・洋装というモダンガールのスタイルが広がっていきました。

しかしファッションのブームとしてのモダンガールを、快く思わない人は多かった模様。平塚らいてうもその辺りにはご立腹の様子で、昭和二年の六月号に寄せているのは「かくあるべきモダンガアル」という文章です。昭和のモダンガールは「男性の官能の対象としての女性」を体現しているだけで、「女性の全的存在の表現でも解放でもない」。自分達と一緒にしないでほしい、というムードが濃厚です。

らいてうは、モダンガールとは「新しい女のまな娘」だと思っている、と書きます。しかし今のモダンガールは、「銀座や丸ビルのショウウインドウを覗き歩く『流行奴隷』」に成り下がっている……。

そんならいてうが一人だけ、「ほんとうのモダンガアルの属性や資質を一番多分にもっていると思われる」と書く女性がいて、それが高群逸枝《たかむれいつえ》です。高群逸枝は、二十四歳の時に一人で四国巡礼を決行し、『娘巡礼記』を記した後は女性史研究の道を歩み、『招婿婚《しょうせいこん》の研究』の著作等でも知られています。らいてうの期待を受けた逸枝は、この頃から『婦人公論』においても筆を執っていました。

逸枝は山川菊栄と恋愛についての論争をしたりもしているのですが、昭和四年四月号には、「世の醜男《しこお》醜女に与う」という刺激的な文章を書いていました。自由恋愛の時代となって、「美人が恋愛場裡《じょうり》における勝者であることは経済的基礎の有無に関しない事実」と、言いにくいことをズバリ。政治、芸術、科学などの方面には「従来は多く美人に反している婦人、恋愛市場の落伍者である婦人が進出して、優越意識を満足させていた」が、それらの分野にも美人が参入したら美人の独壇場となるだろう……と、まるで現在を予測するような記述も。

美人でない人は「おもてむき美人の味方である顔をし、少しも悲惨でなく、不仕合《ふしあわ》せでない風をしている」が、それらは「明らかにごまかしであって、婦人解放の精神に反している。何のためにこういう情ない、気持のわるい振舞をするのであるか」と、手厳しい逸枝。最終的には、理論的に「醜男醜女諸君が、何ら醜男醜女でない」ことを説明する彼女ではありますが、「いま、すべての婦人は美にと急ぐ」という事実は止めようがない、としているのでした。

脚！　脚！　脚！

昭和四年の九月号には、作家の林房雄が「明日の女性美」という文を寄せています。鎌倉に住む知人によると、毎年海岸で若い女性達の姿を見ていると、この十年ほどで「全く見ちがえるほど娘達は発達した」ことがわかる、とのこと。「低い背丈と曲った脚と、扁《へん》平《ぺい》な顔と、鈍くて重い動作」を持った従来型の女性が完全に消えたわけではないが、女性達はずいぶん心身ともに生き生きとしてきたらしい。その新しい美は、「古い日本的家庭の伝統から放たれ、新しく激しい近代的環境の中で自己を鍛《きた》えつつあるまことの『明日の女性』」の中から生まれる……とあるのでした。

この時代、確かに新しい美の形に注目が集まっていたようです。同号においては、「脚線美時代の新飛躍」という文章も載っているのであり、そこには「顔型静美から脚線動美へ！」「ストッキングへと展開される恋愛戦線！　脚！　脚！　脚！」と、熱にうかされたような文言が躍っている。

なぜこの時代、それほどまでに脚線美が新鮮だったかといえば、洋装のせいにほかなりません。皆が着物を着ていた時代は、女性が脚を出して歩くことはありませんでした。しかしこの時代、洋装で出歩く女性が増加。脚に慣れていない日本の男性は、

「きのう銀座の松屋の前で素晴らしい脚線美に出会ってね、僕、まったくたじたじになっ

ちゃったよ……」

と、簡単に悩殺されてしまったらしいのです。この文章の筆者（男性）も、読者に対し、

「大胆に二本のおみあしを曝《さら》け出して点検遊ばし、そして私達にも見せて下さらなければいけない！　でないと、あなた方には黴《かび》が生えてきて、フレッシュな男性がお味方をしなくなる！」

と、セクハラ&脅迫まがいのことを書いているのでした。

脚線美ブームの到来によって、「『大根足』の余りに太い部分を取り去って」「すんなりとした跳躍型の『魅惑脚』」に変えるという「前代未聞の革命的美容手術」さえ登場したというこの時代。女性達は、その意志や欲求のみならず、肉体もまたさらけ出すようになってきたのです。

そんな時代に『婦人公論』は、女性達の「さらけ出したい」という気持ちを、さらに刺激しようとしていました。昭和四年には、「近代日本の生んだ第一の美人は誰か　近代美人写真募集」という、美人コンテストを開催しているのです。

この種のことは明治時代から行われていたようで、明治半ばに、芸妓の写真を並べた「百美人」という催しがその嚆矢。明治末期には、一般人による美人コンテストも開催された模様です。

『婦人公論』の美人コンテストの新しいところは、「近代美人」を募集した部分です。

「顔かたち！　それが主に従来の美人の要素でした。が、美の標準もまた時代と共に移る。本誌が特に全身写真を募集する所以《ゆえん》です。日本人の悪い癖、引っ込み思案に囚われず、これからの日本を益々明るくするためにも、人間性の磨き上げられた『新時代の美人』を選ぼうではありませんか」

と、肉体美や人格も含めての美人を選ぼうとしているのです。選者は、脚にはうるさい谷崎潤一郎をはじめとして、菊池寛、早川雪洲《せっしゅう》、藤原義江《よしえ》等、男ばかりの錚々《そうそう》たるメンバーなのでした。

「自らの美をアピールせよ」と、女性達にうながす、『婦人公論』。現在は、ミスコン的な行事は女性差別、という論調がありますが、この頃は奥にしまい込まれていた女性美を表に出すことが女性解放につながる、という感覚だったのでしょう。

世間を賑わす当事者の声

『婦人公論』はこの頃、女性達の胸にたまった思いをさらけ出す場ともなっていました。たとえば近代美人の選者の一人であるオペラ歌手・藤原義江は、ある医学博士の妻と熱い恋に落ち、ついにその人妻は離婚して藤原の後を追ってイタリアへ行く……というスキャンダラスな事件で世を騒がせました。するとその女性は、「テナー藤原の後を慕うて　日本を去るに際して特に婦人公論に寄せた手記」を発表しているのです。

また女優の水谷八重子（初代）は、「大河内《おおこうち》傳次郎《でんじろう》に結婚を申し込んだ」という根も葉もない噂をマスコミに書き立てられたことに対して、「私のゴシップ結婚　八重子はかく訴う」と、抗議。そこには「今のヂャーナリズムはその荒くれ武士よりも乱暴な威力を私ども女優の身に振舞《ふるまわ》れるのです」とあって、有名人のゴシップをマスコミが暴力的なまでに書き立てるのは、今に限ったことではないことがわかります。現在も、スキャンダルの混乱に巻き込まれた末に『婦人公論』において自らの心情を赤裸々に語る有名人の姿がしばしば見られますが、その手の役割はこの時代から始まっていたのです。

　このように、「女性、かくあるべし」という道を示すという本来の役割の他に、「今」を表す事例として有名人の生き様にスポットライトを当てることにも積極的になってきた、『婦人公論』。そんな中でも、一段と華やかなライトに照らされる出来事がこの頃にありました。昭和天皇の弟である秩父宮殿下の婚約が、整ったのです。

「スポーツの宮様」と呼ばれるほど、スキー、ラクビー、登山等に親しまれた秩父宮の人となりが、『婦人公論』では詳細に紹介されています。お相手の松平節子（後に勢津子）さんは、旧会津藩主の家に生まれ、父は外交官ということで、その生い立ちや人柄についても、様々な角度から紹介されました。

　ここで強調されるのは、二人の姿は極めて現代的、ということです。秩父宮は非常にフランクな人柄でスポーツも得意ということで、盛んに「平民的」であるということが強調されているのでした。

英語に堪能な帰国子女である節子さんについては、「理智的」かつ「いつ如何なるときでも進歩と光明の希求に向って、邁進《まいしん》する鋭意に燃えている近代的女性」ということで、単なる大人しいお姫様ではないことが強調される。天皇家の結婚もまた、時代の流れに乗ってカジュアル化した、ということなのでしょう。

「学友の見た節子姫」というページには、学習院で小学生時代から親しくしていたという、伯爵令嬢の樺山《かばやま》正子さんが、節子さんや閑院宮《かんいんのみや》華子様と過ごした避暑地の思い出等を記しています。この達者な文章を書いた人こそ、後の白洲《しらす》正子。特別な階級の人とはいえ、白洲正子のような女性が誕生していたことを考えると、女性達が新しい時代に入りつつあったことを、改めて思わされるのでした。

8　令嬢から荷馬車輓の娘まで

外向き大股で闊歩する昭和娘

秩父宮殿下と勢津子妃とのご結婚の折、お祝いの文章を『婦人公論』に寄せた、樺山伯爵令嬢の正子さん。昭和五年（一九三〇）三月号には「昭和名流令嬢結婚挿話」という特集があり、そこには正子さんの結婚についても紹介されていました。アメリカのハイスクールに留学し、「モダーン・アメリカの、好い意味の異国趣味を、多分に持って日本へお帰りになってから、俄然、令嬢社交界のクィーンの一人になっ」たのが、正子さんだったのだそう。

　そのクイーンが結婚したのが、「モダーン・イングリッシュ・ヤング・フェーロー」であり「ケンブリッジ大学の学位を持ち、日本語よりもイギリス語がお得意で、お家は掃き捨てる程のお金持と来ているからたまらない」という、白洲次郎氏でした。

　留学を経て、「軽快で、明るくて、諧謔的《ウィッティ》で、物事に屈托がない」というモダーン・アメリカ的気質を身につけたという、「正子姫」。イギリス帰りの紳士と出会って結婚という彼女の闊達さは、昭和を生きる若い女性の憧れとなったのではないでしょうか。

　昭和も五年ともなると、次第にその「らしさ」が見えるようになってきて、同号においては「昭和娘気質」という特集が組まれていました。様々な人が「昭和娘とは」について記しているのですが、多くの人に共通するのは「自由に、自主的になった」という感覚。

　東京府立第一高等女学校の校長だった市川源三は、昭和娘の気質をうまく表現しています。散歩に誘った時、明治女なら、

「寒かないでしょうか？」「暑かないでしょうか？」

と心配し、大正女は、

「何処《どこ》へいらっしゃる。何か面白いことでもあって？」

と尋ね、昭和女の場合は、

「ええ参りましょう。何処だっていいじゃありませんか」

と言うだろう、と。街を歩く時も、内股でちょこちょこ歩くのは、明治の女。昭和娘は外向き大股の大道闊歩。「結婚するよりは街頭へ進出することを考え」ているのだ、と。実に生き生きとした昭和娘の姿ですが、さすが府立第一高女の初代校長、彼は昭和娘の悩みも見抜いています。昭和娘は、「自分をみつめ、自分を見出し、自分を発揮しようと

あせっている」。しかし伝統の中にある男性達は、女性達のそんな意志には共鳴しようとはせず、進歩もしない。つまり、女性が自分の道を歩もうとすると異性は離れていくわけで、

「彼女等のこの悩みの、なんと大きいことよ」

としているのです。異性への従属を拒否した時に直面する、「非モテ」の悩み。その悩みは今もなお、続いていると言ってよいのでしょう。

実際、「結婚を早くしてはつまらない」という感覚は出てきたものの、結婚への関心が弱まったわけではありません。前出の、名家の令嬢達の結婚特集にしてもそうですし、同年新年号には、「スポーツマンの求むる結婚」といったページも。この時代も有名スポーツマンは、女性達の憧れの的だったのです。

スポーツブームであったこの時代、当時の花形スポーツマンといえば、大学のスポーツ選手。たとえば「帝大蹴球《しゅうきゅう》部選手　若林虎雄」は女性に対して、「極端に走らず云わば保守的な貞淑さを有し」ていてほしい、そして「所謂モガと称せられるグルッペは極端に忌避《きひ》します」ということなので、「〝自分〟を発揮しすぎるとモテない」という市川源三の指摘は当たっているようです。

産児制限は是か非か

世界中が不況下にあり、経済的な問題のせいで結婚できない男女が増えたこの時代。初婚年齢が上昇するという結婚難のそんな中で、一つの新しい結婚の形が話題になっていて、それがアメリカのリンゼイという判事が提唱した「友愛結婚」です。

経済的な条件が整っていなくても、試験結婚的に男女が同居し、世間に認められる形で性的欲求を満たしつつ、受胎調節をして子供はつくらない、というのが友愛結婚。相互の了解による離婚の権利も認める、という形態でした。

友愛結婚については、昭和五年四月号において、教育学者の原田實《みのる》により大きく紹介されました。「友愛結婚是非」との座談会では、原田實の他に吉屋信子、平林たい（子）等が参加しています。

座談会によれば、友愛結婚は日本においてはまだ理論だけが先行していた模様。結果的に言うならばそのシステムが根づくことはなかったのですが、しかし伝統的な結婚制度の外にある、もうすこしゆるやかな制度を……という議論は、現在の日本においても求められているものでしょう。

友愛結婚には賛否両論がありましたが、否定の声の中には、「産児制限をしたら日本の人口が減り、国力が落ちる」というものがありました。一方では、特に〝無産階級〟で子供が生まれすぎて生活に困窮するという問題もあり、大正十一年（一九二二）に産児制限活動家のマーガレット・サンガーが来日して以降、産児制限は是か非かという問題が、『婦人公論』においてもしばしば論じられていたのです。

同号においても、日本の「産児制限の母」と言われた女性のことが紹介されていますが、当時の産児制限と言うと、性行為が終わった直後、「すぐ立ち上って体を動かす」とか「胚芽、トウモロコシ等」を食べるといった、甚だ非科学的な手段が多かったようです。あやしげな薬や器具も出回っていた他、放射線照射によって一時的に妊娠しないようにするという方法もあったようで、「多産地獄」に陥らないために、女性はかなりの危険に身を晒さなくてはなりませんでした。

子供をいかに「産まない」かは、無産階級にとって重大な問題でしたわけですが、「私の実行した産児制限法」という記事を読んで驚くのは、当時の夫婦、特に男性の性欲の強さです。他の娯楽が少なかったせいもありましょうが、いわゆる「危険日」に性交を避けることすら難しかったようで、セックスレスだの草食男子だのと言われる今日からすると、隔世の感があります。

女性の声を政治家へ

結婚難、産児制限等は貧困問題と結びつくわけですが、この時代は現在とは比較にならないほどの格差社会でした。富裕層と貧困層の生活と感覚は遠く隔たり、ブルジョアとプロレタリアの対立を生みました。

樺山伯爵令嬢の結婚、といったことも取り上げる『婦人公論』ではありますが、当然ながら貧困層を無視することはできません。そんな時、貧困層の代表として白羽の矢が立ったのが、杉内いちという女性です。

彼女を発掘したのは、社会主義者の堺利彦。自身の著書『貧富戦と男女戦』を読んで寄せられた、島根県の杉内いちからの手紙に才気とリアリティーを感じた堺が、『婦人公論』に推薦。「荷馬車輓《にばしゃひき》の娘の手記」という彼女の文章が、三ヵ月にわたって掲載されました。

極貧の農家に生まれた、いち。やはり「毎年一人ずつ生れて死んだ」という、多産地獄の家で何とか生き延びるも、「女に字はいらん」と満足に教育も受けられず……と、苦難のその生涯が綴られています。

この頃、頭角をあらわしてきた林芙美子《ふみこ》は、貧困層のスターとしての資質を持っていましたが、『婦人公論』としては、いちを第二の林芙美子にしたかったのかもしれません。昭和六年二月号からは、いちが有名人を訪ねてインタビューをする「田舎娘の名士訪問」というページがスタート。一回目は、俵（孫一）商工大臣や徳川夢声《むせい》が登場しているのです。

異種格闘技的な様相を呈するこの企画であるわけですが、特に政治家との対話には、

「庶民の声を届ける」という意味があったのだと思います。当時の女性は選挙権を持っていませんから、「貧しい女性の声」は、世の中で最も無視されやすかったもの。それを、政治家へと伝える意図があったのではないか。

杉内いちはその後、『婦人公論』で筆を執ることはあったものの、スター化には失敗したようで、次第に姿を消してゆきました。しかし「女性の声を政治家へ」という動きは続き、昭和七年（一九三二）十一月号では「三土《みつち》鉄相に『われらの生活不安』陳情の会」というページが登場。農村女性、職業婦人、中小商業者女性、女教員のそれぞれの代表が、三土忠造《ちゅうぞう》鉄道大臣に苦境を訴えるという構成です。

職業婦人の代表者が、「婦人に参政権を」と求めれば、

「それはもう少し私は早いと思うな」

と答える大臣。そんな女性達のことを「行き過ぎて居る」とする大臣は、女性の立場に全く関心がありません。中小商業者女性の代表が小売商人の窮状を訴えれば、

「自ら他に適当な職業を選ぶより外仕方がないでしょうな」

「国家が食わしてやる事も出来んしのう」

と、自己責任だと語る。母性保護を訴えても、「誰かがやるだろう」くらいの感じですし、男性からの「貞操の蹂躙《じゅうりん》」の取り締まりを訴えても、

「婦人が強くなって来ればいいんだね。婦人が弱いからそんな事になるが、段々今強くな

って来て居るだろう」

と、これまたまさかの自己責任論。今だったら大炎上必至の発言の連続です。

鉄道大臣に女性の問題について陳情するという企画にも無理があるわけですが、しかし当時の女性にもし選挙権があったなら、大臣もせめて「善処する」的なことは言ったことでしょう。服装や恋愛の面では自由になってきたとはいえ、参政権が無い限り、女性の社会的「無能力者」という立場は全く変わらないことを感じさせるページなのでした。

読者訪問のため満洲まで

『婦人公論』は、政治問題ばかり取り上げていたわけではありません。リニューアルしてカジュアル化が進んだ後は、ますますの読者拡大のために、昭和五年十月号から値下げを敢行。それは「婦人公論の戦線拡張」のため、としています。「いつまで吾等は、低調なる婦人雑誌の跳梁《ちょうりょう》に、わが婦人読書界を任せていようとはするのだ」「本誌こそはわが国百万の婦人読書子によって読まるべき雑誌なのだ」と、値下げするにも好戦的姿勢が見えるのは、この時代が「女性雑誌ブーム」だったからなのでしょう。『主婦之友』『婦人倶《く》楽《ら》部《ぶ》』『婦女界《ふじょかい》』といった雑誌は、よく売れていました。お色気関連の記事も少なくなかった「低調なる婦人雑誌」の跳梁に、女性誌業界一のインテリ誌である『婦人公論』としては苛《いら》立《だ》ちを募らせ、値下げで対抗しようとしたのです。

そればかりではありません。昭和五年には、東京と大阪で、「婦人公論愛読者大会」を開催。講演、歌、ファッションショー、舞踊、着付け実演に映画……と盛りだくさんの内容が夜十時過ぎまで続いたというのです。

創刊当初より、読者とのつながりを大切にしていた『婦人公論』。愛読者大会だけでは満足できなくなったのか、昭和六年（一九三一）四月号からは「全日本読者訪問」として、毎月全国各地を巡って読者と交流を深めるという一大企画が始まりました。

第一回の探訪地は九州地方だったのですが、嶋中雄作社長が二名の作家と共に九州を訪れ、各県を回りながら十日足らずで十三回もの交流会を行ったのだそう。のみならず、編集部隊は一ヵ月以上にわたって九州に滞在し、全ての女学校を巡って取材したり、各県の美人を紹介したりし、はたまた「阿蘇山投身史」から「九州女子競技界展望」まで、「九州の女」についてはこの一冊を読めばあらかたわかるという、力の入った特集です。その後も、山陽四国、近畿山陰、信越北陸……と、各地を巡りました。

「読者訪問」を機に、各地では愛読者達のグループが結成されるようになりました。誌面でも「婦人公論グループの頁」ができて、「欠食児童救済のために街頭行進一ヶ月」（名古屋婦人公論グループ）、「納涼漫談の夕」（横浜婦公グループ）といった活動が紹介されています。今も愛読者グループの頁が『婦人公論』にはありますが、それはこの頃に誕生していたのです。

「読者訪問」が最後に訪れたのは当時、日本の植民地状態にあった、朝鮮、満洲、台湾の地。嶋中社長は、作家と編集者と共に、下関から釜山に入ります。釜山では愛読者に出迎えられ、京城（植民地統治時代のソウル）でも愛読者との会合を開催しました。そこにいたのは日本人ばかりでなく、

「釜山でも京城でも朝鮮婦人の顔を沢山見出したのは吾々の会合の成功である。内鮮融合の実は此辺から結ぼれるのではないだろうか」

と、昭和六年十二月号に記されています。

平壌からは汽車で満洲へ向かった、一行。胃病をおして旅に参加した嶋中（嶋中は九州の時も、インフルエンザ罹患中なのに「たとい途中で倒れても行く」と、戦争感覚で旅に出ている）は寝台車で寝ているのですが、一行が奉天（現在の瀋陽）を通過した十五分後に「例の爆破事件が起ったのであった」と、嶋中は記します。

「例の爆破事件」とは、日本が所有していた南満洲鉄道の線路が奉天近くの柳条湖付近で爆破された、いわゆる「柳条湖事件」。ここから満洲事変が勃発し、翌年の日本による満洲国の建国へとつながっていくのです。

事件後、戦争ムードが強まる中で、嶋中達は満洲の旅を続けます。日本人が満洲に移住を始めて、この頃で約二十年。満洲で生まれた〝満洲娘〟がそろそろ年頃になってきているけれど、彼女達は「植民地風に、活発に、自由奔放に、野育ち」であるが故に「お嫁さ

んに貰い手がない」といったことが記されています。

かくして、「全日本読者訪問」は無事に終わりました。その後は、「支那とはどんな国か」という特集があったり、昭和七年の満洲国建国後は、皇帝溥儀《ふぎ》の妹である愛親覚羅韞《あいしんかくらおん》穎《よう》のインタビューが「日満両国の女性の握手」として載ったりと、中国関係の記事が目につくようになってくるのでした。

「この夏からは洋装に」とか「浴衣とアッパッパ座談会（流行研究発表会）」といった記事が『婦人公論』に載る一方で、貧困層は食うや食わずの状況だった、日本。そして目を外に向ければ、次第にキナ臭さが漂ってくる……。昭和の「らしさ」は、女性の身においてのみ濃厚になってきたわけでは、なさそうです。

9 「有閑夫人」の関心事は

混迷の時代の占いブーム

昭和六年（一九三一）に、満洲事変。翌年には、満洲国建国宣言。国内では、青年将校達が時の首相・犬養毅《いぬかいつよし》を暗殺するという五・一五事件が勃発。経済状況は厳しく、農村は疲弊《ひへい》。……この頃の日本では、あちらこちらに暗雲が発生していたのであり、それは昭和八年（一九三三）の暮れ、天皇家に念願の皇太子が誕生という慶事があっても晴れることはなく、「非常時」という言葉も使用されるようになりました。

国内において戦争の雰囲気が身に迫ってくるわけではないけれど、未来を見通すこともできない。そんな雰囲気の中で、この頃の『婦人公論』では二つの新しい動きが見え、それが「占い」と「人生相談」の登場です。

『婦人公論』誌上で初めて大きな占い特集が見えるのは、昭和八年の七月号。

「弁証法的運命判断　生れ年と月とであなたの一生がわかる」

というものでした。その「はしがき」では、

「自然のあらゆる秘密を、残らず探り出そうとしている自然科学も、あなた自身の運命については、すっかり冷淡になって、何も探してくれませんね」

と、科学の力が勢いを増す中で、かえって個人の人生においては混迷が深まっているという事実を指摘。この運命判断は「自然科学的な論拠を示せない」ものではあるけれど「本当に恐ろしいほど当ります」ということなのです。

ここで示されているのは、十七歳から三十歳までの人の運命。この頃の『婦人公論』の読者ターゲットはだいたいその辺りだった、ということでしょう。「あなたの自惚《うぬぼ》れているほど、人々はあなたに感心していないのですよ」とか「貴女《あなた》は遂に一生、人生のヒロインとなることの出来ない人です」などと、悪い運勢もズバリと指摘する占いっぷりです。

その後、昭和九年（一九三四）には「一流大家執筆の運勢判断と占い」、昭和十年（一九三五）には「神占・オラキラム」という謎の占い……と、新年号での占い特集の掲載が続きました。

この頃の『婦人公論』にしばしば見られるのは、「附録」です。女性誌ブームの中、他誌との差別化が必要となっていたのでしょう。占いの他にも、「荻野式妊娠暦」「処女読本」「妊娠の神秘」といった刺激的な付録が見られたのです。

人生相談もこの頃に流行った企画ですが、昭和八年の八月号は、その名も「思いあまった身の上相談」号というもの。この号では、社交相談、家政相談、美容相談、洋装相談……と、様々な相談に対して、専門家が回答を寄せています。

洋装相談では、「洋装は、その人の個性美を最も端的に発揮し得る点和装に優《まさ》っています」としているものの、しかしこの頃の女性は、まだ洋装に慣れていません。洋装への転換期であったからこそ、「洋装相談」という項目が必要だったのでしょう。

この号には「わが身上相談」と題して、林芙美子も文章を寄せています。芙美子はこの時、三十歳。三年前に『放浪記』を刊行し、売れっ子作家となっていました。しかしいくら稼いでも、両親がそのお金をあてにし、「皆が私をたよりきっている」という状態で、生活は全く安定しない。新聞に日々載っている身の上相談を読んで、

「実際女と云うものの身上《みのうえ》が、いかに本力がなくて弱々しいのかと笑っていた」

のだけれど、自分もそれと同じである、と記しました。

それはすなわち、経済力を持つ職業婦人特有の悩みです。しかしこの文章を読んだ一般の職業婦人は、「内省過多症」「感情の贅沢」というシビアな感想を寄せました。市井《しせい》の職業婦人の生活はもっと大変なのだ、と言いたかったのでしょう。

噴火口に飛び込む女学生たち

悩みの多い、女性達の生活。その解決の糸口を、占いや人生相談に見る人々がいる一方で、別の方面に救いを求める女性達も存在しました。

たとえばこの時代、『婦人公論』の目次にしばしば見ることができるのは「自殺」の二文字です。大正十二年（一九二三）の有島武郎情死事件以降、日本ではずっと「自殺ブーム」が続いている状態ではありました。情死、心中も相次ぎましたし、昭和二年（一九二七）には、芥川龍之介も自殺。

芥川は「ぼんやりした不安」を抱いて死に至ったわけですが、芥川と同様、昭和初期の自殺は、その原因がさほど切羽詰まったものではないケースが多いのが特徴です。

昭和八年の四月号は「少女達と死」号、というタイトル。そこで評論家の土田杏村《きょうそん》は、最近の少女達が「特別に大きな原因もなしに自殺することが近来頻出」するのはなぜか、を考察しているのでした。

この年の一月と二月、伊豆大島の三原山の噴火口に、実践女学校の生徒が相次いで投身自殺。それぞれの現場に立ち会っていたのが、同じ一人の同級生だった……というセンセーショナルな事件が、この特集の背景には存在します。同号では「三原山事件の真相」が様々に検証され、「少女達と死の座談会」では、大学教授や女学校の校長といった教育者、そして三原山事件で自殺した女学生の同級生などが、思いを語り合っているのです。

この年、日本は国際連盟を脱退。不穏な空気は増してくるわけですが、少女達の自殺は、国の将来を憂いて、というものではなかったようです。生きることに必死な人は自ら死を選ぶことはありませんが、この時代、生活に困窮することのない階層の間には、死への憧れを醸成する〝だるさ〟のようなものが漂っていたと思われるのです。

昭和十年には、銀行頭取の娘である増田富美子という女性が、〝恋人〟の松竹少女歌劇のスター・西條エリ子と出奔、そして自殺未遂。『婦人公論』の同年三月号には、

「男装の麗人増田富美子の死を選ぶまで」

「同性愛死未遂のいきさつ」

といった記事が並びます。

この時代、同性同士で情を交わすことも、一種のブームになっていたようで、昭和八年十月号には、「なぜ同性を恋するか」という特集が。

「同性愛に陥っている生徒が絶対にないと公言し得る学校なんて一つだってありません」

というある女教師の発言がここでは紹介されていますが、女学校の女教師と女生徒との恋愛の末、生徒が死を選ぶという事件すらありました。

教育の場では男女別学が定められていたこの時代、同性愛は「性愛にめざめ乍《なが》らその生活内に人為的に男性の入り込む機会を阻まれた者同志の間に起る」とされていたようです。

そういった女性は「異性と清く接触する機会を得ますれば、間もなく異性愛の階程まで発達して行く可能性」があるのだ、と。つまり、女ばかりでいるから同性愛となるのであり、男と接すれば異性愛になる、と考えられていたのです。

「男装の麗人」と少女歌劇

増田富美子は「男装の麗人」だったわけですが、この言葉は、昭和七年から『婦人公論』で連載され、ベストセラーとなった村松梢風《しょうふう》の同名小説が流行らせたものです。そしてこの小説のモデルとなったのは、「東洋のマタ・ハリ」こと川島芳子。

清朝の皇族の家に生まれ、幼少の頃に日本人の養子となって、日本で教育を受けた芳子。十七歳で自殺未遂をした後に男装をするようになったのですが、蒙古族の将軍の息子との結婚・離婚を経た後、彼女は中国において、日本軍の工作員として諜報《ちょうほう》活動に従事するようになるのです。

昭和八年九月号の『婦人公論』に、芳子は「僕は祖国を愛す」という文章を寄せていました。「僕は男である」と書く彼女は、「日本の方々に御迷惑かける満洲国民の一人として」、「日本帝国に万分の一の恩返しの志を表したい」からこそ、女だてらに男装して活動するのだ、と書きます。そしてそんな彼女の数奇な生い立ちといでたちに、目をハートにする日本の少女も、少なくなかった模様。

もう一人、大人気の男装の麗人がこの頃にはいて、それが「ターキー」こと水の江瀧子です。宝塚、松竹といった少女歌劇がこの頃は大ブームだったのであり、中でも一番人気が、松竹の男役であるターキー。『婦人公論』にも、度々登場しています。

一方、この少女歌劇熱に眉をひそめる人も、いたようです。昭和十年の四月には、「少女歌劇と娘と母」号、というものが出ているのですが、同号ではまず、医学博士の杉田直樹が「少女歌劇熱の診断」として、女同士の心中と歌劇人気を同列に捉え、その傾向に疑問を呈しています。女だてらにスポーツをしたり、男装の女性に夢中になったりするのは、全て「男性能力へのあこがれ」からくるものではないか、と。

日本女性が「平常『ズロース』を用いるようになってから急激にその言動が大胆になり男性化」した、という文も、そこにはありました。昭和七年の白木屋の火災では、女性店員達がズロースをはいていなかったせいで焼死者が多数出たという説がありますが、その真偽はさておいて、ズロースを着用していなかったが故に女性の行動が制限された部分は、確かにあったのでしょう。

氏はさらに、女性間の流行が「男性の意を迎えるがために男性の嗜好を前提として」発生するのでなく、「女性相互間の趣味で独創的に行われる」ことを嘆きます。今の言葉で言うなら、「男にモテることを考えず、女ウケばかり考えていていいのか」、といったところ。

そんな氏の心配をよそに、少女歌劇への熱い愛が、この号では存分に語られています。実際、当時の女学生などは身近に異性がいないせいで同性に興味が向いたのかもしれませんが、その後も日本では宝塚人気は続き、宝塚のスター達は今も、『婦人公論』の誌面を飾っています。「身近に男性がいないから」「男性の能力に憧れるから」ではなく、男装した女性にしかない魅力を愛《め》でる文化が、日本女性の中には存在し続けているのでしょう。男性からは得られない満足を、男装の麗人はもたらすのです。

自殺も少女歌劇も、ある種の豊かさが無いと流行らないものかと思われますが、そんな豊かな層の存在を印象付けるのが、やはりこの頃の誌面によく見えるようになった「有閑《ゆうかん》夫人」という言葉です。これは、一九三〇年に制作されたアメリカ映画『Ladies of Leisure』の邦題が『有閑夫人』であったことから、流行した言葉。揶揄的な意味合いがおおいに含まれているわけで、『婦人公論』誌上でも批判的に使用されがちです。

昭和八年十一月号には、「有閑夫人と殺人事件」という刺激的な見出しが見えました。何でも、大連に住む医学博士の妻が桃色遊戯（「有閑夫人」と「桃色遊戯」はしばしばセット扱いされる）に耽《ふけ》った結果、彼女の愛人が別の愛人を刺殺する、という事件が発生したのです。

満鉄衛生研究所で、要職に就く夫。大連の「有閑マダム・グループ」のご乱行。……と、満洲を舞台としたスキャンダルは大きな話題となり、夫人の友人知人も原稿を寄せるわぞの生涯も詳細に記されるわというわけで、当然ながらプライバシーは全く考慮されていません。そして有閑生活というものは「最も不生産的な罪悪の温床」であり、「有閑を如何に有用に使うかという教育が必要」と、厳しく批判されているのでした。

使用人や電化製品によって、家庭婦人の「閑」は、確かに増えていました。とはいえ、桃色遊戯に耽る度胸は無い一般の女性も、いたはずです。そんな女性達は、大なり小なり存在する自らの「閑」を、どのように使用していたのでしょうか。

……と見てみますと、この頃から『婦人公論』誌上で目立つようになってくるのが、「若返り」に関する記事です。昭和九年の九月号で大きく特集されているのは、「中年婦人の美容法」。「中年の皮膚は如何して美しさを失うか　シミ・ソバカス・皺《しわ》・脂肪過多に就いて」ということで医学博士が対処法を指導。美容体操のやり方も、載っています。

女は男より老けやすい？

同年十二月号では、政治家で著述家の鶴見祐輔が「女性よ　いつまでも若くあれ」という一文の中で、

「近代人の強い要求は、若くありたいということだ」

と記していました。機械の発達などで、生活が楽に、明るくなったからこそ「若くありたい」という欲求が発生したのだ、と。

「新しき社会の女性たちよ、永久に少女のごとく若くあれ」

と終わるこの文章を読むと、「若くあり続けなくてはならない」というプレッシャーは、この頃から存在していたということがわかるのであり、同号にはさらに、「女形にきく若返り法」まで載っているのでした。

昭和十年九月号には、

「女は何《な》ぜ老け易いか？」

という、ある医学博士による記事も載っていました。この頃、「女が男にくらべてふけやすいというのが世間の常識」だったのだそうで、だから「男は五つ、六つの年下の女を妻にするのが普通であり、昨今では十歳も年下の娘を妻に選ぶことが世間一般の傾向」、なのだそう。確かに、夫の方が妻より年上という夫婦は今も多いものですが、その理由が「女の方がふけやすい」からだとは知らなかった。

博士は、「日本で女がふけやすいといわれるのは、その原因が今日の女子そのものの封建的生活にある」と考えています。家事労働に追われ、男性よりも粗食に甘んじ……という生活によって女はふけるのであり、だから金持ちの妻より貧乏人の妻の方が、そして都会の妻より田舎の妻の方がふけが早いのだ、と。労働条件さえ人間的なものであれば、労働はかえって「女を若々しく、快活に、朗《ほがら》かに」して、ふけ込むことを予防する……という意見はごもっともなのであり、今の女性達が、妻・母・キャリアウーマンでありつつなおかつ美しいのは、そのせいなのでしょう。

　男よりもふけ込み方が早いとはいえ、女性が「若返り」を気にするようになったことは、キナ臭さが漂う一方で平穏な空気もこの時代にはあったことを示すように思います。海の外では緊張感が高まっているけれど、国内では何となく死を考えたり、同性に胸をときめかせたり、若返りに励んだりするくらいの、「閑」があったのです。

　今から見れば、それは戦争という嵐の前の静けさだったのであり、そんな空気を一変させる出来事が、昭和十一年（一九三六）に勃発。それは二月二十六日、雪の払暁《ふつぎょう》のことでした。

10　どうしたのだ、『婦人公論』

私を撃って、と立ちはだかり

昭和十一年（一九三六）二月二十六日の早朝、陸軍の一部の青年将校達が、約千五百名の兵を率いて、岡田啓介首相や高橋是清《これきよ》大蔵大臣といった重臣達の邸《やしき》等を襲う事件が発生しました。青年将校達は「昭和維新」を叫んでクーデターを起こしたものの、その三日後に鎮圧されることとなります。

軍部が力を握り、日本が戦争へと進む一つのきっかけともなったこの出来事こそ、二・二六事件。『婦人公論』も事件について取り上げていますが、そこで重視されているのは、女性の視点です。同年四月号では、事件で没した齋藤実《まこと》内大臣の夫人を弔問した「国民的慈父・齋藤内府の薨去《こうきょ》をいたむ」、やはり事件で命を落とした高橋大蔵大臣の娘による「父の追憶」、そして孫による「おじい様の思い出」が掲載されました。

翌五月は、その名も「涙と戦慄《せんりつ》でつづる　二・二六事件の全貌」号。事件のあらましが時系列で綴られているのですが、そこで目につくのは、襲われた重臣達の武士的な振る舞い、のみならずその夫人達の「武人の妻」らしさです。

前出の齋藤内大臣の夫人は、襲撃時、

「齋藤の生命は、お国に捧げたものです。……今はまだその時期ではありません。齋藤を撃つなら、私を撃って下さい」

と、立ちはだかったとのこと。

やはり事件で亡くなった渡辺錠《じょう》太郎《たろう》陸軍教育総監（『置かれた場所で咲きなさい』著者の渡辺和子の父）の夫人も、反乱兵がやってくると、

「いけません！　通せません！　強《た》って通るなら、私を射ってから行って下さい！」

と叫んだのだ、と。

親友が反乱軍に参加しているのに自分は鎮圧側に回ったことに懊悩したある中尉は、軍服姿のまま自宅で割腹自殺。その傍らには、夫人が「白無垢の死装束に身を清めて日本刀で咽喉《のど》を突き殉死《じゅんし》を遂げて」いた、という記事もありました。この一件はその後、三島由紀夫が小説「憂国」に書き、また自身が主役となって映画化したことでも知られています。

不穏な空気に包まれた、東京。とはいえ六月号になると、「二・二六」の文字は目次か

ら消えます。この頃、まだ自殺ブームは沈静化しておらず、この号でも「自殺の流行」といった記事が見えるのですが、もう一つ日本で流行っていたのが、肺結核でした。肺結核は明治期から流行が続いていましたが、一九三〇年代になってから勢いを増し、日本人の死亡原因の一位となっています。同号でも、「肺病を克服した私の経験」と題した闘病実話の数々が載っていますし、その後もしばしば、肺結核についての記事が見られるようになるのです。

処女と童貞の価値

とはいえ一方で、人々は「元気」でもありました。たとえば昭和十一年十二月号で多くのページが割かれているのは、「岡邦雄氏をめぐる恋愛事件　その真相と批判」という特集。この頃、科学史家の岡氏が、六人の子供と糟糠《そうこう》の妻を捨て、仕事を共にしていた若い職業婦人のもとに走ったという不倫事件が、大きな話題になっていたのです。

　特集では岡氏とその妻、そして不倫相手の女性が、三人それぞれ自説を綿々と綴っていました。激怒する妻、そして「岡夫人の激烈な抗議」を受け止めつつ、「常識と道徳とに対する一つの反逆」であり「惨憺《さんたん》たる荊棘《いばら》のみち」を歩むことを高らかに宣言する、不倫相手。さらにはその三角関係を批判する、野上弥生子《やえこ》、神近市子らの文化人達……と、実に読み応えのあるこの記事。昨今も不倫が話題になりがちな日本ではありますが、昔の人の方が腹を据えて不倫に相対しています。

同年五月には、阿部定《さだ》事件が発生。高級女性誌『婦人公論』としては、事件の詳細は報じていないものの、翌昭和十二年（一九三七）七月号には「更生途上にある独房の阿部定隣室観察十日間」という記事が。この記事は、性心理学者・小倉清三郎の妻が、猥褻《わいせつ》文書出版販売の罪で収監された時の体験を記したもので、阿部定の獄中における生々しい様子が記されているのでした。

高級女性誌とはいえ、『婦人公論』は性に関する情報を扱わないわけではありません。むしろしばしば、大真面目に扱っているのです。「婦人に意外に多い不感症はこうすれば治る」といったことについても医学博士が真摯《しんし》に記していますし、特に女性の貞操問題は、創刊以来の大きなテーマ。

そんな中でこの頃の『婦人公論』が注目していたのが、男性の貞操問題です。昭和十二年（一九三七）四月号では丹羽文雄、吉屋信子、宇野千代といった文学者に医師や評論家を交えて、「『男の貞操』座談会」が行われました。また八月号には、「現代の童貞　現代大学生の童貞調査無記名報告」という記事が。既に童貞を捨てている大学生もいるものの、「結婚まではどこまでも童貞を守って、自分の純潔な童貞を愛する妻に捧げたい」と思っている男子大学生も、少なくなかったようです。

処女と童貞の価値の差異は、四月号の貞操座談会でも語られています。が、次第に話題はずれて、男性は「どんな女が好きか」を話しだすのですが、そこで当時三十代前半の丹羽文雄が語るのは「『新しき土』のあの女ね、あれはいいな」ということ。

『新しき土』とは、この年に公開されて大ヒットした日独合作映画です。前年には日独防共協定が結ばれ、日本とナチスドイツが接近していた中での製作であり、十六歳の原節子が初主演していました。

許嫁《いいなずけ》（原節子）を日本に残してドイツ留学した男性が、ドイツ人の恋人を伴って帰国。傷心の許嫁は火山の火口に飛び込もうとし……、というストーリーのこの映画。三原山事件を思わせる、自殺ブーム時代ならではの展開ですが、丹羽文雄の言う「『新しき土』の女」とは、父親からお茶やお花などをみっちりと仕込まれた大和撫子《やまとなでしこ》である許嫁のことを示します。吉屋信子が、

「だけどだめですわ。丹羽さんのような若い人でも『新しき土』の女がいいというんですもの」

と発言していますが、新しい価値観を持っていそうな若い男性作家でも純粋無垢の処女を好んだ、という事実は職業婦人からしたら愉快ではない現実です。単に原節子が美しすぎた、という理由もありましょうが。

ちなみにこの「新しき土」とは、満洲のことを示します。火口で自殺しようとした原節子は男性に助け出され、二人は満洲で心機一転出直す、というラストなのであり、満洲国

を世界に認めてもらいたいという思惑も、この映画には込められていたのです。「『男の貞操』座談会」と同じ号には、「満洲国皇帝御令弟溥傑《ふけつ》氏と嵯峨《さが》浩子《ひろこ》姫」という記事も載っていました。愛新覚羅溥儀の弟と、日本の華族・嵯峨家の令嬢との結婚は「日満一心同体の実を示されようとする」と記されていますが、これもまた日本の政治的思惑が背景にある結婚だったのです。

「日満一心同体」の演出は盛んな一方、日中間の戦いが沈静化する気配は、ありません。同年三月号では、「女性時局読本」という別冊付録がつく等、戦争関係の記事はどんどん増えていきました。

同年十月号には、「南口《なんこう》攻撃従軍記」という記事があるのですが、これは『婦人公論』編集部の山岸多嘉子記者が、「唯一の女従軍記者として砲煙弾雨の攻撃第一線に身を挺《てい》」して取材したもの。彼女は、万一の時に備え自殺用の銃まで携行、六ヵ月にわたり従軍しています。

砲弾を怖がらずに働く女性たち

この頃の『婦人公論』は、読者に対してしばしば、「戦時下にあることの自覚」を促しています。昭和十三年（一九三八）、国家総動員法が制定されはしたものの、日本、特に東京においては「どこに戦争があるのか」という平和なムードが漂っていました。しかし国としては、戦争資金調達のためにも、国民の意識と生活を引き締める必要があったのです。

たとえば昭和十二年十二月号には、時の大蔵大臣・賀屋《かや》興宣《おきのり》が「事変に処する女性の覚悟」という文章を寄せています。「国民経済の消費部門の担当者としての婦人に政府の意図する所を訴えて協力を仰《あお》ぎ度《た》い」というのが、その文章の意図。輸入品の繊維製品は購入せず、どうしても購入の必要があれば、化学繊維のステープルファイバー（「スフ」と言われた）等の代用品を買うようにとか、「消費の節約で得た余剰を貯蓄せよ」といった要請が、そこでは為《な》されていました。

「事変に活躍する支那の婦人達」（同年臨時増刊号）という記事では、中国人女性の活躍の様子が紹介されています。たとえば中国側のトップ・蔣介石《しょうかいせき》の夫人である宋美齢《そうびれい》は、アメリカ帰りの華やかな女性。彼女についてはそれまでも、敵方にもかかわらず、『婦人公論』では半ばセレブ的に扱っていました。彼女の行動力や存在感は、万事控え目な日本女性とは明らかに異なっていたのです。

記事では、中国における婦人運動は「革命的な急進的なものが多い」とされていました。『新しき土』の原節子的な従順さは日本女性の美徳ではあるが、中国の女性はこんなに活動的なのだから日本女性も頑張れ、と言外に伝えている気配が漂うのです。

中国在住の日本人の中には、事変後も帰国せず残留する人もいたわけですが、作家の林房雄は同年十一月号で「上海戦線の女性たち」として、領事館のタイピストや看護婦など、働く女性達の姿をレポート。

「怖いけれども私たちが逃げては事務が滞ります」

「お金なんかいただけませんわ、私たちの方からお願いして働かせていただいてるのですもの」

といった健気《けなげ》な発言を記します。「いわゆる烈婦《れっぷ》型や女丈夫《じょじょうぶ》型」ではないつつましやかな女性が、砲弾を怖がらずに働く様子を見て、「日本には長い歴史に養われた美しく強い婦道があることを確信」したという、林。これもまた、読者に「戦時下」の自覚を促す記事であったと思われます。

しかしそのような記事が掲載されても、まだ日本国内の戦争感覚は、薄かったようです。たとえば昭和十三年新年号では「非常時下の家庭料理に就《つい》て桜井省三博士にものを訊く」というページがありました。フランス留学経験を持つ工学博士・桜井氏は、日本フランス料理界の祖とも言うべき人。食品の物価も上がってきた折、「鯛《たい》を食べないで鰯《いわし》にすると値段は三分の一」、そして「鰯の焼いたのにタルタル・ソースでもかけてごらんなさい」と、博士は言います。カツレツやビフテキといった料理名も登場する記事からは物資が不足しているとは全く考えられず、時局的に「戦時下」というタイトルをつけてみたフランス料理教室、という感じなのです。

翌二月号には「新婚家庭爆撃記」という記事がありました。これは、守田勘彌《かんや》と水谷八重子等、三組の芸能人新婚カップルの訪問記。爆撃機とかけた「爆撃記」であるわけですが、この時代はまだ、戦争用語をふざけて使用することができる雰囲気だったということを示していましょう。

身に迫る危険は感じられないものの、物資の不足や節約を国から盛んに言われるようになったことによって、買い溜めに走った人もいたようです。同年九月号の「戦時下の家庭生活の建て直し座談会」においては、木綿製品の買い溜めが横行したことが記されています。この手の人達は「買溜めマダム」と言われたそうなのですが、その呼称からもまだ、ちょっとしたおふざけ心が感じられます。

戦時下の自覚を促すため、同号では「懸賞募集　廃物利用非常時女子服」という企画が発表されました。古い着物などを利用して新たな服を作りましょう、ということなのです。国民精神総動員中央連盟という機関が後援についたこの企画、一等賞金は二百円とのこと。

このように、何かにつけて「非常時」「戦時下」という枕詞《まくらことば》が記事につくようになった『婦人公論』ですが、昭和十三年の十月号では「戦時下の結婚座談会」というものが行われました。宝塚歌劇団創設者で、当時は「東電社長」（東京電燈。現東京電力）の肩書きだった小林一三《いちぞう》、大妻高女校長の大妻コタカなど、重鎮揃いでの座談会だったのですが、ここでは文化学院院長の西村伊作《いさく》が、

「どうも自由交際ではうまくゆかんのですね」

と、強硬に見合い結婚を推奨。また家政学院院長の大江スミは、

「良人《おっと》も奥さんも同権だと云って意見を主張したいならば始めから結婚為さらない方がいいですよ」

と、「夫婦では必ず、全て男が上であるべき」という論を展開。

この座談会を読んで私は「どうしたのだ、『婦人公論』」と思ったことでした。『婦人公論』は創刊以来、女権拡張を目指してきた雑誌だったのであり、平塚らいてう達は盛んに、自由恋愛やその結果としての結婚を主張してきたはず。それがここにきて急に、「見合い結婚が一番。妻は夫に従え」となるのはこれいかに。参加者の中では、西村が唯一、自由主義的な発言をしていますが、小林や大妻の保守的発言にかき消されがちです。

これは、世間一般が保守的結婚観を持つようになったのではなく、編集部がそのような意見を持つ参加者を選んだ、もしくは選ばざるを得なかったことを示すのでしょう。当時、世の中では結婚難が進行していましたが、結婚難で子供が生まれないのは、戦時下の国にとっては大きなピンチ。見合いでスムーズに結婚してもらった方が、効率的に子供が生まれようというものです。

座談会は、次第にヒートアップします。参加者の医学博士は、最前線で戦って手足がなくなったような人はたいてい甲種合格なのだから、「仮令《たとい》脚は義足であっても根本がいい

のですから、こういう人と結婚したらいい子供が生れます」「そういう人を父として大いに第二の国民の体質の向上をはからねばならぬ」と力説。小林一三も、「看護婦にお嫁になって貰うのが一番いいですね」と賛同します。さらには、中国の日本人と結婚する「大陸花嫁」は、「彼所《あそこ》を築き上げる、彼所の御先祖様になる」のだから、「充分人選して、決して素質の悪い人を送ってはならない」といった発言も。

西村は、女性も教養をつけて、夫の良き話し相手になったり、時には家庭教師となることも必要だ、と言います。が、小林は「大学を卒業した人が、女房を貰う時に、話相手とか、相談相手にいい、学力のある人を持とうということを考える男があるでしょうか」と反発。つまり彼は「女に学問はいらない」論者なのです。

そういえば宝塚歌劇団のモットーは、「清く正しく美しく」。決して男に伍《ご》する女を育てる場ではないことに、私はこの座談会を読んで初めて気づいたのでした。

11　晩婚は文明の汚辱

急ピッチでトンデモ方向へ

「戦時下の結婚座談会」において、「結婚は見合いで」というアンチ自由恋愛ぶりを見せた、小林一三。彼は昭和十四年（一九三九）の新年号にも、「自由結婚否定論」という文章を寄せています。

ここでも小林は、「見合い結婚によって、一人でも多くの人が、一日も早く結婚することをお勧めする」としています。その背景にあるのは、個人主義が縮小されて国家主義となるべき今の時代だからこそ、個人の恋愛感情より大事なものがあるだろう、という感覚。見合いで結婚したならば、「どの道、女は男の運命に黙従するより外に途《みち》はない」のだからして、「尊敬されよう」などとはゆめ思うものではない、と。また夫が戦死してしまった女性が再婚したなら、「残された子供は大概、赤になっているか不良になっている」

ということで、「再婚を許さず、其家運と盛衰を共にすべきもの」なのだ、とも。

今読めば、ポリティカル・コレクトネス的に大いに問題がある、トンデモおじいさんのトンデモ意見、という感じがします。が、しかしこの頃、時代は急ピッチでこのトンデモ方向へと傾いていました。小林は近衛《このえ》文麿《ふみまろ》と近い人物であり、翌昭和十五年（一九四〇）に成立した第二次近衛内閣では、商工大臣を務めます。彼の意見は一経済人のそれでなく、極めて国の方針に近いものであったと言っていいでしょう。

『婦人公論』においても、戦争に対して女性の協力を得ることを目的とする記事が、急激に増加してきました。たとえば同号には、林芙美子「北岸部隊」三百枚が一挙掲載されています。昭和十三年（一九三八）、既に南京を占領していた日本は漢口攻略を決定しますが、この時に内閣情報部は、「ペン部隊」を戦地に派遣する計画を立てました。これは、二十二人の作家を前線に送り、日本の新聞等に戦地ルポを書かせるというもの。読者すなわち国民の、戦意高揚を狙ったのでしょう。

芙美子は、「是非ゆきたい。自費でもゆきたい」と、女性作家で唯一、従軍。その時のことを記したのが「北岸部隊」なのです。

夫も出征している芙美子は、兵士達に深い同情を寄せます。「林さん」と呼ぶ兵士に手を振りながら、涙を流す芙美子。目次には「祖国を愛し、兵隊にそそぐ無限の愛情が前人未踏のこの大作を産んだ」とありました。

既に前年、総力戦の遂行のため、国家の全ての人的・物的資源を政府が統制運営できるという、国家総動員法が制定されていました。さらには国民の精神をも戦争のために一致団結させるべく、『婦人公論』でもその手の記事が増えてきたのでしょう。

昭和十四年三月号には、当時の首相・平沼騏一郎《きいちろう》が「国民総親和の精神」という文章を寄せています。平沼はここで、日本は祭政一致の国であることを強調しました。外国では個人主義、功利主義が唱えられていても、日本は「滅私奉公」「国民総親和」「総努力」でいかなくてはならない。「八紘一宇《はっこういちう》の天業」のためには、「今上《きんじょう》に仕えて、奉公の誠を致さねばならぬ」「君国に奉仕し、翼賛《よくさん》の誠を致さなければならない」のだ、と。

日本人は白米ばかり食べすぎ

『婦人公論』においても、「東西翼賛自慢」「翼賛一家さくらさん　みさをさん」（漫画）といったページも登場したように、「翼賛」はこの時代のキーワードにして流行語。「力を添えて、天子を助ける」との意を持ちます。アジアの国々を導き、その盟主となることが日本の責務なのだからして、天子様を助けるため「個」は捨てましょう、という空気が強まりました。

そのためにはまず国際情勢を知るべきということで、『婦人公論』では既に昭和十三年から、国際派のジャーナリストである清沢洌《きよし》による「女性国際知識」という連載が始まっていました。今、世界はどのような情勢下にあるのか。戦争はどうなるのか。清沢は危機感とともに、わかりやすい筆致で伝えるのです。

具体的な行為も女性達には求められていて、まずは「節約と貯金」。昭和十四年五月号には、経済学博士による「非常時家計簿の再調整」という文が見えますが、悪性インフレを避けるためにも、奢侈は避けて貯金にまわし、物資が足りなければ代用品で工夫をし、金製品等は国家のために供出することが、婦人ができる「御奉公」だとあります。

「節米」も、女性の任務でした。まだ昭和十四年の時点では、十一月号における「戦時下代用品料理」というページでも、「食料が不足しているわけではないけれど、米の代用を心がけて少しでも食料を節約しましょう」という感じで、「麦飯」「馬鈴薯《ばれいしょ》飯」「甘藷《かんしょ》飯」等の作り方が説明されています。副食として、「シチュー」や「鯖から揚げ」といったおかずが提案されているところを見ても、まだ切迫感は薄いのです。

しかし昭和十六年にもなると、日本の栄養学の父とも言われる、医学博士の佐伯矩《さいきただす》が「食べすぎる日本人」という、イラつき気味の文章を書いています。曰く、日本人は白米ばかり食べすぎなのであり、他のものも工夫して食べれば総カロリーは減らず身体にも良いのだ、と。

節約、節米、貯金。銃後の女性も数々の任務を負わねばならなくなってきましたが、しかしこの頃の女性に課せられた最も重大な任務は他にあって、それが「出産」です。

小林一三は「見合いで早く結婚しろ」と言っていましたが、その手の声は次第に大きくなり、昭和十四年後半からは、『婦人公論』誌上においても、あからさまな出産推奨の文章が頻繁に掲載されるようになりました。

たとえば同年九月号には、「新『結婚適齢期』論　晩婚の弊と早婚の必要」という、医学博士・竹内茂代《しげよ》による文が。大正九年（一九二〇）をピークとして、不況によって経済的に結婚できない人が増えたり、知識階級では産児調節が流行したりということで、出生率が漸減していた日本。満洲事変以降は、出征する男性の増加によりさらに出生率が減り、国は危機感を募らせていたのです。

「新『結婚適齢期』論」では、その辺りの事情が全くオブラートに包まれずに記されています。この頃の日本では、女性は二十～二十四歳の間に結婚する人が半数以上で「産児数も平均四人半」だったのですが、しかし前出の通り、次第に晩婚化傾向が見られるように。「晩婚は生殖年齢期間を短縮して産児数の減ずるばかりでなく」「高齢の母は小児の躾が若い間のように厳格に出来ないために、兎角《とかく》筋肉薄弱の体質が出来上り」がち、という「質の低下を伴う」ものであるからして、「人的資源獲得のためもう少し初婚年齢を早くする必要がある」のだ、と。

「婦人は自ら国家の一員であると共に、民族を生み育てる重任《じゅうにん》を負う覚悟をせねばならない」と記す、竹内。単に銃後を守るだけでなく、日本の婦人にとって何より大切な国家への奉仕は「日本民族の純血を保つ」ことだ、ともしています。「今日皇軍の強いのは日本民族としての民族意識に基く精神的要素」によるのだから、「被征服民族の混血」が進んではならない。その点においては「只《ただ》婦人の愛国的自覚に俟《ま》つ外はない」、と。

独身税や無子税を課して、多産者は免税するといった措置も提案する竹内ですが、これは彼女だけの思いつきではありません。同号で「早婚を奨励す」という文章を記すのは厚生省の役人なのであり、この人もまた「独身税」や「多産者の免税」のみならず「晩婚税」も課せばよい、と書いています。

「晩婚は文明の汚辱《おじょく》」とまで書くこの筆者からは、職業的な焦燥感が感じられます。現在の少子化対策も厚生労働省が主に担っていますが、当時の厚生省にとっても、「人口増」は重大な責務。「東亜の聖業」のために戦うには、「優良なる人的資源の供給」が欠かせない。そこで必要になってくるのは「妻の生産機能」なので、「結婚適齢にある男女諸君は、須《すべか》らく利己的な観念と自由主義的な考え方とを清算して」ほしいのだ、とあるのです。

そのためには、猫も杓子《しゃくし》も高等教育を受ければよいというものではない。そんなことをしていたら、若者が高等遊民化して婚期を逸してしまうではないか。ドイツのナチス政府でも、ドイツ人であることを忘れずに心身の純潔を保ち、出来る限り多くの子供を産むように、と言っているのであり、我が国においても他山の石とすることができよう、ともそこには記されているのです。

ここまで堂々と「産め」と言えたらどんなにラクなことか……と、今の厚生労働省の人達が思うかもしれないこの文章。ちょうどこの時期、厚生省は「結婚十訓」というものを発表し、その十番目は「生めよ育てよ国の為」というものでした。ただ産めばよいわけでなく、「悪い遺伝の無い人を選びましょう」といった優生思想も色濃く見られるわけで、厚生省は人的資源の量と質を確保するのに必死だったのです。

息子をこの世の神に仕上げた人は

ここからは、日本がドイツの人口政策を参考にしていることが見て取れるわけですが、ドイツと日本は、この頃着々と歩み寄っていました。昭和十四年には、ドイツとイギリス・フランスの間で、第二次欧州大戦が勃発。昭和十五年には、蔣介石政権を支援していたアメリカに敵対する日本、ドイツ、そしてドイツに接近していたイタリアが、日独伊三国同盟を結びます。独伊は欧州の、日本はアジアでの支配権を狙い、その三国が米英仏に対抗するべく手を結んだのです。

『婦人公論』においてもこの頃は、ドイツへの傾倒ぶりを感じさせる記事が見られます。たとえば昭和十五年七月号では、「世界を動かす女」という記事があり、最初に紹介されるのがヒットラーの母親でした。「歴史は誰よりもクララ・ヒットラーに恩恵を蒙っている」のであり、彼女は「息子を此の世の神に仕上げた」のだ、と。

また十月号では、ナチス婦人団長のG・ショルツクリンクによる「ナチス婦人事業の概観」という原稿が。若い主婦や独身女性を集めて、出産、育児、児童教育等について学ばせるという「母親学校」等の取り組みが紹介されています。

「結婚と母性こそ女としての生活の最高の実現」「戦争というものがどれ程婦人事業を促すか」といった、戦争に対する前向きな姿勢が、ここでは見られます。最後には、非常時下にある両国だからこそ、「女性として母として真剣に敬虔《けいけん》にわれわれの素質と能力を傾け尽して国家不滅の栄光の為に戦い続けて」いこうではないか、との呼びかけが。これはいわば、女性同士の〝日独同盟〟的役割を果たす文章なのでしょう。

この時期、日本では「新体制」という言葉がしばしば聞かれました。昭和十五年七月に第二次近衛内閣が成立したのですが、近衛を中心として興ったのが、新体制運動。一国一党を念頭に置きつつの挙国一致を目指したわけで、同年十月にその運動をベースとして発足したのが、大政翼賛会です。

『婦人公論』では同年九月号に、加田《かだ》哲二慶大教授による「新体制と女性」という文章が掲載されています。新体制は「軍官民渾然《こんぜん》一体の国家体制の要求」。「全日本人口の半数を占める女性の大きな関心をも要求せねばならぬ」し、「全体主義国家の構成において、女性は軽視されてはならぬ」とあります。

国家への奉仕を第一義と考えるべき時、個人の自由は忍ばねばならぬ……ということで、十一月号では「新体制下秋の服装」というグラビアも登場。「お父様の着あきた紬の袴《はかま》を頂いて作ったドレスとボレロ」「女物古セルのうらを使って作った秋向きワンピース」は、けっこうお洒落《しゃれ》なデザインです。

が、翌十二月号に掲載された、大政翼賛会国民生活指導部長による「新体制国民生活の新しい目標とは」に、明るい雰囲気はありません。筆者は、「新体制は、或《ある》意味で、不自由を耐え忍ぶ一つの組織」と記します。大東亜共栄圏を確立するため、日本は「陣痛の苦しみ」を続けているのであり、だからこそ国民皆が艱難辛苦《かんなんしんく》を耐えねばならない、と。のみならず、新体制の下で「重要な国防的生産的性格」を帯びるべき家庭は「相互に連《れん》繋《けい》結合」しなくてはならない、ともありました。既に昭和十四年に決定していた隣組制度により、家庭は「隣組活動を通じて上意下達、下意上達の国民協力組織」と化したのです。

もちろんここでも、子産みは強く奨励されています。「人的資源の培養保持」のため、女性は「母性が本質的職能であることを自覚し、健全な結婚生活に入り、強い子女を沢山生むべきである」と力説されるのでした。

「強い子女」とありますが、この年には国民優生法が議会を通過。悪性遺伝の断種、優生結婚の奨励が行われ、各地に相談所が設けられました。

昭和十六年五月号には、「結婚と体質　体質国家主義の結婚観」（日戸《にっと》修一）という文章も載っています。筆者の言う「体質国家主義」とは、〝強い体質の人間で日本を満たすべき〟という思想なのです。

筆者は、ハンセン病患者の隔離施設・全生病院の医官を務めた人。遺伝性の病気ではないハンセン病患者についても、患者を増やさないための断種をここでプッシュしています。のみならず「悪質遺伝の不安のある人は断種を安心してうけて下さい」と記す彼は強い優生思想の持ち主であり、「女子は生むために生れてきたのだ」「弱いものと結婚するな、それは今日では義務である」「不びんな子ほど一代で独身で終らせなければなりません」と、体質国家主義に燃えているのです。

どんな事態が来ようとも

今の時代に生きる私達は、日戸の思想を「トンデモ」として読むわけですが、しかし「産児報国」「結婚翼賛」といった文言が躍るこの頃の『婦人公論』において、体質国家主義は正しい意見でした。昭和十六年からは、前出の「結婚十訓」に適《かな》う優生結婚をした者を表彰し、産児奨励金を出すという制度もできたのです。

そんな中で、ヨーロッパを、アジアを、そして太平洋を覆う暗雲は次第に厚みを増してきます。同年十月には、東條英機《ひでき》内閣が成立。東條は十一月号に「靖国の妻に寄す」という文章を記しています。

十二月号において、清沢洌による「女性国際知識」のテーマは、「新内閣の成立と危機に立つ世界情勢」でした。現役武官のまま総理大臣になった、東條。首相、内務大臣、陸軍大臣を東條が兼務するということで「国政と総帥とが渾然一致」という状況になります。軍人が大臣となった省が八に対して文官が大臣の省は七という状況と、世界情勢の緊張を清沢は読者に示した上で、

「どんな事態が来ようとも決して周章狼狽することのないように。私は近頃にない緊張した気持を以て、この事を貴女に警告し今年度最終の稿を結ぶことに致します」

と、文を終えるのです。

そして、十二月八日未明。日本軍はハワイの真珠湾を、奇襲攻撃します。清沢の不安は的中し、日本は太平洋戦争へ突入しました。

12　封建時代へ逆戻り

どうすれば戦争に協力できるか

昭和十六年（一九四一）十二月八日、日本はハワイの真珠湾を攻撃。米英に宣戦布告し、太平洋戦争が始まりました。翌十七年（一九四二）の新年号に開戦の記事は間に合いませんでしたが、二月号の『婦人公論』は、戦争に関する記事で埋め尽くされます。と言うより、二月号以降の『婦人公論』は、ほぼ戦争関連記事しか見られなくなるのです。恋愛ゴシップや少女歌劇の記事は消え、文芸作品の数も減っていきました。

二月号には、「古橋海軍中佐にきく　大東亜戦争と無敵海軍」というページがあります。日米開戦はもっと先になるかと思っていたので驚いた、と記者が冒頭に言うと、

「騙《だま》されても悪い気持はしないでしょう」

と、中佐。真珠湾で大きな被害をアメリカに与えた日本は戦勝気分に沸いていたからこ

そ、「悪い気はしないでしょう」という発言になったものと思われます。

八紘一宇の精神を基とし、領土的野心などまったく持たずに日本は大東亜共栄圏を確立しようとしているのに、米国は「東洋を、自分の隷属《れいぞく》的地位に置こうというつもり」でいるからこそ、「止むにやまれず剣を抜いた」と、中佐は説明します。そして最後には、

「日本の女の浮薄さが心配です」

と、述べています。ドイツの婦人はもっと考えがしっかりしているのであって、「もう少し本気にやってもらわないと困る」と。

かくして開戦後の『婦人公論』は、日本の女性がどうすれば戦争に協力できるかを説き続ける雑誌と化しました。開戦と時を同じくして、それまで女性向けに世界情勢を解説していた清沢洌の名前は、目次から消えます。清沢は、日米開戦を心配していたリベラル派のジャーナリスト。「大東亜共栄圏を確立するための聖戦」という捉え方しか許されなくなった中で、清沢の論調はそぐわなくなったのでしょう。

「産め」よりも「働け」

二月号には、「帝都女学生の母性指導」というグラビアが載っていました。「近き将来に母となるべき、女学校上級生徒」を、産院や乳児院に動員。その母性を活性化させて、人口増につなげよう、ということでした。

同様の政策を女子高生に対して行っている、現代日本。「考えることは同じなのだな」と思うわけですが、しかしこの「産めよ殖《ふ》やせよ」的な記事は、開戦後は減っていきます。出産奨励の記事が消えたわけではありませんが、今出産したとしても、少なくとも十数年は待たないと兵士として戦場へ送ることができないことを考えると、開戦後はもっと喫緊の問題を扱わなくてはならなくなったのかもしれません。

開戦後、「産め」よりも目立つようになったのは、「働け」という指示です。同号でも、「戦争と女性徴用」「大東亜戦争と女性の戦闘部面」といった文章が。出征や徴用で男性が不足する中、銃後の女性も国の為に働いてこそ総力戦だ、と記されます。

開戦以降、女性に求められることは急速に増えました。子を産み育てることは言わずもがなですが、物資がますます不足する中、家庭生活はギリギリまで切り詰めざるを得なくなりました。やがて来るかもしれない空襲に備えるのも、女性の役目。同号の目次を見れば、「決戦生活下の家計」「決戦下の育児」「戦時下女性の服装」「生活切下げの為の食生活」「空襲下の家庭防空」と、女性が担うべき役割がずらり。

しかし女性達は、元気でした。読者投書欄には、「開戦劈頭《へきとう》に早くも勝ち得た帝国海軍の大戦果を聞いて、感激に胸をふるわさなかったものがあるだろうか」とあり、生活の切り下げに対して非協力的な人が今まではいたが「今度こそは一人の異分子もあってはならない」と、燃えるような筆致が見られます。もちろん元気ではない女性もいたのでしょうが、国の方針に合致する投書しか、誌面には取り上げられなかったのでしょう。

異分子を出してはならじ、と読者も書いていましたが、開戦後の『婦人公論』では、何かにつけて「個人の生の目的は、国家のそれに従属しなければならない」などと、全体主義的な思想が説かれています。たとえば結婚という行為は単なる私事でなく、「どこまでも公的な国家そのものの背景の下にある一つの歴史的出来事」。子供もまた自分の子でなく、「陛下の赤子」だという意識を持たなくてはならない。昭和十六年に、従来の小学校が「国民学校」となりましたが、これは陛下の赤子たる少国民を教育する機関です。親は「お国のために七生報国《しちしょうほうこく》の誠をつくさせるために学校に入れるのである」と、昭和十八年（一九四三）の四月号「少国民教育の方向」で、文部省の役人が語っていました。

自分の幸せや、自分の家族の幸せを考えてはならない。皇国のお役にたつことが、個人にとっての幸福だと思わなくてはならない。……となった時、「働く覚悟」と同時に求められたのが、「死ぬ覚悟」です。昭和十七年三月号では、文芸評論家の亀井勝一郎《かついちろう》が「犠牲の精神」という文章を書いていました。戦前は左翼活動に身を投じたものの、逮捕されて獄中で転向した亀井。ここでは、「今までの家庭に於ては、立身出世と功利性をめざす教育が屡々《しばしば》行れていた」けれど、「生命にめざむるとともに死の作法を教え」ることこそが「まことの愛情」であり、米英に妥協して生き延びるのでなく、「死を決して彼らに復讐する」べきだと、死への覚悟を説くのでした。

賞賛されるべき死の実例も、紹介されます。真珠湾攻撃では、小型潜水艦で特別攻撃をした九人が戦死。その後「軍神」と発表されましたが、昭和十七年五月号では「嗚呼特別攻撃隊　護国の人柱九勇士の偉勲を讃仰《さんぎょう》してその英霊に捧ぐ」との記事が。さらには「軍神岩佐中佐の母堂を訪《と》う」という、九軍神の一人の実家訪問記事もありました。

岩佐直治《なおじ》中佐の両親は、この時ともに健在であるのに「母堂を訪う」というタイトルになっているのは、この記事が載るのが『婦人公論』だからこそ。軍人の母の道を説く目的が、そこにはあったと思われます。

「直治が神様になりましてからは、ありがとうてね、元気になろうと思うとりますよ」

と、悲しみを見せずに語る母堂を見て、筆者は「ああ、日本の母！　この母にしてこの軍神」と、感動するのです。

同年六月、ミッドウェー海戦で日本は大きな被害を受け、この頃から戦況は劣勢に転じます。物資の不足も深刻になり、「銃後の女性も気を引き締めて」といった程度ではなく、本当に女性達が耐え忍ばないと、日本という国がまわらなくなってきたのです。

十二月号には、時の総理大臣・東條英機による「大東亜戦争一周年を迎えて」という文章が載っていました。

「雄々しくも優しい婦人方の努力に対しましては満腔《まんこう》の敬意と感謝とを払って已《や》まないものであります」

という東條の文章は、開戦直後の「騙されても悪い気持はしないでしょう」という海軍中佐の上から目線の口調とは違い、まるでお得意様に対する感謝を述べるかのよう。それほど戦況は逼迫《ひっぱく》してきたことを感じさせます。勝つためには、「日本婦人の倦《う》まず撓《たゆ》まざる粘り強さ」「私を捨て己れを空《むな》しうせる母性愛、不屈不撓《ふくつふとう》の強靭なる底力に輝く日本婦徳の特性」がなくてはならないのだ、と説く東條。丁寧な口調ですが、訴えているのは「限界を超えて我慢しろ」ということです。

この頃より、『婦人公論』の記事から感じられる〝必死さ〟が、一段と強まってきました。同号では「大東亜戦争一周年に際して再び御大詔《ごだいしょう》に誓い奉る」として、軍部の人々による開戦一年を振り返っての座談会が行われています。ここでは久しぶりに「産めよ殖やせよ」の論調が見えるのですが、

「人を増《ふや》すのでも享楽や冗談ではない。念には念を入れて性の営み夫婦の聖業をなさねばならぬ。粗製濫造《そせいらんぞう》では困る」

と、大本営陸軍報道部長が語っている。もはや夫婦の営みも、大詔《たいしょう》に捧げる聖業です。

大根はバリバリ齧って卸しに

昭和十八年九月号には「必勝食生活」との座談会が載っていました。それまでも食物の節約の話題はしばしば載っていますが、明らかにこの時期の食料事情が切羽詰まっていた

ことが、ここでは感じられます。たとえば大根があったなら、今はふろふきだのおでんだのと考える時期ではない。燃料と手間が勿体無《もったいな》いから、「大根丸ごとをバリバリ齧《かじ》って、口の中で嚙《か》んで大根卸《おろ》しにする」べきだと、陸軍大佐の農学博士は語っています。また決戦下、お花の先生は生け方の天地人など語っている場合でなく、水仙の葉を刻んで葱《ねぎ》のように食べたり、「水仙の根はらっきょうみたいだから、つけあわせにすればうまい」ということを教えねばならぬのだ、と言うのです（水仙は、葉・根を含む全草に毒を持つ植物です。決して真似をしないで下さい！）。

そして十月号の「決戦生活」になると、カロリーやビタミンのことなどに触れながらも、多少栄養が不足しても、「我国の崇高な武士道精神」の中にある「言挙《ことあ》げせぬ」という心構えを持て、と最後は締めています。つまり、食べられずとも「文句を言うな」ということでしょう。

着るものにしても、同様です。昭和十八年八月号では歌舞伎役者の尾上《おのえ》菊五郎（六代目）が、「一家中で着物の袖を切った」と語っています。長い袖は無駄だし、いざ防空という時には動きの邪魔にもなる。歌舞伎役者という、着物を商売着にしている人が語るからこそ意味があったのであり、菊五郎は、切った袖で夏の布団を仕立てると言います。対談相手の美術解剖学者・西田正秋《まさあき》も、歌舞伎では悲しい時に袂《たもと》で目頭を押さえるが、「袂を濡らしているようなことでは米英には勝てない」と語るのです。

十一月号には「皇国婦人の服装倫理」という記事がありますが、「買うな」「節約せよ」とさんざん記された後で出てくるのは「防空服のただ一種類」さえあればよい、という結論。動きにくい着物でなく、もんぺやズボンといった防空服が推奨されていたのであり、

「皇国婦人たるもの心して想え！　これが決戦下の名誉ある死衣裳であることを」

と記されるのでした。

女性誌を華やかに彩ってきた食や衣の記事も、この時期になるとその隣に見え隠れするのは「死」。住生活にかかわる記述は防空のことばかりで、特に前年四月に初めての本土空襲を受けて以降、「水は民防空の弾丸です」「民防空の場合我家は即《すなわ》ち陣地です」と、住居が戦場と化したような文言が並ぶ。

個人として生きる自由がなくなってきたこの時代、『婦人公論』らしさは誌上に全く見られなくなってしまったのか。……というと、昭和十七年十月号の「結婚の理想と現実を語る座談会」において、一矢を報いる発言を見つけました。当時の職業婦人達と、人口問題の研究者である美《み》濃《の》口《ぐち》時《とき》次《じ》郎《ろう》とが語り合っているのですが、前進座演出部に籍を置くある女性が、

「今の『生めよ殖やせよ』という標語、私達はあの標語は余り感心しません。あの言葉の中にちっとも品のいいものが受取れないし、道徳的なものも受取れない」

と、言っているのです。戦時下にこの発言をする勇気は、いかほどのものであったこと

でしょう。しかし彼女の発言に対して、美濃口氏は答えません。彼女の発言を載せることが、日本という国に対する『婦人公論』としての、せめてもの反発だったのかもしれません。

「新しい女」はいずこへ

当時の編集部が、国家主義、全体主義一色のこの時期の雑誌を嫌々つくっていたのかというと、そうでもないような空気が漂うのです。この座談会においても、他の座談会においても、『婦人公論』の記者は、封建主義に立ち返ったかのような発言を、かなり積極的にしています。マスメディアは人々を導くのが使命、という責任感が、『婦人公論』の記者に、そのような感覚をもたらしていったのでしょう。

記者だけではありません。昭和十八年二月号では、歌人の今井邦子が「若き女性に心境を語る」という文章を書いていますが、これはすなわち自己反省文。この時、五十代前半の彼女は、若い頃は「自由を欲し、解放を希《のぞ》み、自覚ある女と自分を思いこみ」「新しい女の一人と自認」していたというのですが、それは「今思えばとんでもない事」だと気付いたのだそう。大東亜戦争が進み、「盟主国の女性として指導してゆかなければならない新領土南洋の地の同性」に対して、それでは示しがつかない、と。

今の若い女性の母親達は皆、自由主義、個人主義の時代に育ったので、娘の躾も厳格にできていないのではないか。その結果、「親より娘の方が総じて賢く」なっている、と彼女は嘆きます。

かつての「新しい女」も自己反省する、この時代。とはいえそこに「書かされている」という感じは漂いません。真剣な思いが彼女の文章から伝わってくるのは、国が国民に対してせっせと行なってきた洗脳の効果が出てきたからなのでしょう。

ではかつての「新しい女」の首領・平塚らいてうはどうしているのかというと、この時期ほとんど『婦人公論』に登場しなくなっているのですが、昭和十七年には娘との対談、および「玄米食の体験を語る」という文章で登場しています。「栄養豊富な玄米さえ食べていれば、おかずはいらない」ということに終始するこの文章。「意識高い系の人は、いつの時代も玄米が好き……」などとふと思うのですが、らいてうでさえこの時代は、自由主義をおくびにも出すことはできなかったということを、玄米礼賛は示すようにも思います。

実際この頃、女性はつらい立場に立たされていました。子供の頃から軍国主義を叩き込まれている「少国民」の方が、若い頃に自由主義に触れている大人よりもずっと純粋に国家に心酔しているので、自分の子供からはせっつかれる。また国家からも「兵隊さんは戦地で働いているのに婦人は真剣味が足りない。もっと耐えろ、もっと働け、でも女の本分は忘れるな」と怒られる。

当時、朝鮮に住む日本人向けに発刊されていた『緑旗』という雑誌の執筆者であった津田節子は、昭和十九年（一九四四）三月号に「子に従う」という文を書いています。今の子供達は、「天皇陛下に仕え奉る志」において、既に大人を超えている。今の子供達は、母の教えによってそうなったのでなく、軍神達や戦死した山本五十六《いそろく》元帥、アッツ島の玉砕によって育てられたのだ。そんな子供達が少年航空兵になりたいと言った時に止めるのは、母親の愚かな個人的愛情のせい。「日本のほんとの幸福とは、大君《おおきみ》の辺《へ》に死ぬることです」、国のために子を手放すことができる母親だけが「『日本の母』の座をとりもどすことが出来るのです」と書く津田もまた、心から「子に従え」と信じているのです。

かつては女性を解放し、「個」をとり戻させようとしていたのが、開戦後は時計の針を封建時代の方向へと逆回転させた『婦人公論』。戦況はさらに悪化して、いよいよ時計の針が止まる時が、やってきました。

13　廃刊、そして「新しき春」

中央公論社は解散へ

昭和十六年（一九四一）十二月の日米開戦以降、『婦人公論』は、その姿も内容も、変えていきました。中国との戦争中にもかかわらず、昭和十四年（一九三九）時点では四五〇ページ前後はあったものが、日米開戦時は二〇〇ページに。その後も年々薄くなっていき、昭和十九年（一九四四）にはついに六六ページと、雑誌と言うよりはパンフレットのように。資源が枯渇《こかつ》し、紙が割当制であったからこその、ページ減少でした。

表紙も激変しています。昭和十四年時点は、花や羽根飾りのついた帽子を被り、お化粧もしっかりした女優のような女性のイラストだったのに、開戦後は、洒落っ気も化粧っ気もゼロの女性のイラストに。縫い物をする割烹着姿の女性、工場などで働く女性、手を合わせて一心に祈る女性等、華やかさとは縁遠い表紙となったのです。

雑誌の内容もまた、戦地へ息子を送る母の賞賛等、戦争を後押しする記事ばかりになってきたのは、前章にも記した通り。昭和十三年（一九三八）頃より、内務省による事実上の事前検閲が始まっていたのであり、国家の方針に逆らった記事を載せることは難しい状況になっていたのです。

そんな中、『中央公論』は創刊以来の自由主義的な姿勢を、密かに守り続けていましたが、その姿勢は軍部との対立を招きます。谷崎潤一郎「細雪」も、昭和十八年に連載が始まりますが、軍部からの弾圧によって、連載中止に。

『婦人公論』は、昭和十九年の三月号をもって、廃刊に追い込まれることになりました。かねて進められていた、同種・同傾向の雑誌の統廃合は前年より加速し、この年だけで二千もの雑誌が廃刊となります。女性誌で生き残ったのは、『主婦之友』『婦人倶楽部』『新《しん》女苑《じょえん》』などわずかに数誌。『中央公論』は、『婦人公論』を吸収するという条件で、かろうじて生き残ることになりました。

せめて『婦人公論』の最終号を出したいという願いも、軍には受け入れられませんでした。最後となった三月号の表紙は、コンパスを手にした女性製図工の暗い絵。

「撃ちてし止まん　みたみわれ　大君に
すべてを捧げまつらん」

の文章が、そこに付されます。この一文は、陸軍記念日の標語であり、三月号の全雑誌の表紙に刷るように強制されたものでした。

こうして『婦人公論』は、創刊から約三十年の歴史に、幕を下ろしたのです。今から見ればそれは「休刊」ですが、当時からしたら復活の目処が立たない、まさに「廃刊」でありました。

『婦人公論』の廃刊も虚《むな》しく、同年七月、中央公論社は内閣情報局より、自発的な廃業を申し渡されます。その理由は、

「営業方針において戦時下国民の思想善導上許し難い事実がある」

というもの。七月三十一日をもって、中央公論社は解散せざるを得なくなったのです。

日本はかつて、北朝鮮のような国だったのだなぁ……と、この辺りの歴史から実感するのですが、とはいえそのような体制が長続きするはずがありません。中央公論社解散の翌年、昭和二十年（一九四五）八月十五日、天皇による終戦の詔《みことのり》がラジオから流れました。日本は、戦争に負けたのです。

いきなり与えられた参政権

中央公論社の社長の嶋中雄作は、早速疎開先から東京に戻って、紙の手配や、離散した社員への連絡等に奔走。同年十二月に、『中央公論』を復刊しました。そして翌昭和二十一年（一九四六）には、約二年ぶりに『婦人公論』が復刊されたのです。

敗戦後の日本で、物資は払底《ふってい》していました。「四月再生号」と名付けられた復刊第一号は、やはりパンフレット並みの六四ページで、紙質は戦前より落ちたと思われるほど。しかしその誌面には、希望がありました。巻頭言のタイトルは、「新しき春にあわん」。

「云いようもなく長い冬であった。たとえようもなく暗い冬であった。しかし冬が尽きれば春は来るのである。わたし達はともあれ、いのち一つ生きのび、来《きた》る新しい春にあおうとしている」

とあります。嶋中による「再生の辞」では、

「全国知識階級婦人の黙契《もっけい》を負うてこの機会に復活した本誌は単なる再生の歓びに浸っている訳にはゆかないのである」

と、前進への意欲を見せます。

その時、敗戦から八ヵ月しか経っていませんでしたが、この八ヵ月で日本は変わり続けていました。ＧＨＱが日本を占領し、それまでの軍国主義、全体主義国家から民主主義国家へと、一気に転換が始まったのです。

それは女性にとっても、激しい変化の日々でした。敗戦の年のうちに、ＧＨＱの指示によって、女性に参政権が与えられます。それまで、幾多の女性運動家が必死の努力をしても得られなかった権利が、いとも簡単にもたらされたのです。

それは、日本に初めて「人権」の意識が生まれたということでもあります。それまでの

日本では、「人」の中に「差」があって当然でした。天皇は神であり、貴族は平民より偉く、男は女よりも偉かったわけです。しかし敗戦によって、「人間は皆、平等。同じ権利を持つ」ということに。

『婦人公論』が復刊したのは、そんな頃でした。時はあたかも、女性に参政権が与えられてから最初の総選挙が行われる直前。

廃刊前も、『婦人公論』において時事問題を記してきた山川菊栄は、同号において「解放の黎明《れいめい》に立ちて　歴史的総選挙と婦人参政権」を記しています。それまで政治の世界から完全に遮断されていたのに、いきなり参政権を与えられた日本女性は、

「ありがた迷惑の恰好で気味わるそうに眺め、棄権しては叱られそうではあり、何事にも叱られつけている癖、また一つ叱られる種がふえたかとびくびくものでいるものが多い」

という様子であったのだそう。それまでの日本女性は、高い教育を受けることができず、結婚後は「進歩を中止して、単なる家庭奴隷、子を生む機械に化してしまうことを要求」され、「いじけて、おどおどして、人の顔色ばかり見て暮す気の弱い日かげの草」と化していた。そんな女性達が政治的に無知なのは、仕方のないこと。

これからは、「自分自身の意見をもち批判をもつこと」が大切であり、「個々の不平等の事実については、女性自身の手でこれと戦わねばならぬ」。マッカーサーが全てどうにかしてくれるわけではないのだ、とあります。

女性に参政権が与えられたことによって、日本の男性に、「女も人間だ」という事実を初めて発見させた意義は大きいと、彼女は書きました。好きなように叱り、殴り、気に入らなければ交換していた「女」もまた自分達と同じ人間であるという事実を、男性は突きつけられたのです。

笑いにまぎらすくせ

昭和二十一年四月の総選挙では、衆議院に三十九人もの女性議員が誕生しました。大選挙区制であった上に、投票の際、二、三人の候補者の名前を書くことができる制限連記制という制度のせいもありましたが、政治の場への女性の登場が、おおいに注目を集めたことは想像に難くありません。

同年六月号に、宮本百合子は「一票の教訓」として、選挙の概要を記します。当選した女性は、婦人団体の幹部、名士の夫人等、いわゆる名流婦人が多かったこと。そして女性の代議士が誕生してわかったのは、既成政党が女性に求めていたのは「宣伝の色どりであって、実質的な政治への参加でもなければ、婦人の社会的、政治的成長でもなかった」ということ。女性代議士達は、「自党の封建的な性格と組合ってそれを打破」してゆかねばならないのだ、とありました。

世界と比較した時、現在でも女性議員の数が極端に少ないことが知られる日本。「自党の封建的な性格」を打破するという課題は、今もなお女性議員に残されていましょう。

八月・九月合併号には、日本最初の女性衆議院議員の一人である加藤シヅエが「議会から」という文章を寄せています。ある女性議員が登壇した時、まるで「レヴュウガールの舞台ででもあるかのような」、ふざけたかけ声が飛んだとのこと。するとその女性議員は、そちらを見て笑ったというのです。

シヅエはその後、笑った女性議員に対し、

「あなたはなぜ演壇に立ったときあんな笑顔を人に見せたの？　あの場合笑うべきではなかったでしょう」

と注意。すると相手は、

「私はどんなに苦しくても泣くまいと決心したの。そしてそれを笑いにまぎらすくせがついた」

と言って涙を見せて謝った、とあります。

これを読んで私は、平成二十六年（二〇一四）の塩村文夏《あやか》都議に対するセクハラ野次とそれに対する塩村都議の一瞬の笑み、というものを思い返しておりました。「笑いにまぎらすくせ」は、今も我々の中に存在し続けてはいまいか、と。

昭和二十一年十一月には、日本国憲法が公布され、女性に関する法律も大幅に変更されました。制度的には男女の立場はかなり近づいてきたわけですが、しかしそこで一気に女性の生活が変わるわけではありません。突然、夫が家事を手伝い始めるわけでもなければ、妻を殴らないようになるわけでもない。女性の生活を変えるには、

「私も新聞を読む時間がほしい」

「殴らないでほしい」

と、女性自身が言うことができるか否かが重要なわけで、この頃の『婦人公論』に頻出するのは、与えられた自由をどう人生に活かしていくのか、女性の「自覚」を促す記事です。法律的な手段は、整ってきた。あとは女性自身の自覚によって、封建的な因習に抵抗しなくてはならないのだ、と。

しかしこの頃の女性の、と言うより日本人の生活は、それどころではないほど、混乱を極めていました。物資の不足は、戦争中と変わらないどころか、悪化しています。戦争中は、一人あたり千四百キロカロリーの食糧が配給されていたのが、戦後はせいぜい千二百キロカロリー相当に。成人に必要とされているカロリーからはだいぶ少ないのであり、不足分は、各自が闇市などで入手しなくてはなりません。

『婦人公論』の料理関係のページにおいても、まず記されるのは味や彩りでなく「栄養失調をふせぎ、食いつないでゆくため」の手法。「すいとん」「ふすまパン」といった料理の作り方が記され、砂糖などありませんから、甘味料は配給のサッカリンです。服装に関しても、「何を着ればいいかわからない」という状況であったようです。同年

十一月号では「服装の反省」という座談会が行われていますが、少しお洒落をしただけで石を投げられる時代が終わったはいいものの、女性達がお洒落に対する感覚をすぐに取り戻すのは、難しかったことがわかります。着物を着る人と洋服を着る人が混在し、洋服の方がラクなことはわかっていても、物資が無い。またお洒落の牽引《けんいん》役である若い女性について、

「日華事変が始った頃十二か三でしょう、お洒落をすることがどんなことか知っているわけがないのです」

と、参加者の花森安治《やすじ》は語っています。

若い女性に限らず、戦争中に培われた特殊な感覚については、問題になることが多かったようです。戦争中は、お国に対する赤心においては「大人を超えている」と『婦人公論』においても賞賛されていた子供は、敗戦後は一転、誤った教育のもとに育ってしまった可哀想な存在に。

同号には『サタデイ・イヴニング・ポスト』誌の日本特派員による「変りゆく日本の子供」という記事が載っているのですが、そこでは「外国人には信じられないような過激な国家主義と天皇崇拝を学校で沁み込まされてしまった」子供達の将来が案じられています。終戦時に国民学校の高学年だったような、つまり長期にわたってみっちりと軍国主義的教育を受けた子供達は、「一朝に個人主義や民主主義社会を理解すること」は期待できない

であろう、と。

「産めよ殖やせよ」から「産児調節」へ

教育現場も、当然ながら混乱していました。昭和二十一年十二月号には、文部省の教科書編纂《へんさん》委員による「書きかえる国史」という文章が。従来の歴史教育は、神代の時代から日本の歴史が始まり、西暦でなく皇紀を用いて教えられていました。しかし敗戦後はその教育が廃止され、天孫降臨《てんそんこうりん》や神功《じんぐう》皇后の「三韓征伐」といった神話的な話題は消えることに。日本の歴史は、戦争によって変化したのです。

作家の野上弥生子は復刊第一号において、敗戦後の「政治、経済、文化、教育等々の諸分野にもたらした変革は、まさにガリレオの地動説が、もしくはニュートンの引力説がこの世界に及《およぼ》した影響にも比較される」と記しましたが、一夜にして価値観の転換が行われた日本の混乱は、今の私達が想像しようとしても難しいほどのものだったのでしょう。

女性にとってもう一つ大きな変化は、出産にまつわるものです。「産めよ殖やせよ」の風潮は、敗戦と同時に消え、その代わりに説かれるようになったのが、「産児調節」の必要性。昭和二十二年（一九四七）三月号には「産児調節はなぜ必要か」という座談会が載っていますが、ここで語られるのは、産児調節と戦争の関係です。

人口が多すぎたからこそ、日本は他国を侵略しなくてはならなかったのであり、「（憲法で」戦争を放棄すると宣言する以上は、人口を適当に調節することは当然なさなければならぬ」と、動物学者の丘英通《ひでみち》は語ります。加藤シヅエは、性欲に押し倒されるようにして妊娠するのでなく、「自分が子供を持ちたいと思うときに持つ」という自主性を持つことが新しい女性の道徳であろう、と。また、産児調節運動家である医師の馬《ま》島《じま》僩《ゆたか》は、「「男の」所有物としての貞操というものはかなぐり捨てて」「本当の純真なる愛情を中心にした貞操」を持たなければならぬ、と説くのです。

いずれの問題においても、敗戦後に日本が激変し、自由が与えられたことによって、自分で考えて判断する自主性が、女性には求められるようになりました。長い間、忍従、隷属という感覚に慣れきっていた日本女性は、急に自主性を求められ、どのような道を歩むことになったのでしょうか……?

〈コラム2〉モダンガールからギャルへ

「モダンガール」とは、大正末頃に登場した、時代の最先端を行く女性達のこと。平塚らいてうは、昭和二年六月号の「かくあるべきモダンガアル」の中で、「膝までのスカート、薄色の絹靴下、小さい高い踵《かかと》の靴、思い切り後頭《うしろ》を短く刈り上げて、ずっと首を出した断髪、お化粧はいうまでもなく映画の女優式で唇一杯真赤なのが特に目立つ」と、銀座を闊歩《かっぽ》するモダンガールのことを書いています。

らいてうはここで彼女達のことを、格好はモダンだけれど、内面は「魂を忘れ、統一を失った自己崩壊的な女性」と批判しました。「新しい女」にしてもそうでしたが、時代の先端を行く若い女性は常に、世間からの批判と好奇の視線にさらされていたのです。

同じ頃、「エンゲルス・ガール」という人達も登場しました。大正後期に日本共産党が結党され、社会主義に傾倒する若者達が増加していたこの時代。左傾気味の男子は「マルクス・ボーイ」、女子は「エンゲルス・ガール」と呼ばれ、昭和四年二月号には「エンゲルス・ガールと性教育」といった文章も見られます。

第二次世界大戦後に話題になったのは、「アプレ・ゲール」。当初は、旧弊《きゅうへい》な物の考え方から解放された新しい感覚の若者達、といった良い意味で使用されていたのが、次第に無軌道な不良を意味するようになってきます。

昭和二十六年四月号には「アプレ・ゲールの抗議」ということで、若者達の座談会が。若者全体が「戦後の社会悪のチャンピオン」(当時は「チャンピオン」という言い方が流行っていた)として見られることに不満を述べているのでした。

アプレ・ゲールに続いて登場したのが、「ティーン・エイジャー」です。これは十代の若者達を指す語として今も使用されていますが、当時は「アプレ・ゲールよりもさらに年若い不良」を意味していました。昭和二十九年四月号「青年の群像」特集の中では、敗戦によって精神に深い傷を負っているのがアプレ・ゲールで、ティーン・エイジャーは戦後の混乱期に心の成長期を迎えたため、かえって社会からの拘束を受けずに育ったのだ、とその違いが記されます。

昭和三十一年には、石原慎太郎の『太陽の季節』が芥川賞を受賞。太陽族と言われる若者達が流行りました。太陽族も、虚無的で衝動的なところが当初は洒落ているイメージだったのが、次第に暴力性を帯びた悪い言葉になってきたと、同年九月号「〝太陽族〟の実態と批判」にはありました。後に都知事となる石原慎太郎についてはここで、「人生に対してもっと謙虚に求め、真実を探ろうとする真面目な態度の人物がでていない」と、その作品を批判されているのです。

この時代の若者達は、「自分たちの『指導者』を旧時代人に求めず、同世代の中に求める」ともありました。それが三島由紀夫であり、石原慎太郎なのだ、と。「若い」ということに価値があることを若者自身が自覚し始めたのは、どうやらこの時代のようです。そして昭和四十年代ともなると、若者は「ヤング」と言われるようになり、ミニスカートやショートパンツで、自らの若さを誇示《こじ》するように。

昭和五十五年に発表された、田中康夫の小説『なんとなく、クリスタル』がベストセラーとなると、「クリスタル娘」が話題になりました。自らも経済力を持つと同時に交際相手の男性の経済力をもあてにすることができる彼女達は、消費文化を享受《きょうじゅ》したのです。

クリスタル娘がさらに一般化していったことによって生まれたのが、「ギャル」なのでしょう（「六本木になぜギャルが群がるか」昭和六十一年六月号）。自身の女性性をめいっぱいアピールすることによって、ギャル達はやがて、消費文化の絶頂へと、駆け上っていくことになります。

戦後の希望

昭和22年〜39年

1947-1964

14　憲法は宝の持ち腐れ？

ひよこのように滑稽な姿で

昭和二十一年（一九四六）に公布された日本国憲法は、翌昭和二十二年（一九四七）に施行されました。国民主権、基本的人権の尊重、平和主義、象徴天皇制。……と、敗戦までとは全く異なる理念を持っていた、新憲法。これによって、日本女性には突如、人権というものが与えられたのです。

憲法施行直後の昭和二十二年六月号の『婦人公論』には、時の第一次吉田茂内閣で文部大臣を務めた高橋誠一郎による「解放された女性たち　新憲法施行式典後の所感」という一文があります。式典の感想など記した後、女性誌向けのことを書こうと思ったのか、なぜか話題は〝女性の情欲〟についてとなりました。憲法では男女同権と認められ、女性の人格は尊重されることになったけれど、

「女子が自己の夫に依頼するの外、その情欲をみたす道のない時代はなお永くつづくであろう」

「一度異性を知り、人妻となった婦人には、愛情のこまやかさというよりも、むしろ劣情の熾烈《しれつ》なるものが認められる」

などとあるのです。

文部大臣はさらに、人妻が「愛欲の情に浸りながら、妊娠分娩の苦を免れるがためには、どうしても産児制限を行わしめなければならぬのではあるまいか」と記します。「人口過多の対策として、植民政策が採り得ないものとなった現在において、産児制限が政策的に重要性を増加して来た」というところに着地するのですが、日本が外国を侵略したのはアジアの平和のためでなく、「人口過多の対策」であったことを、文部大臣は素直に認めています。

敗戦前は「どんどんセックスして子供を産め」と。そして敗戦後は「もう植民地は得られないので、多産はダメ。でも既婚女性の劣情は熾烈だから、産児調節しろ」と言う為政者。女性解放の意味は、なかなか男性には伝わらないものです。

翌七月号には、民法学者の権威である法学者の中川善之助が「民法はどれだけ変ったか」を解説していますが、「婦人自らが、法律によって与えられた形式上の男女平等を自分等の反省と精進とによって、実質上の男女平等たらしめなければならない」と記していました。よく切れる小刀を子供に与えると、かえって危険。切れない小刀を切れる小刀に取り替えられた女性達が、よく切れるからとやたら振り回して自分の手を切ったりしては、「切角婦人を尊んで男と平等の取扱いをしようという新憲法」の精神を冒瀆《ぼうとく》するものだ、と、女性を子供にたとえつつ、憲法を宝の持ち腐れにしないように説くのです。

まだまだ女性は信用されていないわけですが、それについては女性の側も自覚があるようです。同年九月、労働省の発足と同時に、女性と子供の問題を扱う婦人少年局が誕生。初代局長として、『婦人公論』でも健筆をふるっていた山川菊栄が就任しました。十一月号における「女性の解決」という原稿において彼女は、婦人少年局設置の意義を記します。従来は、家庭に入れば万事「かたづく」とされていた女性。しかしその地位を質的に高めていくために婦人少年局はできたのだ、と。

彼女も、日本女性には厳しい目を持っています。女性は自己中心的で感情に溺《おぼ》れやすく、「理性的に考えて解決する実際的な態度がたりない」。自身が女性であるからこそ記すことができたのであろう、手厳しい批判です。

このような女性像について作家の野間宏は、昭和二十三年（一九四八）の六月号で、「半ば自分を解放しながら自分で自分の解放にとまどうている」

と書きました。それは、今破ったばかりの卵の殻《から》を尻尾につけて歩いているひよこのように、新鮮でそして滑稽な姿だ、と。

遺された女たちのモヤモヤ

とまどいながらも解放されつつあった女性は、世の中に確実に変化をもたらしていました。たとえば、不倫や離婚の問題。

敗戦後、不倫が日本で増加した理由について野間は、「戦争中あるいは敗戦により古い条件が全部とりはらわれた現在疑われ、あらためて自分たちは結婚すべきでなかったという結論に到達する」のだと書いています。

昭和二十三年二月号では「離婚はなぜふえる」という座談会が行われ、「新憲法と男女同権の主張で、〔女性が〕いい出しにくかったことも、はっきりいえるようになったし、不道徳な恥かしいことだった離婚ということの概念も変ってきた」とあります。

新憲法施行後にあらわれた新しい離婚理由が「性格の不一致」であるという話も、登場しました。戦争前は、性格の不一致などということは「贅沢きわまりない離婚の原因」で、お話にならないとされていたのが、新憲法下では女性も人間として認められ、人間らしく生きていくべく、声をあげられるようになった。同じように、ただ家を存続するためだけの結婚にも異を唱えることができるようになったのです。

世の中では、まだ多くの人が苦しい生活を余儀なくされていました。「離婚はなぜふえる」と同じ号には、「同居生活ルポルタァジュ」という記事があります。空襲で焦土と化した日本では、深刻な家不足の状態が続いていました。一軒の家に、ふすまを隔てて何家族もが同居しなくてはならない状況は珍しくなく、食べ物や音の問題などのストレスが深刻な問題となっていたのです。

　戦争によって親を亡くしたりはぐれたりした浮浪児の問題、そして戦争未亡人の問題も、この時期はしばしば記事になっています。戦争中は、産めよ殖やせよ時代であったにもかかわらず、「未亡人は再婚せず、夫の親の世話をまっとうすべき」という儒教的論調がありました。それは戦争が終わっても、すぐには変わらなかったのです。

　戦争未亡人の数はこの頃、五十五万人以上。それも、二十～三十代が中心という若い女性達です。彼女達は、姑と幼子をかかえて必死に生きたり、また夫の弟との結婚を余儀なくされたりしていました。

　昭和二十四年（一九四九）五月号では「未亡人に愛情を」という座談会が行われました。参加者のある未亡人は、未亡人がいかに世間に監視されているかを訴えます。少しきれいな着物を着ただけで尻軽扱いされ、頼れる人もいないのに行動に自由がない。最もつらいことは、「何とか生活できればそれでいいじゃないか」という世間の目だと、彼女は語りました。彼女達が本当に欲しているのは、愛情や精神面での充足であることがわかってもらえない、と。しかし、

「われわれ未亡人は心にどんなモヤモヤを持っているかということです」

と本人達が言うことができるようになったということは、戦争中と比べるとわずかな進歩なのでしょう。

「何とか生活できればそれでいいじゃないか」という視線は、未亡人のみならず全ての女性に投げかけられていたものかもしれません。一日十三時間ともされた、日本女性の家事労働。他のことをする余裕も無いのに、男性からは「〔男とは〕知能の程度が同等でない」（昭和二十三年三月号「フェミニスト座談会」より）と言われてしまう。これはさる映画監督の発言ですが、さすがにこれはひどいと思ったらしい画家の藤田嗣治《つぐはる》は、「少し外出をさしてやっ」たりすれば妻の知能程度も上昇するのでは、と語っています。

男性が「フェミニスト」と自称するだけでも大きな変化かと思われますが、彼等は妻の家事を助けてあげようとは全く思っていません。藤田はもっと女性が働きやすいよう「台所を改造すべき」だと言いますし、加藤周一などはそれくらいで問題は解決しないのであり、「労働力の極端な浪費によって何かを行おうという考えが日本の社会全体にある」と正鵠《せいこく》を射る発言をするのですが、しかし「では自分が家事を手伝おう」という発想は無い様子。

女性の家事労働過多等の問題を解決するため、この頃には新生活運動というものが提唱され、「生活改善」が言われだしました。昭和二十二年九月号には「新生活運動はなにをする」という座談会が。「米の主食というものを止めてしまわなければ食生活の合理化は到底できない」といった極端な意見も出ていますが、衣食住にわたって合理的で科学的な生活を目指さなくては女性は楽にならない、という意識が見られるようになったのです。炊飯器の無いこの時代、朝からご飯を炊いて味噌汁を作り……という作業は、女性の時間を奪いました。そんな中、男性側にも「朝くらいはパンでもよい」という気分が出てきたのも、この頃。

　とはいえここに来てもまだ、男性が家事を手伝うという意識はありません。「女性も経済力を持たなければ本当の解放とは言えない」といった男性の発言がそこここに見えながら、「負担は軽減してあげるから、家事はちゃんとやってね」という感覚なのです。

奔放な生活をしないと損

　この頃になると、そんな状況に意見を言う女性が登場するようになります。昭和二十三年七月号には「新しい女らしさ」という座談会が載っていますが、参加者である女優の杉村春子は、

「〔男性は〕子供のことだとか、自分の身の廻りのことを滞りなくしてくれて、その上外で働けるといいと云いますけれど、どうして夫が妻に協力するようにしないかと思うのです」

と言います。「何でも彼でも女に全部させるという気持、それではなくて、ちょっと手

助けしてくれてもどれだけ女の手が省けて、本を読んだり、もっと家のなかをたのしくしたりすることが出来るでしょうね」という彼女の言葉は、長らく文学座のトップ女優として活躍してきた人ならではのものでしょう。

対して座談会に参加している中原淳一は、「そんなこと言われてもこちらも忙しいのだから、家事のことを考えながら仕事などしたくない」といった発言をしています。女性の心を摑む絵を描くことができる人が、女性の気持を理解しているわけではないのです。

女性の側も、杉村春子のように意見を言うことができる人ばかりではなく、自己主張など思いもよらない人が多く存在しました。『婦人公論』の各種座談会においても、

「〔女性には、男性から〕なぐって欲しいという気持があるんですね」

「日本の女性は〔男性の〕世話をすることが一つの喜び〔だから、自分でできることでも女性にやらせた方がよい〕」

といった男性の発言が見られます。今読むと驚くような発言ですが、この時代においては、あながち誇張ではなかったのでしょう。男性から乱暴に扱われること、男性の面倒を見ることに女性が自己の存在意義を見出さざるを得なかった長い歴史が、そこにはあります。

女性はどうあるべきか、という像が混乱していたこの時代。新しい民法では、それまで女性だけに適用されていた姦通罪も無くなりました。『婦人公論』においても、

「〔女性は〕これからは浮気した方がいいのではないかと思いますよ」

「女性も、男性と同様、処女の貞操、未亡人の貞操、妻の貞操、そういうものを捨ててしまうことです」

といった発言が座談会で出ていますし、「奔放な生活をしなければ損だ」といった気分で、当時大流行していたダンスにはまる女性も増えてきたのだそう。

定型なき時代の女性像

そういった風潮をさらに掻き乱す出来事があって、それが昭和二十三年の六月に起きた、太宰治の心中事件でした。妻子、そして子をなした愛人がいながらに、別の愛人と入水《じゅすい》した太宰。この事件は世に大きな衝撃をもたらし、『婦人公論』においても、愛人や妻の手記の他にも、心中事件以降は「太宰」の二文字が登場しない月は無いほど。

同年十二月には、太宰の心中をはじめとした自殺の頻発、帝銀事件（帝国銀行の支店で毒物を飲まされた十二人が死亡）、寿産院事件（新宿の産院で百人以上の乳児が虐待死）といった猟奇事件、新興宗教の隆盛といった時勢を「精神異常時代」と名付けて、座談会を行っています。

戦争中は、「とにかく政治的なワクの中で、私たちの気持にも一応安定があった」けれど、戦後にワクがなくなって、「フォルムを失った」。「過去の習慣が権威を失ったにも拘《かかわ》らず、新しい道徳は確立されない」。……そんなところが「精神異常時代」の背景にある、と座談会の参加者は指摘します。太宰の死が一部の人にもてはやされたのも、定型なき時代にその型破りな生き方が目立ったからなのでしょう。

　混乱する女性像をよく表している記事が、昭和二十四年の十二月号に載っていました。それは「卒業十年目のクラス会　女の夢と現実」というもの。「東京山の手のある有名な女学校を十年前に卒業した」元クラスメート達が集まるという、それは覆面の誌上同窓会。クラスの中で、戦争で亡くなった人は六人。結婚している人もいるけれど、「私達の適齢期を境にして結婚がむずかしくなった」という世代です。

　ある主婦は、姑の意地悪さをこぼしつつ、

「いくら憲法が変っても駄目よ、女の本質的なものが変らなくては……」

と言います。彼女は五人の子持ち。産めよ殖やせよの流れで、戦争が終わっても「癖んなってだめなのよ」とのこと。彼女は子供がいない友人に対しては、「どして？　不能症じゃないんでしょう」「子供を産むのをいやがる女がふえたなんて全くなげかわしい」と〝持てる者〟の発言をします。

　クラス一の才媛だった人は、大連で苦労した後にダンサーになった、という噂話も出ました。彼女は大連から引き揚げる途中で子供を亡くしてしまったのです。五人の子持ち主婦は、夫の事業が好調で生活が楽なため、「ダンサーなんて女の屑《くず》」と言い放ちますが、彼女以外の同級生は皆、戦争によって様々な苦労をしていました。夫を亡くした人。「戦争ボケ」した夫を捨て、女手一つで子育てする人。「どんな貧しさの中でも自分で生きてゆく力を持つこと」が本当の人間の誇りと、夫に頼らず働く人。

……戦争によって、女性の運命は激しく乱高下しました。かつて同じ学び舎《や》にいた仲間達の暮らしにも、激しい格差が生じたのです。その中に、自分の力で生きていこうとする女性が出てきたことは大きな変化ではありますが、彼女達が新憲法の恩恵を感じるのは、まだ先のことだったのかもしれません。

15　冷戦と浮かれた若者

婦人こそ、先頭に立つべき

敗戦から、五年。人々の苦しい暮らしは続いていたものの、街には笠置《かさぎ》シヅ子の「買い物ブギー」や、デビューしたばかりの美空ひばりの歌が流れていました。

お隣の朝鮮半島においては、朝鮮戦争が勃発。朝鮮戦争は、自由主義勢力と社会主義勢力の代理戦争の意味を持っていました。第二次大戦後、世界は二つの勢力で分断される「冷戦」状態に入っていたのです。

朝鮮戦争が起きた昭和二十五年（一九五〇）時点において、日本はまだ連合国の占領下にあり、独立国ではありませんでした。とはいえ翌年に講和会議を控え、主権の回復を目前とした日本では、「日本はどう身を振るべきか」という議論が高まります。

『婦人公論』の目次においても、この頃からぐっと増えてきたのが、「平和」「講和」「再軍備」といった文字。世界を巻き込む冷戦、そしてすぐ近くで朝鮮戦争が起きるという状況において、『婦人公論』は女性達に平和を訴えようとしていました。

　それまでは、敗戦後の生活苦と、急に与えられた人権への戸惑いにあたふたしていた、日本の女性。しかし「すわ、また戦争か？」となって、「我々も主張しなくては」という意識が生まれてきたのでしょう。

　昭和二十五年十月号は、『婦人公論』の四百号。作家の野上弥生子はその記念号に寄せた文章の中で、平和を求める活動においては「婦人こそ、先頭に立つべき」、としています。そして「私の長い友だちである婦人公論」こそ、

「日本じゅうの婦人という婦人が憲法第九条の誓いに殉教する覚悟をもつことであるのを説くべき」

　と記すのでした。

　この年、訪日中のアメリカの国務長官顧問・ダレス氏に、平塚らいてうをはじめとした女性五人が、「対日講和への日本婦人の希望と平和の決意を語る声明書」を送りました。翌年の『婦人公論』二月号には、その事について記す、らいてうの「窮極《きゅうきょく》の平和を目ざして」という文章が載っています。

　戦争中は、玄米食の推奨しか『婦人公論』で語っていなかったらいてうですが、戦争が終わったことによって俄然、元気を取り戻し、持ち前の攻撃性も回復した模様。平和は望

むけれど何をしたらよいかわからず、ただ原子兵器禁止運動に署名しただけで満足している女性や、平和のためにただ祈っているだけのクリスチャンに対して、イラつきを隠せないのです。そのような人を見ると、婦人平和運動の指導的立場にある者、すなわち自分の「怠慢を咎《とが》められているような自責のともなうつらさ」を感じるのだ、と。

彼女が望んでいるのは、「世界連邦」の設立。戦争を防ぐ機関として機能していない国連に見切りをつけて、世界連邦に参加することによって戦争を防ごう、と書くらいてうはこの時、六十代半ば。明治の女の軒昂《けんこう》ぶりを感じます。

翌月には、「もしも第三次大戦が起ったら」という座談会も行われました。ここで心配されているのは、原爆、水爆といった原子兵器の使用について。同時に、第三次世界大戦は不可避か否かや、再軍備への是非を文化人達に問うアンケートを行っているのですが、第三次世界大戦への不安はかなり強い。戦後、軍隊を放棄した日本ですが、「再軍備はやむを得ざる国民の義務」から「無抵抗主義で進みたい」まで、意見は様々です。

講和の前、『婦人公論』は再軍備賛成派と反対派、双方の意見を掲載しています。同号には、思想家の清水幾太郎《いくたろう》による「再軍備はいけない」との文章が。この頃、西側諸国とだけ講和を結ぶ単独講和か、社会主義国を含めた国々との全面講和かで世論は割れていましたが、再軍備賛成派は単独講和を推進。対して清水のような再軍備反対派は、単独講和では西側諸国に組み込まれてふたたび戦争への道を歩んでしまうと、全面講和を支持していました。

翌四月号では「日本は狙われている」として、前首相の芦田均《ひとし》が、清水への反論として再軍備推進論を。芦田は、朝鮮戦争は「日本争奪の前哨戦」とし、間もなく講和となって独立を回復したならば、「独立国といわれる国で、自衛のために武力をもたない国が一体どこにあるだろうか」と記すのです。

「逆コース」現象とは？

では女性達の意見は、どのようなものだったのでしょうか。昭和二十六年、日本を再訪したダレス氏に、日本の女性達はふたたび意見書を渡しています。前回は、らいてう、野上弥生子等五人の女性によるものでしたが、今回は五人だけでなく、各婦人団体の会員有志二十数名の連名。戦時中に言論統制を担当していた大日本言論報国会の理事であったことから戦後は公職追放となり、昭和二十五年に追放解除となった市川房枝も、名を連ねています。彼女達はここで、全面講和、および再軍備反対の意見を記しました。

女性達の意見も虚しく、時の吉田茂首相は、同年九月のサンフランシスコ講和会議において、単独講和の道を選びました。らいてう達はその結果に対して、「日本再軍備反対婦人委員会」を結成。らいてう、市川房枝、神近市子らが世話人として選ばれました。戦前の婦人運動を推進していた女性達が、平和運動の旗のもとに再結集したのです。

彼女達による「非武装国日本女性より米国上院議員諸氏に訴える」という意見書が、昭和二十七年（一九五二）の『婦人公論』三月号に掲載されています。講和会議を経て、女性達の中で「平和を叫ぼう」という機運は、ますます高まってきたのです。

この頃の日本では、「逆コース」という現象が目立っていました。戦後、急激に民主化が進んだ日本ですが、その後の公職追放解除などの結果、保守派が息を吹き返したことによって保守回帰の動きが見られ、それが「逆コース」と言われたのです。単独講和、再軍備もまた逆コースの一環であり、女性達はそれをおしとどめようとしていました。

昭和二十七年四月号の『婦人公論』には、「逆コース危険信号」という文章が載っています。政治的な逆コース現象のみならず、チャンバラの復活や神社仏閣への参詣者が増えたといった文化的な現象も、逆コースのあらわれとして捉えられていたようです。

青い目の子を生んだら

民主化と再保守化の勢力がせめぎ合う一方で、戦争の傷跡はまだまだ色濃く残っていました。戦争未亡人や戦災孤児の問題については、復刊直後から『婦人公論』に記されてきましたが、敗戦から少し時間が経った時期ならではの問題も、出てきています。

未亡人関連の記事は引き続き多く、当事者から短歌や手記を募って優秀作品を表彰したりもしているのですが、昭和二十六年（一九五一）九月号には、「生還の夫に迷う妻」といった記事が。出征した夫が戦死したとの報が入り、後に再婚した女性。しかし、亡くなったはずの夫と中国で会ったという人がいたのであり、そんな女性からの、

「万一前夫が生きて帰ってきた場合、私はどうしたらよろしいでしょうか」

という身の上相談に対して、識者が座談会形式で答えています。古谷綱武《つなたけ》は、「もう戸籍の上では一度死んじゃったんだから」「たとえ帰ってこようとどうしようと、現在の結婚はこわすことができない」と。壺井栄は、未亡人が再婚する場合は、「そういう自主性のある結婚をして欲しい」と、キッパリ。

駐留米兵と日本人女性の間に生まれた子供の問題も、増えています。子供が生まれたものの、父親である米兵は本国に帰ってしまい、日本に母子が残される、というケースが頻出。当時、その子達は「混血児」と言われ、そろそろ学齢期に達しようとしていたのです。

『婦人公論』には、

「私の実家は青い目の子供を生んだ私を家に入れようとはしません」

「どんなに沢山の日本の娘たちが、結婚の約束を信じこんで混血児を生み、生んだあとで親子もろとも捨てられていることでしょう」

といった、混血児の母達による告白がしばしば掲載されています。

この問題に対して、昭和二十七年五月号には、野上弥生子による「パール・バック女史へ 混血児を幸福な道へ」という文章が掲載されました。『大地』で知られるパール・バ

ックは、父が宣教師であったため中国に子供時代から住み、日本にも滞在経験を持つアメリカ人女性作家。アジアに理解が深いパール・バックへの公開状の内容は、端的に言うならば、「混血児をアメリカに引き取ってはくれまいか」ということなのです。

この頃、日本に混血児は二十万人ほどいるとされていました。そして野上弥生子は、子供達の父親はアメリカ人なのだから、「日本の子供であるよりも、より多くアメリカの子供」だとし、特にそれまでの日本にはほぼいなかった「黒人の児童」は、日本の学校において「摩擦や、反目、またそれが児童自らに与える悪影響は戦慄なしに考えることは出来」ないのであるからして、豊かなアメリカで引き取ってもらいたい、と書いたのです。

パール・バックからの返信は、同年七月号に掲載されています。そこには、原爆投下に対する遺憾の意とともに、

「わたしはアメリカ人として、日本の混血児たちがアメリカへ連れてこられ、アメリカ人として養育されるのを望みます」

とあるのでした。

パール・バックへの公開状と同じ号には、リッジウェイ夫人への公開状も載っていました。リッジウェイとは米軍最高司令官で、執筆者は牧師の植村環《たまき》。タイトルは「パンパンに新しい道を開くためには」です。

戦後、主に進駐軍の相手をした街娼は、パンパンと呼ばれました。公開状では、いかに

日本にパンパンが多く、米兵とパンパンが公然と戯れる様《さま》や、きらびやかに着飾るパンパンが、日本の子供や若者に悪影響を与えているかを訴えます。しかしパンパンの顧客が米兵であるから、取り締まることができないのだ、と。この公開状は『ニューヨーク・タイムズ』などにも掲載され、大きな反響を呼びました。

　逆コースがもたらす不安、そして癒《い》えぬ戦争の傷跡。その一方で、日本には浮かれた若者達もいました。彼らは「アプレ・ゲール」と呼ばれていたのですが、フランス語で「アプレ」は「後」、「ゲール」は「戦争」ですから、それは「戦後世代」といった意味。〈コラム2〉でも触れたように、当初は新しい感性を持った若者達という意味合いを帯びていたアプレ・ゲールは、次第に戦前の価値観が崩壊する中で、無軌道な行動に走る若者、といったイメージになってきました。

　昭和二十五年の一月号には、「光クラブ学生社長」と「アプレゲール作家」が対談しています。光クラブとは、東大生の山崎晃嗣《あきつぐ》がつくった高利貸し企業。学生社長の山崎は、時の人でした。そして「アプレゲール作家」とは、当時二十五歳の小谷剛《つよし》。

　先鋭的な若者達の対話となったわけですが、ここでは山崎の方が「キレ」ていて、「何《い》時《つ》死んでもよい」「人の決めたものに従うことはない」といった過激な発言を連発。しかし光クラブの経営は既に破綻しており、彼は対談の直後に自殺します。その後、光クラブ事件は、やはりアプレ世代の作家である三島由紀夫によって小説化（『青の時代』）されるのでした。

昭和二十五年の「日大ギャング事件」も、〝アプレ犯罪〟として話題になりました。輸送中の日大職員の給料を、日大で運転手として働いていた十九歳の少年が、その恋人とともに強奪したという、この事件。未成年の犯罪であること、恋人が日大教授の娘であったこと、逮捕時に少年が、「オオ、ミステイク！」と叫んだというのが〝二世気取り〟だということなどがおおいに騒がれ、「オオ、ミステイク」は流行語となったのだそう。

アプレ・ゲールの性

昭和二十六年四月号では「アプレ・ゲールの抗議」として、男女の若者達が座談会をしています。若者全てが「戦後の社会悪のチャンピオン」のように言われるのはたまらん、と。しかし、アプレ達の悩みは深刻です。

「私たちが小学校から叩き込まれたモラルはいっぺんに崩れて、私たちは自分たちで新しいモラルをつくってゆかなければならなくなりました」

と言う女子大学生は、日大ギャング事件に対して非常な怒りを感じたのだそう。我々は必死に自らを律して生きているのに、と。「何を信じていいかわからない」と嘆く若者達は、逆コースの世の中では、新聞を読んでいても、平和を望むことが、ふといけないことなのかとすら思えてくる、とも言うのです。

座談会の中である会社員は、日大ギャング事件の犯人である十九歳の少年と十八歳の少女が「性的な関係にあった」ということにショックを受けていました。今となっては、十八・十九の若者が性的関係にあることは驚くようなことではありませんが、この時はそんな二人は極めてアプレ的だった。

実際、性の乱れは、戦後の日本において社会問題となっていました。昭和二十六年一月号には、特別付録として「男女交際のモラルとエチケット」というものがついているのですが、こちらを編纂したのは「文部省純潔教育審議会」。つまり国が「純潔」を推進しようとしていたのです。

文部省があせった理由も、わからぬではありません。戦前のモラルは崩壊し、街にはパンパンが。さらには戦後の民主化によって、日本の教育現場は、初めて「男女共学」という事態を迎えました。どうにかして男女交際の乱れを鎮静化しなくては、と国もあせっていたのでしょう。

特別付録「モラルとエチケット」の「男女交際の心構え」の部分では、「お互いに人格を尊重すること」「秘密にしない」「友情と恋愛とを混同しない」「自分の意志をはっきりと表わす」といったことが記されます。そして「男女交際と礼儀」の部分では、ダンスや飲酒のあり方から「ブラジュアをつける」「わき毛は当然除くべき」などと、「そこまで心配してもらわなくても」といったことまで言及されているのでした。

「求婚と結婚」という項目では、紹介による結婚、すなわち非恋愛結婚の方が「優生結婚も行いやすい」と、しれっと断言。そして「結婚までは、お互に純潔を守るというはっきりした心構え」を持つべきであるとも推奨しているのです。

これもまた、逆コースの一つのあらわれと言えましょう。国は若い男女、特に女性の性的な感覚を管理下に置こうとしたのであり、そして私はこの手の感覚が、その後の管理教育へとつながっていったのではないかという気がしてなりません。

16　〝主婦の不満〟が誕生

ＰＴＡは民主主義の練習場

昭和二十八年（一九五三）の『婦人公論』には、「引揚代表団の報告」「帰国はしたけれど」といった、中国からの引き揚げ者に関する記事がしばしば載っています。戦前、満洲への移民政策を行っていた日本ですが、敗戦とともに中国在住の邦人は居場所を失いました。順次日本に帰国はしていたものの、昭和二十四年（一九四九）に成立した中華人民共和国と日本の国交が途絶えたせいで、引き揚げは中断。それがやっと、中国紅十字《こうじゅうじ》会（赤十字）の尽力によって再開されたのが、昭和二十八年でした。

引き揚げ者を温かく迎えましょう、という記述がある一方で、生活苦を訴える引き揚げ者の手記も目につきます。この問題もまた、戦争の傷跡の一つであった一方で、引き揚げ者は、新しい情報をもたらす存在でもあったようです。国民党政権から共産党政権になって激変した中国の様子を、彼らは知っていました。

共産主義国家における男女平等の社会は、日本の女性には目新しく映ったようです。「明るい楽しい中国の生活」「新中国の職場・結婚・家庭」「中国の女性たち」等、この頃の『婦人公論』では、生まれ変わった中国のことをしばしば取り上げています。引き揚げ者の座談会では、元気な中国女性に比べると日本の女性はお人形のようで潑剌《はつらつ》さに欠けている、中国にはパンパンも失業者もいない……というように好意的な目で中国は見られており、「中国の婦人は解放されているが日本はまだまだ」という感覚があった模様。

そんな中、同年六月号には「中国の無痛分娩」という記事も見られます。この頃の中国やソビエトでは、「薬を使わない無痛分娩」が普及していたとのこと。出産前の妊婦に、妊娠分娩についての生理をよく説明すると、恐怖心がなくなって、六〜八割の人が無痛になる……ということなのだそうであり、これまた中国への進歩的イメージとつながっていたのでしょう。

新中国から受ける刺激の他にも、日本の女性に変化をもたらす要因がそこここにあったのが、この時代です。たとえばＰＴＡは、戦後ＧＨＱの指導により誕生したのですが、次第に全国に広まって、昭和二十七年（一九五二）には全国組織が結成されます。この頃から『婦人公論』においても、ＰＴＡに関連する記事が目立つようになってきました。

その中の一つ、「殴る教育とＰＴＡ」（昭和二十八年八月号）という母親達による座談会では、暴力による軍隊式教育が残っている教育現場において、ＰＴＡが暴力排除の役割を担えれば、といったことが語られています。その中である出席者は、

「ＰＴＡというものは、ほんとうに日本の母親たちが民主主義を練習する唯一の場所ですね」

と言います。「亭主に代って私たちが立上らなくちゃ」「お母さんの中に眠っているエネルギーを十分役立たせるのは、ＰＴＡ」といった発言からは、当時の母親達にとってＰＴＡの存在がいかに新鮮であったかを感じます。

一方でＰＴＡは、誤解を招きやすい組織でもありました。ＰＴＡの問題で母親達が立ち上がろうとすると「必ずデマや中傷が飛び」「アカというつぶて」が投げられる。そして「ＰＴＡにたいしてアカという言葉を投げつけるのは、たいていボスか、与太者ですよ」という発言も。保守的な勢力に反抗しようとすると「アカ」、すなわち共産主義者呼ばわりされるというジレンマが、この時代にはありました。

とはいえ、それまで家庭の中だけにこもっていた主婦達にとって、ＰＴＡは社会と接する一つの窓となりました。また、昭和二十六年（一九五一）には、『朝日新聞』に女性の声を紹介する「ひととき」欄ができ、他紙も追随するようになります。今となっては「なぜ女だけの欄なのだ」という声も上がるようになった新聞の女性向け投稿欄ですが、当時は女性が意見を表明する場所として、画期的かつ貴重な存在だったのです。

すべての妻は夫に怨恨あり

女性にとっての小さな窓が少しずつ開いていったことによって、市井の女性が自分の意見を持ち、それを表明するようになったのが、この時代でした。そんな時、昭和二十九年（一九五四）の三月に起きたのが、第五福竜丸事件。焼津の漁船・第五福竜丸が、ビキニ環礁で操業中にアメリカの水爆実験に巻き込まれて「死の灰」を浴び、乗組員一人が半年後に死亡したのです。また七月には、女性達の再軍備反対の声も虚しく、自衛隊法が施行され、防衛庁が発足。女性達は平和に対する意識を、ますます強めるようになります。

特別な女性でなく、普通の女性達が社会的活動に目を向けるようになってきたこの頃には、そんな時代であるからこその新しい悩みも発生しました。社会活動のみならず、生き方、家庭、仕事等、様々な面において女性が自分で考えるようになったことにより、周囲との軋轢《あつれき》や違和感が生じるようになったのです。

たとえば昭和二十九年三月号では、平林たい子が「誰がために女は生きる」という文章の中で、当時ならではの女性の悩みについて記しています。女性の自我が芽生えてきたとはいえ、女性は男性に対して献身的態度を要求され続けており、「昔の女はそれで満足していたが、今の女には堪え難い」のだ、と。「夫の悪口を言わぬ女は一人もない。すべての妻は夫に怨恨《えんこん》をふくんでいる」「夫を自分のために生きさせることは殆《ほと》んど絶望である」

と続く文章を読めば、現代に続く主婦の不満の萌芽が見えるかのようです。戦前までは、夫に奴隷扱いされても他に生きる道が無かったので、ただ耐えていた日本の女性。しかし戦後、意見を持つことができるようになった時、女性達の胸には初めて「不満」が生じたのです。その不満を解消することは「殆んど絶望」とはいえ、戦後の女性は「おのおの人格的に独立した自由な男女の結合という、結婚生活の高嶺を知っ」たということが、昔の女との違い。「そこに辿りつくことは奇蹟でしかないにしても、高嶺の美しさを仰ぎ見ることができることは、昔の女の知らぬ幸福である」と、されています。

ぴくぴくと自我が蠢《うごめ》き始めた女性達に対する男性側のアンサーが、昭和二十八年の一月号から始まった伊藤整《せい》の連載エッセイ「女性に関する十二章」だったのではないかと、私は思います。突如として権利を与えられて、興奮したり戸惑ったりしている女性達に対して、伊藤整は「まあまあ」と言うかのように、時に揶揄まじりに語りかけます。女性達もその「アンサー」を求めていたのか、連載がまとまった単行本は大ベストセラーとなり、映画化までされました。

一方、『婦人公論』では「『女性に関する十二章』への抗議」という特集も行っています。これは「『女大学』の、現代版」ではないか。「女に消極的な諦《あき》めをあたえ、その限界の中で、幸福を求め」させようとしている……等、女性達は伊藤整を批判。伊藤整は「抗議にこたえて」という文章を寄せていますが、女性達は大真面目に抗議しているのに対して、伊藤はここでも揶揄まじりの、ぬらりとした文章でやり過ごします。

女性は何か意見を表明する時、大真面目にならざるを得ない。対して男性は「女が何かキーキー言ってるな……」という態度。この図式は、伊藤整とその周辺のみならず、あらゆる面で見ることができました。

「主婦の心はふやけている」

定年が男子は五十五歳であるのに対して、女子は二十五歳とか三十五歳という会社は珍しくなく、結婚退職は当然、というこの時代。結婚後も女性が働き続けることを望まない男性は多く、昭和二十八年十月号の「就職にのぞむ若き世代」という座談会では、参加者の女子高校生が、女が仕事に就くことを嫌い、家にいてほしがる男子大学生が多いことを訴えます。そして、

「それを押し切ってまでいく〔＝働く〕ことはできないと思うんです」

と発言。男性司会者に、

「それは随分従順だな（笑声）」

と言われています。

自分の意志は持っている。しかしそれをはっきり出してしまうと、夫や仕事を失うかもしれない。……ということで煮え切らない思いを抱えていた当時の女性達に対して、評論

家の石垣綾子は「主婦という第二職業論」（昭和三十年二月号）という文章を記しました。男は一生働く覚悟を持つが、「女は主婦になるという第二の職業が、いつでも頭のなかにあるから、第一の職業である職場から逃げごしになっている。結婚して、安易な家庭生活を求め、夫に頼って生きるという態度を、女は断念しない以上、職業婦人としてたってゆく資格はない」と、そこにはありました。

技術の進歩によって家事労働は楽になったにもかかわらず、主婦は「無計画に家庭の雑事に追いまわされて、人生の貴重な時間を、毎日、いい加減にすごしている」のであって、その結果「中年をすぎる頃になると、夫婦の間に、大きな知識的な開きが出てくる」。「知識を求めるかわりに、不平とおしゃべりで、気晴らしをしていやしまいか」「主婦の心はふやけている」と、手厳しいのです。外で働くことができないのなら、家庭で小さな託児所を開いたり、今で言うボランティアのようなことをするなど、いくらでも社会と接するやり方はあるだろう、と。

石垣の鋭い筆鋒《ひっぽう》に対して、読者からは、「外へ出て有意義な仕事をしなければいけないというあせりに居ても立ってもいられない気持です」といった意見が寄せられました。また評論家の福田恆存《つねあり》による「誤まれる女性解放論」等、批判の文章も相次ぎます。福田は、経済的に独立することが女性にどれほどの幸福をもたらすのか、と批判。そして、それほどまでに働きたいなら「逆に家庭をすてて職業人として生きたらどうか」と記すのでした。

福田の批判に対する批判を石垣も返し、また平塚らいてうなどもこの問題に関して言及。さらには『婦人公論』以外のメディアでも取り上げられ……と、「第二職業論」問題は長引きました。日本においてはその後も何度か、「主婦はどうあるべきか」を論点とした主婦論争というものが発生するのですが、この「主婦という第二職業論問題」は後世、「第一次主婦論争」と呼ばれることになります。

主婦論争の勃発には、時代も関係していたのでしょう。昭和二十九年には、自由党憲法調査会長である岸信介《のぶすけ》が、「憲法第二十四条を改正し、全体として昔の家族制度を復活したい」という意志を持つ、との報道がなされていました。

アメリカから与えられた憲法を不服とし、自分達の手で憲法を作り直したい、と思っていた当時の自由党政権。天皇を日本の元首にし、再軍備も可能にする……といった目論見《もくろみ》が、そこにはありました。同時に、第二十四条、つまり「婚姻は、両性の合意のみに基いて成立し……」で始まる、家族制度と両性の平等に関する部分もまた、彼等は気に入らなかった模様。

『婦人公論』は同年六月号において、さっそく岸信介にインタビューしています。今の民法では「家」という概念が全く無く、「祖先をまつり、血統を尊び、子孫に伝えるという考えが失われてしまった」。そのように個人本位の考えでよいものなのか。「『家』の精神にもとづいて国家が形成され、また国際的に進出するもととなるのだ」と語る岸氏は、昔のように家長権を強化したり、女性差別をするつもりはない、とは言い添えるものの、とにかく「家」は復活させたいらしい。

「私はフェミニストです」

「女には甘すぎると云われていますよ」

「いまに私の考えていることがよくわかる時が来ますよ」

と話す岸氏はそう、この原稿を書いている平成二十八年（二〇一六）現在の首相である安倍晋三氏のお祖父《じい》さんです。

「家の復活」もまた、一種の逆コースだったのでしょう。女性が外に出て意志を持つようになった時、戦前を知る男性達には焦りが生じたのです。当然、「家の復活」への批判も、その後の『婦人公論』には掲載されることとなりました。

このように、為政者側に時計の針を戻したいという動きがあったからこそ、女性側から「第二職業論」のような意見が出たのではないかと私は思います。ぼやぼやしていたら、また昔のように自由を奪われた生き方に戻ってしまう。女性はもっと覚醒しなくてはならないのではないか、と。

らいてうが首相になっていたら

「家の復活」を含む憲法改正への動きに危機感を抱いたのか、昭和二十九年十月号には

「婦人党内閣成立す」という、一見唐突な特集が登場しました。この特集の冒頭に「婦人党内閣宣言」という文章を記しているのは、平塚らいてう。読んでみると、これは女性だけの内閣が成立した〝体《てい》〟で閣議をしてみた、という記事でした。一種のシャドウ・キャビネットと言うことができますが、実際に婦人党という党が結成されたわけではありません。

これは時のワンマン首相、すなわち吉田茂に対する、女性側からの批判行為です。婦人党の「綱領」からは、平和と憲法を尊ぶ姿勢が溢《あふ》れ出るのでした。

婦人党内閣の首相は、らいてう。以下、大蔵相に石垣綾子、法務相に平林たい子、労働相に山川菊栄、郵政相に村岡花子……等々、『婦人公論』で馴染みの女性達が閣僚に名を連ねます。そして閣議の特別傍聴人は、花森安治。「封建的な男性群に先んじて自らスカートをはき、長髪をたくわえ、パーマネントをかけ、率先して女性文化、特に衣裳及び暮しについて大いに貢献」したということで、傍聴を許されたとのこと。それぞれの大臣が政策を語る様は、時にユーモラスで、時に真剣です。

福田恆存は「誤まれる女性解放論」の中で、婦人雑誌を見ていると「この世のなかには女性の問題しか存在しないとでもおもっているのではないかと疑われてくる」と記します。男の学者も評論家も作家も、「女性の自由とか不幸とか、座談会でもっともらしく論じあって、帰りの車のなかでは、そんなことはけろりと忘れ」、謝礼で飲んで帰るのに、と。

しかし「女の問題を真剣に考える男などいない」ということを、『婦人公論』は熟知していたのでしょう。だからこそ女性だけの内閣、という夢想をしてみせた。「女は家に戻れ」と言いたくて仕方が無い男性達を横目で眺めながら、このような批評性に溢れる企画を世に送り出していた、『婦人公論』。いまだ女性首相が登場する気配の無い国に生きる者としては、「らいてうが本当に首相になっていたら」と、夢想してみたくなるのです。

17　投書夫人からミスコンまで

おしゃもじ的性格から脱皮せよ

敗戦から、丸十年。一人あたりのGNPが戦前の水準を超えたということで、昭和三十一年（一九五六）の『経済白書』には「もはや『戦後』ではない」と記され、流行語となりました。

その三年前からはテレビ放送が始まっており、プロレス中継が大流行り。デパートはオープンラッシュ、パチンコブームも続き……と世は賑やかでしたが、しかし『婦人公論』は、そんな時も真面目です。同年新年号で「一九五六年の婦人への期待」を記すのは、平塚らいてう。女性に選挙権が与えられてから十年、最初の選挙では三十九人の女性議員が誕生したのに、今では九人になってしまったことを、らいてうは指摘します。その頃、保守陣営が進めようとしていた憲法改正を、女性の力で阻止しなくては、と。

女性議員の数にしてもそうですが、敗戦によってもたらされた男女同権のビッグウェイブが、この時期にはいったん落ち着いてきたようです。同年六月号には「第二段階にきた婦人運動」という記事が。また、アメリカ留学やGHQ勤務経験を持つ評論家の坂西志保は、女性だけの団体や婦人運動について「もうそろそろ卒業していい時期にきている」と、「女性の能力を再検討する」という昭和三十二年（一九五七）七月号の座談会で語っています。旧来型の女性指導者は、「いまでも普選運動を闘っているような気持で、婦人の敵は男性であるというふうに言っている」けれど、そのような考えはもう古い、と。

十二月号でも、「おしゃもじ的性格からの脱皮　主婦連十周年に警告する」という文章が、朝日新聞論説委員の土屋清によって記されました。主婦連とは、『婦人公論』でもおなじみの奥むめおによって創立された消費者団体で、スローガンが記された大きなおしゃもじがトレードマーク。同稿には、ただおしゃもじをかついで何にでも反対するのでなく、もう一回り成長してほしい、とあるのです。

突然女性に与えられた権利にびっくりし、おずおずと使用する段階を経て、その権利を自主的に活用することが、この時代の女性には求められました。新聞の家庭欄の投書コーナーは、女性達に投書ブームをまきおこします。投書によって自身の意見を表明しようとする女性達は、「投書夫人」などと揶揄まじりに言われるようになったのです。

投書夫人のみならず、女性が世の中に対して物申すことが大きな流れになっていたこの頃、『婦人公論』にも、「評論家」という肩書きの人が、男女を問わず大量に登場しています。大《おお》宅《や》壮一《そういち》のようなスター評論家がきらめいていたこの頃は、どうやら評論家という職業がブームだったようなのです。

『婦人公論』でも、昭和三十二年新年号で「第一回女流新人評論募集」が行われています。「〝投書〟は、貴重な体験を情緒に終らせてしまう狭さを、指摘されている」からこそ、自身の経験を「一貫した『考え』(思想)としてまとめ」ることによって、「女性は理論的でない、という俗説にいどみたい」ということから発想されたこの賞。「現代女性の生き方」もしくは「私の研究」どちらかからテーマを選ぶように、とされています。

同時に「最優秀投稿賞」というものも新設されました。かねて『婦人公論』は、手記や短歌や俳句等の投稿ページが豊富な、双方向型の雑誌であったわけですが、投稿にも賞を設けることによって、ますます読者の表現欲を刺激する試みだったのでしょう。

女性の表現欲求が盛んになった背景には、戦後導入された、新かなづかいと当用漢字がありました。旧来のかなづかいと漢字が難解であったのに対して、新かなづかいは日本語の発音に近いもの。文章を書くことが、ぐっと身近になったのです。同年二月号には「新文章読本」という特別付録がついていて、谷崎潤一郎の「文章とは何か」から「原稿用紙の書き方」まで、読者の表現欲求を刺激する構成となっているのでした。

「サラリー・ガール」の評判は？

様々な場面において、女性が「意志の表明」を求められるようになってきたわけですが、それは職場においても同様でした。評論家の田中寿美子《すみこ》は、昭和三十一年六月号「女権主義からの脱皮」で、「婦人はいま、職業人として真剣勝負に入っているのである。女性であるということのために甘やかされたり、とくべつ大目にみてもらったりした時代はすぎつつある」と記します。神武景気と言われたこの時代でしたが、女性、特に大学生の就職難は深刻でした。『婦人公論』においても、就職難についての特集はたびたび組まれ、目次には「就職を阻まれる女子大学生の苦悩」「女子大学生よ希望を失うな」といった文字が見られます。

そんな中、昭和三十二年十一月号に登場したのが、日本経済新聞社婦人部部長の大和《やまと》勇三による「泣いて職場の花を斬る」という文章。女性を採用したことがある企業の男性達に筆者が話を聞くと、

「女なんて女房とコビを売る商売以外に、適業なし」

「女が上の学校を出れば出るほど、妙なお文化アコガレ病が、ひどくなるのには、嫌になるね」

「女だけはもうごめんだ」

という言われよう。仕事の能力がない、どうせ腰掛け、補助的能力しかなく積極性に欠ける、結婚して共稼ぎなどされようものなら能率が低下する……と、「サラリー・ガール」の評判は散々で、それは「アプレ先輩諸嬢の仕事ぶりに責任がある」とされています。アプレ・ゲールの先輩女性が適当にしか働いていなかったから、女性の就職難は続くのだ、と。

この記事は大きな反響を呼び、翌昭和三十三年（一九五八）二月号には「職場の花の栽培法」という座談会が開催されました。組織で働く歴史が男性よりもぐっと浅く、職場での人数も少ない女性を擁護する発言が、ここでは見られます。同年五月号には、時の労働大臣である石田博英のインタビューが載っているのですが、労働大臣からして「内輪な性格の女性が、女でなければできない仕事をやってくれるというのはとても必要」だけれど、「積極的で、男と同じような仕事をしようとする場合は、女性には余計な要素が入りすぎるという欠点がある」からいかがなものか、と語るこの時代。職場で女性が活躍する姿は、まだ見えてきません。

それどころか同年十二月号では、東大文学部厚生補導主任の尾崎盛光《もりてる》という人が、「東大花嫁学校論」を寄せています。東大の女性は下手に社会に出ようとしないで、「今までの花嫁学校では養成できなかった大型ホステス」になった方がいいのではないか、とそこにはある。

大型ホステスとは何かというと、社会的な発言と活動のできる主婦のこと。ＰＴＡでも教育学博士や理学修士の主婦が登場すれば、並の主婦ができない活躍ができるだろう、という意見です。

このように、投書程度ならば自由に書くことができても、与えられた権利を実際に社会で活用しようとすると敬遠される空気があったこの頃。「職場の花」が斬られたり栽培されたりはしていますが、「職場の『花』でいいのか」という議論は、まだ出てきません。

「太陽族」と「よろめき夫人」

そんな中、昭和三十二年十一月号では、「『ミス婦人公論』大募集！」という発表がなされました。「現代日本の知性を代表する新しい美人の出現を待つ！」ということなのです。『婦人公論』は昭和四年にも、「近代美人写真募集」という、一種のミスコンを開催しました。その時は写真審査だけでしたが、今回は審査会も行われ、選ばれたミスは東宝ニューフェイスに採用されるという本格的なもの。「泣いて職場の花を斬る」と同じ号にミスコンの募集が載ることに、旧世代の婦人運動家達は怒り出さなかったのか……。

ちなみに「ミス婦人公論」の審査員は、上は谷崎潤一郎から下は石原慎太郎まで、男性ばかり十一人。中でも石原慎太郎は、この頃ナンバーワンの時の人でした。

昭和三十年（一九五五）に発表され、翌年、芥川賞を受賞した石原の『太陽の季節』は、若者の性と風俗を鮮烈に描き、ベストセラーに。弱冠二十三歳で一橋大学出のスポーツマン、世を舐《な》めたような態度……。と、その存在感は新鮮味に満ちていたのです。映画化された『太陽の季節』も大ヒットし、当時のチャラい若者達は「太陽族」と呼ばれるようになりました。『婦人公論』においても、太陽族という言葉は頻出し、昭和三十一年九月号では、「〝太陽族〟の実態と批判」という大特集が（コラム2参照）。

同特集では、石原慎太郎と、太陽族の母親年代にあたる主婦達による「僕らは誤解されている」という座談会が行われていますが、

「貞操ということは全然考えないんですね、今の若い方は」

　と言う主婦に対して石原は、

「男の側から見た一つの行為の対象としてしか女の人を考えていなかったんです」

　と、いまひとつ嚙み合わない。さらには、

「自分の実感というものを非常に大切にして、自分の行動をきめるときに、自分の実感に忠実に、実感と素直に結んだ行動をとっている人が太陽族といわれるべきだ」

　と語っているのであり、それはその後も氏を貫き続ける感覚であるような気がします。

　石原慎太郎および太陽族は、自分達の〝若さ〟を大人達に「どうだ」と誇示する、最初の世代だったのかもしれません。若い男性は皆、兵隊にとられていた時代のことを考えれば、太陽族は平和の産物と言うこともできましょう。

平和による性の乱れは、主婦達の上にも見られました。投書夫人は「意識高い系」の主婦ですが、世の中にいるのはそのような主婦ばかりではない。昭和三十二年に発刊された三島由紀夫の『美徳のよろめき』は、上流階級の夫人であるヒロインが姦通する物語で、「よろめき夫人」は流行語となりました。

同年十一月号には、「〝よろめき〟時代」という座談会が。最もよろめいているのは中年女性だと大宅壮一が言えば、平林たい子は、若い頃に戦争で感情を解放することができなかった中年女性が、今になって解放しているのが「よろめき」なのだ、と語ります。

『美徳のよろめき』のみならず、姦通小説はこの頃の流行であり、同号では「なぜ姦通小説が流行するのか」という論考が。翌年にはよろめきブームも落ち着いてきて、「よろめきから立ち直った人妻の告白」という手記の特集が登場するのです。

「桃色遊戯」や「不純異性交遊」に若い太陽族は耽り、主婦は「よろめき夫人」に。……ということで、性の乱れが嘆かれていたこの時代、世の風俗を矯正《きょうせい》すべく、国は学校教育に「道徳」という授業を組み入れることを考えていました。戦前の「修身」の復活ではないか。憲法改正への前段階ではないか。……といった反対意見が、『婦人公論』でもしばしば見られます。

「道徳」の採用も一種の逆コースですが、結婚難が言われる中で、結婚界の逆コース的な動き、すなわち見合い結婚への揺り戻しの動きもあり、『婦人公論』でも昭和三十三年三月号で「見合結婚の再評価」という特集がありました。

　敗戦で恋愛行為が解放されたものの、今度はそこから落ちこぼれる人も出てくる。であるならば見合い結婚が見直されてしかるべきではないか、ということなのですが、ちょうどその直後に三島由紀夫が見合いで結婚。同年七月号に寄せた手記には「どこかにじっといるお嬢さんで、僕の好みに合って、僕の結婚のいろいろなむずかしい条件をのみこんで同化してくれる人」を見つけるには見合いが「ロジカル」だった、と書いています。

興奮のあまり下着が乱れ飛ぶ

　昭和三十三年の四月から、いよいよ「道徳」教育がスタート。六月号では「ロカビリー時代の道徳教育」という大特集が組まれました。

　ロカビリーとは、ロックンロールとカントリーが融合したような音楽で、エルヴィス・プレスリーが代表的スター。日本でも山下敬二郎や平尾昌晃が人気で、この頃に大ブームとなっていました。コンサートでは「道徳」の授業も吹き飛ばすような熱狂ぶりが見られ、興奮のあまり女性ファンが脱いだ下着が乱れ飛んだのだそう。

　ロカビリーブームの仕掛け人である渡辺プロの渡辺美佐との対談（同号）で三島由紀夫は、「歌手と集団的に性行為をしているような興奮」をロカビリーから感じると語っていましたが、大人達はそんな流行を見ても、ポカンとしています。同号で教育評論家の重松敬一《けいいち》は、ロカビリー歌手のことを「中性のような男の歌手」「ナマコのようにくにゃくにゃした男の子」と評するのでした。

　逆コースの世とはいえ、女性が次第に強くなっていく中、男性が中性化し、くにゃくにゃしていくのは自明のことであったのでしょう。「シスターボーイ」と言われた丸山（現・美輪）明宏も、人気を博していました。

　男女間の格差も、少しずつ縮小していきます。『婦人公論』でも、同年七月号に「男性飼育法」という別冊付録がつきました。内容としては、主婦の視点からいかに夫婦関係を上手く保つかというノウハウ集なのですが、男性を弱いもの、庇護《ひご》すべきものとして扱う「飼育法」という観点は新鮮で、世に大いに刺激を与えたようです。

　女性や若者が発言権を得るようになってきた、この頃。同号の「恐娘恐息時代」という座談会では、戦争を知らない子供達にとまどうおじさんの声を聞くことができます。作家の今日出海《こんひでみ》は「亭主の家長権がよろめいてきた」と、流行語を使用して嘆くのです。

　石原慎太郎より一歳年上の有吉佐和子など、文壇にも若い女性が台頭してきて、「才女時代」とも言われるようになってきました。同号のフランキー堺との対談の中で有吉は、「ひと昔まえのおじさま、おばさまがたは、自分はなにになろうとか、どうしてもこれをやりとげようとか」「悲壮な決意のもとにはじめている」けれど、自分はそんなものを持たずにサラッと小説を書いた、と語ります。男性と敵対するのでなく、おしゃもじを立てて何かに反対するのでもなく、自然にしたいことをする世代が、登場してきたのです。

そして『婦人公論』は、昭和三十三年十一月号をもって、創刊五百号となりました。同時に、創刊以来はじめての女性編集長が登場。『婦人公論』もまた、変わろうとしていたのです。

18 テレビにかじりつく国民

ミッチー・ブームでお祭り騒ぎに

昭和三十年代も半ばになってくると、『婦人公論』の目次から、戦争を思わせる単語が、見えなくなりました。敗戦後十年頃まではしばしば目次に並んでいた「未亡人」「パンパン」「戦争孤児」「混血児」といった単語が、ほとんど消えたのです。健康記事から「結核」という文字も消え、そのかわりのように目立つようになってきたのは、「がん」の二文字。

そんな中、昭和三十四年（一九五九）の臨時増刊「美しき人生読本」には、「オリンピックまでの女性美五ヵ年計画」という記事が載っていました。昭和三十九年（一九六四）にオリンピックが東京で開催されることが決定したということで、「女性の方もオリンピックの時にはもっともっと美しくなって」「外国からの来客をビックリさせ」ようではないかと、座談会が開かれたのです。

最初の東京オリンピックの時、東京の街は大きく変わって新幹線も開通したわけですが、オリンピックに合わせて女性も変貌せねばならぬ、というプレッシャーも強かった模様。

「オリンピックのときに笑われまいというような考えをもたなくてもよい」

「選手をえらぶようにオリンピック美人をつくりだすのは危険」

「国民全部がきれいになることのほうが大事（中略）。生活が貧しくて、体が悪くて、そのためにみっともない女の人たちがいなくなることがいいんじゃありませんか」

等々、様々な意見が出てきました。

しかしこの年、『婦人公論』にとっても世の中にとっても最も大きな話題となったのは、皇太子（平成の天皇）の結婚でした。前年、正田《しょうだ》美智子さんとの婚約が発表されるやいなや「ミッチー・ブーム」となり、昭和三十四年四月に結婚すると、世はお祭り騒ぎに。『婦人公論』でもこの年は、新年号から「特集・皇太子妃」の大特集を行う他、毎月のように皇太子結婚の話題が登場します。美智子妃が聖心女子大学出身ということで、遠藤周作や三浦朱門《しゅもん》等による「カトリック女房の効用」という座談会まで開催されました（五月号）。

皇太子の結婚は、時代の変化を象徴するとともに、時代を拓《ひら》く役割を果たしたようです。たとえば皇太子結婚関連の記事の中でさかんに記されるのは、それが恋愛結婚である、ということ。美智子妃が初の平民出身の妃殿下であることも話題でしたが、まだ見合い結婚が半数以上を占めていたこの頃、お二人が恋愛結婚であることに、当時の人々は興奮していたのです。

野上弥生子は「皇太子の御成婚に思う」（同年四月号）の中で、「皇太子が強い恋愛によって相手を択《えら》んだこと」、その相手が「身分のかけ離れた家の娘」であったことが、御成婚ブームが盛り上がった理由だろうとしています。また福田恆存は「恋愛狂時代」（同年臨時増刊号「教養読本」）という文章の中で、「皇太子が恋愛したと聞かされて、それだけで嬉しくなるというのは、いくら春さきとはいえ、少々おかしくはないでしょうか」とチクリ。

とはいえ一般の人も、本当の事情は理解した上で、興奮していたのでしょう。同年七月号の、「皇室に関する人びとの意見」では、

「皇太子が自分の好きなお嫁さん選べたら、それこそおかしいよ、絶対。たまたま美智子さんが皇太子とつきあえるような階級にいて、宮内庁の人達と一致したんだよネ。でさ、皇太子も美智子さんがきらいじゃなかったと。新聞が恋愛だ恋愛だとさわいだけれど、全部が恋愛じゃないんだ」

という男子高校生の声が載っています。

庶民の恋愛とは別物だろうけれど、しかし従来とは違って、皇太子は結婚にあたって自分の意志を大切にしたらしい。そして妃殿下に選ばれたのは、カトリックという西洋の香

りも漂う、現代的な美しい女性。……ということで、人々はそのプリンセス・ストーリーにうっとりしたのです。

「男性飼育」と「恐妻」の流行

皇太子の結婚は、テレビの普及率を劇的に高めました。結婚当日は、NHKも民放も、朝から晩まで御成婚一色。国民はテレビにかじりついたのです。

この時代、マスコミの世界はおおいに沸騰していました。大宅壮一が「一億総白痴化」とテレビの影響について述べたのは御成婚の二年前のこと。そして御成婚の年には、『週刊文春』『週刊現代』などが創刊され、週刊誌ブームと言える状況にもあったのです。

テレビや週刊誌は、情報をカジュアルに嚙み砕いて伝えました。人々はそれにすぐ夢中になったのであり、『婦人公論』でもしばしば、マスコミ特集が行われています。

たとえば昭和三十四年八月号の「テレビっ子世にはびこる」では、「テレビは『子どもの体験を飛躍的に広げる』すばらしい役割を果してくれる」としながらも、一方では、邱永漢《きゅうえいかん》が「成長期の子供がテレビに見惚《みと》れている結果、思考力のない次のゼネレーションが生れないだろうか」と記します（同年三月号）。現代のネットにしてもそうですが、新しいメディアが登場する度に人々は心を奪われ、その事についての是非が問われるのです。そういえばラジオの登場時も、人々はすぐラジオに夢中になったのであり、『婦人公論』でもラジオの是非が問題になっていましたっけ……。

様々なメディアが出揃ったこの時代、テレビのような映像メディアにも、週刊誌のような活字メディアにも、御成婚はうってつけのニュースとなりました。十数年前までは「神」であり、直接見たら目がつぶれるとまで言われていた人の息子の結婚は、あらゆるメディアによって可視化され、皇室のカジュアル化は一気に進んだのです。

前出の、『婦人公論』における「皇室に関する人びとの意見」の中には、

「愉快なのは、皇太子さんが絶対、美智子さんの子どもにみえちゃってさ」

「二人並んでると美智子ヒデンカの方がずっと大きくて、あれなんとか皇太子の下に座布団でも敷いてやればよかったよナ」

という声もありました。確かに皇太子は小柄で童顔でしたので、そのように見えたのでしょう。そしてそんなお二人の姿は、当時の男女のあり方の変化を、象徴していたようにも思えるのです。

前章で、「男性飼育法」という付録が昭和三十三年（一九五八）に話題になったと記しましたが、「戦後、強くなったのは女と靴下」という流行語にも乗って、「男性飼育法」ブームもやってきました。昭和三十四年には『男性飼育法』という映画も公開され、『婦人公論』では、映画に出演した淡島千景、淡路恵子、水谷良重と原作者の三宅艶子《つやこ》が「男性飼育腕くらべ」と題した座談会を行っています。昭和三十五年九月号でも「池田総理夫人

の完全飼育法」といった記事が載り、「池田は夫人に絶対頭があがらない」「首相を飼育する女、池田満枝夫人は新しいタイプのトップ・レディである」などとされているのです。

大宅壮一は「恐妻」という言葉を流行らせ、また昭和三十五年（一九六〇）には、池田内閣において中山マサが、日本で初めての女性大臣（厚生大臣）に就任。同年九月号で、大宅と中山の「女性植民地解放宣言」という対談が行われました。女性は男性にとっての植民地のような存在であり、それが戦後に解放されたというのが、大宅の持論だったのです。

他にも「女性恐怖症から解放せよ」「『日本夫権を守る会』設立宣言」といった記事が見られたりと、女性の勢いが男性を凌駕《りょうが》しそうになっていたこの時代。「皇太子さんが絶対、美智子さんの子どもにみえちゃって」という皇太子夫妻の様子は、そんな時代ともマッチしていたのではないでしょうか。昔であれば、そもそも大柄な女性は妃殿下に選ばれなかったかもしれないし、選ばれたとしてもずっと後ろに下がって夫を小さく見せないようにしたのでしょうが、美智子妃は皇太子の横に、堂々と立っていたのです。

団地暮らしにあこがれて

女性が強くなっていったのは、戦後の法律のせいだけでなく、様々な事情が背景にあります。たとえば、冷蔵庫や洗濯機などの家電がテレビとともに普及してきたため、主婦が自由に使うことができる時間は増加。またこの頃は団地の勃興《ぼっこう》期であり、昭和三十五年には皇太子夫妻も団地を視察するなど、団地が最先端の住居として注目されていました。昭和三十四年十月号では「団地ぐらしの分析」という記事がありますが、ここでの最初の見出しは「婦人を解放する団地『鍵』族の出現」というもの。

旧来の日本家屋は、今となっては信じられないことですが、外から鍵をかけることができなかったのです。常に誰かが留守番をしていなければならず、そのせいで主婦は家に縛り付けられていました。

対してシリンダー錠がとりつけられた団地では、外から鍵をかければ、主婦も気軽に外出できるように。鍵は「婦人に外出の自由を与えるお守り」であり、「近所づきあいも、したくなければしなくてもすむ」団地は、「あこがれの場所」となりました。「鍵族の出現」は「都市文化の一つのあらわれ」ともあるのです。

昭和三十六年（一九六一）の臨時増刊号「スプリング・クッキング」には、「インスタント食品案内」という記事があります。この時代は即席ラーメン、インスタントコーヒー等が登場して人気となっており、インスタント食品で料理の手間を省こうではないか、ということなのです。

様々な環境の変化によって、自由な時間と自由な意志がもたらされ、次第に強くなってきた、女性達。しかし一方では、その反動現象も見られました。たとえばこの頃のヒーローは、巨人の長嶋茂雄。『婦人公論』でも、インタビューなどによく登場しています。昭和三十六年十一月号の「長嶋選手における男性の研究」という記事では、長嶋選手のことを「現代のアダム」「恐るべきスーパーマン」「理想的健康優良社会人」と、ベタぼめ。それに比べて、世の中の男性は何とか弱いことか、とあるのです。

女性が強くなったことによって必然的に男性の勢力は削《そ》がれ、そうなると反対に長嶋選手のようなマッチョな男性が目立つようになってきた模様。「アダムの肋骨《ろっこつ》にすぎない」女性は、もしも長嶋のようなアダム的男性に出会ったなら、「彼を精一杯男らしく伸ばすことのみが、肋骨に与えられた任務」とまで書かれているこの記事を読むと、強くなったが故の女性の苦悩のようなものも、見え隠れするのでした。

欲求不満をいやすには？

女性が自由に、そして強くなってきたことの影響ではないかと思われるもう一つの現象が、セックスレスです。たとえば前出「スプリング・クッキング」号には「セックスライフ食品操典」というドクトル・チエコによる文章が載っています。セックスが「衰退の一途をたどる」中年達に「セックス・ライフを強くする食物は欠かせません」ということで、「牛乳は一日三合くらい、卵は二個、バター、チーズは一〇〇グラムはとってほしいもの」と、ギンギンな食生活を薦めているのです。

また昭和三十五年十月号には、石垣綾子による「中年女性の愛の渇き」という記事が。

女性の「官能の花が完全に開くのは三十五歳ごろから」であるにもかかわらず、既に夫の性欲は色あせている……ということで、今で言うセックスレスの問題の萌芽が見られるのでした。

一方、欲求不満の女性の姿に辟易《へきえき》気味の夫は少なくなかったらしく、同年十一月号には「セックス過剰時代の夫の悩み」として「僕は夜を憎む」「知りすぎている妻」といった男性の手記が見られます。男性達はここで、女性が受け身でいるだけではない時代の悩みを吐露《とろ》するのでした。

権利も自由も手にした女性達が次に求めたのは、お金です。「中年女性の愛の渇き」にも、欲求不満をいやす手段の一つとして「マネービル」というものが記されていましたが、この頃は主婦の間で、投機熱が高まっていました。『婦人公論』でも「わたしの株式投資必勝法」「素人《しろうと》でうんと儲けましょう」といった記事が登場。株に熱中する主婦は「投資婦人」と呼ばれました。しかし昭和三十六年には株の暴落があり、「株に滅ぼされた女性たち」といった記事も見られるようになるのです。

女性達のエネルギーは、このように様々な場面でふつふつとたぎっていたのですが、エネルギーをたぎらせていたのは、女性だけではありません。若者達もまた、やり場の無いエネルギーの放出先を探していました。

『婦人公論』に「全学連」という言葉が登場し出すのは昭和三十三年（一九五八）頃から

なのですが、翌年新年号には、全学連委員長の東大生と石垣綾子とが「全学連は日本の孤児か」という対談を行っています。戦後間もなく発足した全学連はこの頃、様々な国民運動の中で、思想と行動の激しさをもって、目立つようになっていました。

昭和三十五年になると、日米安全保障条約改定への反対運動が激化し、同年二月号では「若者はなぜ怒るか?」という巻頭特集が。二十代の大江健三郎は、学生運動を支持するとしながらも「全学連カマトトを非難する」を執筆、田中澄江は「先輩として、母として」と、全学連の活動を心配する声を寄せています。

後に「六〇年安保」と言われたこの年は、皇太子夫妻に長男・浩宮が誕生して祝賀ムードに包まれる一方で、日本が政治の季節へと突入した年でもありました。『婦人公論』でも毎月のように安保や全学連関連の記事が掲載されていますが、同年六月には、国会前のデモにおいて、東大生の樺《かんば》美智子さんが警官隊との衝突で死亡。同年八月号では、樺さんの母親が、「美智子よ、道を示して下さい」という手記を発表しています。

昭和のこの時期、皇室の「美智子さん」は「皇孫誕生」「美智子妃 一年の装い」「美智子妃の赤ちゃん教育」といった記事で誌面を彩っていましたが、全学連の「美智子」さんは、悲劇的な最期を迎えなくてはなりませんでした。そんな二人の「美智子」さんは、日本から戦争の影が薄くなり、女性が強くなってきたこの時期を象徴する女性達だったのかもしれません。

19 オリンピックの心配事は

BGか、それともOLか

浩宮様が生まれた昭和三十五年（一九六〇）、首相の池田勇人《はやと》は「所得倍増計画」を発表しました。その名の通り、翌年からの十年間で、国民所得を倍増させよう、というこの計画。日本は高度経済成長の時代を迎えたのです。労働力は不足し、女性が働くことは全く珍しくなくなります。今で言う「OL」のことを当時は「BG」（ビジネス・ガール）と言ったのですが、『婦人公論』誌上でも、一九六〇年代前半は、「経営者の見た実感的BG論」「お金によるBGの人生設計」など、「BG」の文字が頻出するように。

同時に目立つようになってきたのは、金融機関の広告です。それまでは、化粧品や医薬品、はたまた洋裁学校や料理学校等の広告が多かったのですが、この頃からは、

「サラリー第1号からガッチリためよう」

といった銀行の広告が。

すなわちこの頃、自由に使うことができるお金を手にする女性が多くなってきたということなのでしょう。女性が自分でお金を稼ぐようになったからこそ、『婦人公論』に銀行の広告が掲載されるようになった。

　またある専門学校の広告には、

「こんなところに所得倍増のコツがある！」

と書いてありました。BGとして働きながら技術を身につけて、あなたも所得倍増……、ということなのです。

　BGの仕事は、男性の補助的なものが主でした。昭和三十八年（一九六三）三月号の「フレッシュBG作戦要務令」では、文芸評論家の奥野健男が〝BGはこうあるべし〟といったことを書いているのですが、BGは針や糸などをいつも用意して、男性のオーバーのボタンがラッシュでとれたなら「女らしくつけておあげなさい」とのこと。

　そしてこの時代、BGに対して「すぐお尻にさわる、顔をみるといやらしいことを言う」という男性がよくいたようですが、それは「何かあなたの方につけこますすきがあるからです。お嬢さんらしい清潔な気品があるBGに対しては、男性は決してそういうことをしないものです」ということなのだそう。ボタンつけやお茶汲みといった会社妻的な役割を果たさなくてはならない一方、尻は触られる方が悪いと判断されたＢＧ達。気楽な稼業、とはいかなかったようです。

この頃の『婦人公論』は、しばしば『中央公論』との共同企画を行っています。同年七月号には「サラリーマンから見た現代ＢＧ」という、『中央公論』読者による手記が載っているのですが、ここには彼等の本音があふれています。

たとえばこの時代、「同じ職場での恋愛はイカサない」と、独身男性は考えていたのだそう。お手軽に会社の「女の子」と結婚したと思われたくないがために、社外で「職業婦人くさいところ」がないお嬢さん風の女性を探す若いサラリーマンの手記がみられます。また、既婚ＢＧに対しては、「化粧の手を抜かないこと」とか「できるだけ未婚女性のなかへはいり、常に若さを失わないように心がける」ようにと説く中年商社マンの意見も。

そんな中、「ＢＧという言葉は売春婦のことを示す」という説がささやかれるようになり、東京オリンピックを控えてそれはまずい、という動きが起こります。一九六三年に、『女性自身』がＢＧに代わる名称の募集をしたところ、「オフィス・レディ」が一位となり、人々は素直にそれを使用するように。『婦人公論』においては作家の丸谷才一が、「オフィス・レディもＢＧと同じ和製英語だ。職業婦人の方が言葉として美しいではないか」などと、「ＯＬ」という言葉への苦言を呈しているのでした。

経済と性生活は反比例して

BGであれOLであれ、会社勤めをする女性達が目立つようになってきた一方、男性達は高度経済成長の中、忙しい日々を送っていました。昭和三十七年（一九六二）十月号には、犬養道子が「一億残業勤勉論」を書いて、日本人の公私の区別をつけない働きぶりを指摘。当時はレジャーブームとも言われていたのですが、本当のレジャーなど誰も楽しんでいないと、元首相の孫である外国帰りの評論家は指摘するのです。

また前章で、セックスレスの萌芽的な記事のことを紹介しましたが、同年六月号には「夫の身にもなって見よう」（謝国権《しゃこくけん》）という、タイトルからしてもの悲しい記事が。ベストセラー『性生活の知恵』を記した医師である筆者が、「このごろの男性は〔セックスが〕弱くなった」と盛んに言われる日本の、「欲求不満に喘《あえ》ぐ妻たちに警告」しているのです。

かつての日本では、女性が男性にセックスを要求するなどもってのほかだったけれど、今はそれが可能に。しかし通勤ラッシュに揉まれ、ついつい夜はテレビを見て過ごしてしまうこの時代の男性は、セックスをするには疲れすぎている。その上、「男のセックスが弱くなった」と世間で盛んに言われ、性的刺激が氾濫しすぎれば、ますます男性のその気は削《そ》がれてしまう。だから女性は自分の快楽だけを追求するのでなく、男性をもっと労《いたわ》らなくてはならない、と筆者。日本経済が活発化するにつれ、日本人の性生活は沈静化してしまったようなのでした。

少子化への不安を訴える声も、この頃から見ることができます。昭和三十八年六月号には、人口論の研究者の吉田忠雄による「子供は何人生んだらよいか」という記事がありました。戦後、子供が多いと恥ずかしいという意識が流布し、また人工妊娠中絶が手軽にできるというせいもあって、〝子を産まない国〟になっていった日本。その原因としての「セックスレス」という要素はまだ指摘されてはいませんが、筆者は将来の人口減少と高齢化を、既に憂えています。「社会は出産や育児を、もっと優遇しなければならない」と、今に通じる提言をし、夫婦が欲しいと思う子供の数よりさらに一人多めに産むことを推奨しているのでした。

勢いづいているように見えつつも、セックスも、子供の数も減っていった当時の日本。女性達は、それでも強くなり続けました。そんな中、昭和三十七年の十二月号に始まったのが、その年の「最高殊勲《しゅくん》婦人」を選ぶという企画です。「プロ・スポーツ界の年中行事である各賞にちなみ、本誌も女性のための最高賞を新設」したということなのですが、「ミス婦人公論」の時もそうであったように、ここでも選ぶ側は全て男性。大宅壮一を委員長として、六人の男性達が活躍した女性達を座談会で品定めするのです。

ちなみにこの年の最高殊勲婦人は「日本で女大臣がつとまるのは、平林さんだけじゃないかな。(笑)」ということで、平林たい子。アンネナプキンを売り出した若き女性起業家の坂井泰子《よしこ》が新人賞等、様々な女性が選ばれています。

さすがに時代の波はよく捉えていて、国際派の女性が目立つようになってきたことから、兼高《かねたか》かおるの名前もあがる等、時代の様子がよくわかる「最高殊勲婦人」のラインナップ。しかし野上弥生子のことを「文学的メンスが長く続いている」(＝長年一線で書き続けている、の意)と大宅が評するなど、セクハラ概念は未だ存在していません。

日本の女は外国人にすぐなびく

日本人の海外渡航が自由化されたのは、昭和三十九年(一九六四)のこと。それまでは業務など特別な要件を持つ人でないと海外へ行くことは難しかったわけですが、自由化直前は、オリンピック前ということもあって、〝国際ムード〟が高まっていました。『婦人公論』でも、「女性のための国外脱出心得」「誌上旅行　世界のホテル」といった、海外関連の記事が目立つようになってきました。また自由化の後は「海外旅行エチケット帖」「開放された愛の国際市場」「世界は日本女性を求めている」など、女性の海外熱を刺激する記事が。

海外渡航自由化の年とはつまり、東京オリンピックが開催された年です。日本人は海外へ行くようになり、オリンピックで外国人が日本へ来るようになり……と、国際気分はおおいに盛り上がりました。

『婦人公論』でも、オリンピック関連の記事は頻繁に掲載されています。まず、昭和三十八年の六月号からは、犬養道子による「オリンピックにあと一年」という連載がスタート。とはいえオリンピックを手放しで礼賛するはずがなく、連載一回目からして、「急増する愛国的親善屋」という皮肉たっぷりなタイトルが。

　愛国的親善屋とは「日本の善いところを外国人に『紹介』し、日本を少しでも『理解』してもらうための仲立ちになろうとする結構な心意気を持つ人たち」のこと。そのために「英語の勉強をはじめる人」が「はびこっている」という書き方からは、国際派評論家のため息が聞こえてきそうです。

　外国人だからといって特別に構えることをせず「一億総化粧」「大はりきり」をやめよ、と説く筆者。しかし戦争から立ち直ってきたこの時代、日本人は「大はりきり」で日本を外国に向けてアピールせずにはいられなかったのでしょう。

『婦人公論』もオリンピックではりきっていたのであり、昭和三十九年七月号では、「東京オリンピック記念論文大募集」が告知されました。何かと賞を創設しがちな『婦人公論』ですが、「１９６４年は東京オリンピックの年、国際日本の年であり、また日本女性国際化の年であります」ということで、「日本女性のより高い国際化をめざして」というテーマで論文を募集。グランプリには、賞金十万円と、「日本航空機にてヨーロッパへ招待」という豪華なごほうびが用意されています。

しかし女性が国際化しようという時に一つ、心配な事が浮かび上がってきました。まもなくオリンピック、となって日本人が思い出したのは、敗戦後に占領軍がやってきた時にあらわれた、大量のパンパン達のこと。「外国人が来たら日本の女性は……」という心配が再び募り、東京都民生局ではこの年、「若い女性の手帖」と「婦人保護のてびき」というパンフレットを作成、配布したのです。

これはつまり、「女性の転落防止」のための啓蒙活動。パンフレットのみならず、啓発映画を作ったり、講演会を開いたりもして、オリンピックでやってきた外国人と東京の女性があやまちをおかさないように、都は手を尽くしたのです。

『婦人公論』では同年八月号で、作家の安岡章太郎が「オリンピックで日本女性は転落するか」を寄稿。「都がオリンピック予算の一部で、婦女子の純潔運動に乗り出すこと」に対して、「お役所は都民の心の事務を取り扱うところであろうか」と、横目で眺めています。大切なのは、女性達が堂々と自分を持つということではないか、と。

日本女性が外国人になびきやすいことは既に定評があったようで、昭和三十八年八月号では「日本女性は外人に弱いか」という〝誌上裁判〟が。何でもこの頃、外国人が書いた『独身天国ニッポン』という本が話題になっていたらしく、そこには日本の女は欲求不満のネコのように、外国人にすぐなびく……といったことが記してあった模様。

誌上裁判においても「インテリ女性ほど外人にくっついていく」「英語をペラペラ話す女に、ろくなのはいないね」と、日本女性が槍玉にあげられています。「〔外国人男性が〕日本へ来たら、女は人類以外の、つまり動物」なのだからして、「『ノー』を言える女性がもっとたくさんふえなきゃこまる」とのことでした。盛田昭夫と石原慎太郎による『「NO」と言える日本』という本が大ブームになったのは、バブル絶頂の平成元年（一九八九）のことでしたが、それより三十年近く前から日本女性は、「同胞女性を外国人に奪われるのではないか」という恐れを抱く男性から、「NO」と言え、と迫られていました。

「貧乏人のスポーツ」とは

開会式直前の昭和三十九年十月号には、「東京オリンピック開幕」という大特集を見ることができます。有力選手紹介のページでは、日本人選手よりも外国人選手が目立つ扱いなのは、やはり「外人に弱い」せいなのか。また各界著名人による「オリンピック私の心配」というアンケートでは、地震や台風等の天災を心配する声もあれば、「男の人の立小便姿、いま問題のランニング、ステテコ姿といった具合の異様なスタイル」を心配する人もいました。

しかし最も多い「心配」は、やはり日本女性と外国男性の問題。「日本のミーハー女性が、外国の有象無象に殺到」するだろうけれど、「避妊法の普及した今日、べつに混血児問題も起こらないでしょう」とか、「日本の娘さんが悪い外人にだまされ」ないようにするには「日本の男性に頑張ってもらう責任がある」といった声が目立つのです。

悪い外人にだまされた若い娘さんがいたのかどうかはわかりませんが、とにかく昭和三十九年の十月、東京オリンピックは無事に開催されました。その後もオリンピック関連の記事は続き、同年十二月号の「大松《だいまつ》監督における男の研究」（奥野健男）は面白い読み物となっています。女子バレーボールチームを優勝へ導いたのが大松博文《ひろふみ》監督であるわけですが、「工場やオフィスで工員たちを、BGたちを慰める、ささやかにもかなしい唯一のスポーツ」が、バレーボール。「貧乏人のスポーツ」であり「金にケチな企業体が奨励するスポーツ」であるバレーの全日本チームでは、選手達は女子工員的性格を持ち、監督は「工場の現場の係長や主任によく似ている」。そして彼女達の戦いには、「精神主義の持つすべての暗さが凝縮されているのを見た」……。

青春を犠牲にしてバレーに打ち込んだ彼女達のオリンピックは、女性にとっての「戦争」だったのかもしれず、彼女達はそれに勝利しました。しかし同号で選定された「一九六四年最高殊勲婦人」（オリンピック女子バレーチーム）に賞をあげてはどうかという声に、「ちょっと平凡だな」「オリンピックはショーなんだから、やっぱり選手はきれいじゃないとね」「これからの日本選手は美人であってほしい」ということで、オリンピックでメダルはとっていないけれどその容姿で人気者となった木原美知子が推《お》されているのでした。女は、ただ強いだけではいけない。……そんなことも明らかになった、東京オリンピックだったようです。

〈コラム3〉貞操からペッティングへ

大正十五年十月号の「家庭争議に関する女流相談会」において、山川菊栄は、

「『貞操』で女は喰《く》って居る」

と発言しています。それは女性にとって「唯一の商売道具」なのだ、と。この時代の女性達にとって、結婚までは処女を守り、結婚後は夫以外の男性と接点を持たないことが、生きるための手段だったのです。

そんな貞操観念は、次第に崩壊していきます。昭和三年一月号の「キッス雑考」（木村毅《き》）によれば、筆者が「キッス」という言葉を初めて耳にしたのは、明治三十八年。その頃の日本人は、「キッス」という言葉は耳にしたことがあっても、それがどのような行為かは、「洋行帰りと、外人に接触している者」くらいしか知らなかったのだそう。

それが昭和初期になると、外国映画の影響等もあり、キッスのブームのような様相を呈したようです。あるダンスホールの女王は、

「上手にキッスをしてくれる男があったらいつでも恋人にする」

と言ったのだそうで、「まさにキッスはモガ、モボの死活の鍵」ということに。

エロ・グロ・ナンセンスの時代ということで、女性達が急速に性への興味を持ち始めたせいか、昭和初期の『婦人公論』では、読者に貞操の重要性を説く言説をしばしば目にします。「貞操のアメリカ化を排す」「『処女の尊さ』を自覚せよ」「『制服の処女』を守る会」「処女の尊さを知らぬ地方の処女に与う」等々、それは枚挙に遑《いとま》が無いほど。

しかし日本が戦争へとなだれ込んでいくと貞操どころではなくなり、「とにかく早く結婚して、子供を産むように」という記事ばかりになるのですが、それが一転するのは、戦後です。戦争が終わって開放的な気分になったせいか、日本では性の乱れが大きな問題となりました。

昭和二十五年一月号の座談会「新しい性のモラル」では、

「今日ほど日本で性のモラルが、問題になった時期はおそらくなかったのではないか」

と、大学の先生達が心配しています。女学生がパンパンになり、アメリカ風の男女交際が盛んになり……という現象を、大人達は苦慮。文部省に「純潔教育分科審議会」ができ、男女交際の心構えや礼儀を説いたりしたのも、そのせいでしょう。

この頃、登場したのは「ペッティング」という言葉です。これは、アメリカの性科学者で昆虫学者のアルフレッド・キンゼイが発表した、性生活の調査書『キンゼイ報告』の中にあった言葉。昭和二十八年十一月号の座談会「女性の解放と性生活」では、ペッティングを「異性に性的挑発を与えるところの性交以外のすべての行為」と解説していました。

今は流通していないこの言葉、私の思春期時代は「B」を意味していました。Aはキス、Cはセックスということで「彼とBまでしちゃった！」という風に使用されていた、とても懐かしい言い方です。

座談会においてある出席者は、アメリカでは、ペッティングと性交が分けて使われているのが「頽廃《たいはい》的」と発言しています。日本では、もしペッティングをしたら当然相手と結婚するだろう、その方が健全だ、と。

しかしこの考え方は、甘かったのです。昭和三十一年八月号で発表された「恋愛中の性行動」という調査では、恋人を持つ人達の約六割がペッティング経験者で、残りのほとんどが性交経験者。「恋人といちゃつきたい。とはいえ最後までするのはやめておこう」という意識が働き、ペッティングが行われていたと思われます。「ペッティングはしても、性交はしない」と分けて考えることは、むしろ日本女性にとって、貞操観念の最後の発露だったのでしょう。

リブの挑戦

昭和40年〜63年

1965-1988

20　ゆらいできた「幸福」の形

「謹賀新年　女になれ」

東京オリンピックを無事に終了させることができた、日本。その後もしばらく、オリンピック熱は冷めやらなかった模様です。昭和四十年（一九六五）一月号には、金メダルを獲得し「東洋の魔女」と言われた女子バレーボールチームの主将・河西《かさい》昌枝による「魔女は消えてゆく」との手記が。

「青春のすべてをバレーボールに捧げつくした」という河西。「根性、なんと快いひびきを持ったたくましい言葉でしょう」「ケガを恐れるよりもケガに慣れてしまうこと」といった、まさに「根性論」的な文章が並びます。

今でこそ、結婚しても子供を産んでも、女性が仕事やスポーツをやめる必要はなくなっていますが、当時はどちらかを選ばなくてはならない時代。東洋の魔女達は女性としての生活を犠牲にして、オリンピック優勝をつかんだのです。しかしオリンピック終了後に届いた恩師からの年賀状に、「謹賀新年　女になれ」と書いてあったのを読み、河西は「中共遠征を最後にして消えてゆくつもり」と記すのでした。

東洋の魔女と同様、大松博文監督もまた、時の人となっていました。彼のキャッチフレーズ「おれについてこい」は、流行語にもなったのです。

当時の『婦人公論』では、加賀まりこが各界の男性と対談する連載があったのですが、同年三月号のゲストは、大松監督。加賀まりこは、スポーツ選手とはいえ年ごろの女性に恋愛やレジャーを禁止することに対して、「本能的に、年ごろになれば起こってくることを、否定するなんてひどいな」と言っています。敗戦時に一歳の彼女は、戦後派。大松監督の〝ついてこい精神〟は「おしつけ精神である」、彼女が民主主義教育を受けたからこそ、大松監督の中に古い軍人精神を見る、と感想を述べています。

実際、大松監督は、「ガダルカナルの近くで毎日、生きるか死ぬかの生活をしていた」のであり、敗戦時はアーロン収容所に抑留されていました。日本人は明治以来、度々の戦争によって自らを奮い立たせてきたが、太平洋戦争後は二十年、ふわーっと生きてきてしまった。それが、「こんどのオリンピックが一つの契機となって、日本人の心というものを、愛国心というものを引き出す一つのいいチャンスになった。そう思わない？」という、彼の発言につながったのでしょう。

大松監督が言うように、戦後二十年が経ち、世の中には太平ムードが漂っていたようです。同号には、『婦人公論』にしばしば登場する京大教授の会田《あいだ》雄次《ゆうじ》による「現代に『生甲斐』はあるか」という記事が。「日本の社会は、一応の充実に達しました。ですが、満ちたりた人とはいえ、みな心の底にいいえぬ空虚感を残しています」と、筆者。衣食は足りているけれど、生活を満たすのはスモッグと交通事故と歌謡曲、トルコ風呂（念のため注・いまで言うソープランドを、当時はトルコ風呂と言っていた）とゴルフとマージャン……、という「微温的世相」を浮き彫りにしています。

戦後二十年が経って、明らかな「不幸」は減ったけれど、「幸福」の形はゆらいできていました。「不幸ではない」ことだけでは「幸福」ではなくなり、ゴールがどこにあるかわからない状態になっていたのでしょう。

世界に目を向ければ、ベトナム戦争が激しくなって、「これがベトナム戦争だ」「ベトナムの戦火に想う」といった記事が掲載されるようになります。また昭和四十年以降は、「中国の文化大革命のナゾを解く」「紅《あか》い嵐の中国をゆく」など、文化大革命関連の記事が目立つのであり、アジアは激しく動いていました。しかし日本の普通の人々の生活においてその直接的影響は少なく、人々は幸せを模索することとなったのです。

女性は戦後、のさばりすぎたか

男と女の関係性においても、それは同様でした。戦後、強くなってきたものは女と靴下と言われましたが、ここにきて足踏み状態が見られるのです。
昭和四十一年（一九六六）の「最高殊勲婦人」においても、大宅壮一が「男性の失地回復というか、そういうムードが非常に強く出てきたんじゃないですか」と語っています。さらには、「戦後の女性の横暴に対してね。あまりにも女性が戦後のさばりすぎたというムードが、一般のなかに出てきているんじゃないかな。それは女性問題ばかりでなく、戦後的な風潮に対してね」とも。

女の強さに対する疑問は強まってきたようで、昭和四十二年（一九六七）四月号では「女性がますます強くなるために」という特集があり、大宅壮一、瀬戸内晴美（当時）などによる「強度測定会議」という座談会も。「女は男に強くなってほしいという気持があるでしょう。いじめられたいという被虐本能もあるんですよ。ところが、あまり男が弱いんでイライラしてるんですね」（瀬戸内）、「強い女性に対する反感もありますね、女の中に。いま、中国では江青《こうせい》が出て来たでしょう。これは男ばかりでなくて、女も反撥《はんぱつ》するね」（大宅）などと、女性が強くなることを躊躇しているムードが指摘されています。

大松監督のような戦中派に人々が惹かれたのも、その風潮のせいだったのかもしれません。昭和四十年三月号には「若い世代がみる日本の歴史」という若者の座談会が載っているのですが、この中である大学生が、歴史上の偉人などより「大松監督のほうが」「身近に感じますね」と言っているのです。

当時は三世代同居世帯がどんどん減少し、「核家族」という言葉が登場してきたのですが、評論家の山本夏彦は「核家族礼賛を叱る」、「テレビ料理を叱る」といった、主婦を「叱る」シリーズを執筆。伝統的家族形態に戻れ、と言っています。このような傾向は、戦後二十年目の、第二の〝逆コース〟だったのかもしれません。

とはいえ、姑との同居を拒み、テレビの料理番組を料理の師とする若い主婦達は、叱られたからといって逆コースを素直にたどることはありませんでした。たとえばこの頃の『婦人公論』で目につくのは、主婦の再就職についての記事。

ＢＧ／ＯＬ（この頃は、ＢＧ→ＯＬの過渡期）達は、結婚したら会社を辞めるのが一般的だったこの頃。しかしそのまま専業主婦を続けるのでなく、子供の手が離れたら再び仕事に就きましょう、と『婦人公論』は推奨します。「主婦の再就職のすすめ」「女性の能力は二度ひらかれる」「ミセス再就職の時代がきた」といった記事がしばしば見られるのです。

日本の女性の就業状況をグラフにすると、子育て期に仕事を辞め、子育て後に再び増える「Ｍ字カーブ」が特徴的となっています。近年は、欧米諸国に追いつくかのように、Ｍ字の谷の部分が浅くなりつつあるのでした。

しかしこの時代は、子育てから手が離れた後に女性が再就職することも、画期的な現象でした。M字カーブ化は、ここから始まろうとしていたのです。「ミセス再就職の時代がきた」を書いた三洋電機の社長は、「結婚してから十年間は、頭のてっぺんから足の爪先まで、すっかり家庭の人となり切って、十分に尽くすべき」だけれど、その後は「働く婦人は老けぬ」という言葉もあるくらいだから職場に戻るがよい、としているのです。

ボーヴォワールがやってきた

どこまで「強く」なればいいのか、何が「幸福」なのかと女性が悩んでいたその頃、世界中を熱狂させているイギリスの若者達がいて、その名はビートルズ。昭和四十一年には日本武道館で公演が行われ、『婦人公論』においても、作家のいいだ・ももが「音痴ビートルズ論」を寄稿しています。語彙《ごい》が貧困だ、などとその悪口を記しながらも、ビートルズ熱を分析しているのでした。

しかし『婦人公論』にとってその年は、ビートルズよりももっと意味ある人が来日した、記念すべき年となりました。その『婦人公論』的に意味ある人とは、シモーヌ・ド・ボーヴォワール。サルトルと共に、九月に日本にやってきたのです。ボーヴォワール達は二十八日間日本に滞在したのですが、日比谷公会堂で行われた第一回の講演「女性における創造」は、〈本誌独占掲載〉ということで、十一月号に全文掲載されています。

ここでボーヴォワールは、

「戦後、フランスでも日本でも女性の参政権が認められ、活動の場もひろがったかにみえるが、女性の社会的地位は一向にあがらず、むしろここ数年来は後退したかにさえみえる」

と語りました。女性の地位の停滞ムードは、五月革命前であった当時のフランスにおいても同様だったようです。それは、社会や男性のせいだけではない。女性自身が、自分の中に壁をつくって物事にぶつかっていかないからではないか……と、ボーヴォワールは、現在の日本にもあてはまる発言をしています。

翌十二月号では、「第二の性はいかに生きるか」と題して、「本誌主催・独占座談会」が行われました。ボーヴォワールを囲む出席者は、朝吹登水子《とみこ》、瀬戸内晴美、平林たい子他、女性ばかり六人。

この時、妊娠中絶問題や仕事と家庭の両立等が話題になっていますが、

「天職を持つということと、子どもを作るということは、今の社会では、両立しないと思います」

と語るボーヴォワール。サルトルと契約結婚をし、「進んでいる女性」と目されていたボーヴォワールも、発言は意外とおとなしいのです。昭和四十二年二月号の「エリート女性の仕事と性」では、評論家の上坂《かみさか》冬子が、ボーヴォワールは「著作が忙しかったので子供は作りませんでした」でいいのか、子供を産みもしないで命がけでとりくむべき仕事な

んてものがこの世にあろうか、与謝野晶子を思い出せ……と、ボーヴォワール批判を展開していました（上坂はこの時点で独身子なし。生涯独身を貫く）。

このように、〝ボーヴォワール祭り〟の様相を呈していた『婦人公論』。実際、その頃はサルトルとボーヴォワールが知的スターとして君臨するような時代だったのであり、知的女性誌である『婦人公論』としては面目躍如といったところだったのでしょう。

カラ揚げ男とミニスカート

一方では、ビートルズが火をつけた若者文化も、無視できない勢いになっていました。昭和三十九年（一九六四）には、『平凡パンチ』が創刊。スピード、スリル、セックス……といった、今までにないヒリヒリするような若者文化が人気を集めます。

昭和四十二年九月号では「カッコいい男性に探りをいれる」という特集が組まれました。ここでは、

「『カッコいい』という言葉が、いま若い人たちの間で、コラーサ号を押し流した黒潮のようないきおいではやっています」

とされており、「カッコいい」は「いまの時代が生み出した表現」なのだそう。ちなみに「コラーサ号」とは、この頃に日本の冒険家が太平洋単独横断をして話題となったヨットの名前なのだそう。

ここでは、横尾忠則、長沢節、白石かずこ、立木《たつき》義浩など、時代の先端を走る若者達が「カッコよさ」と「カッコいい男」について議論しています。「いまは、カラ揚げみたいな男が好かれる」という話題が出れば、社用でビールを飲むような中年につく贅肉は汚い、と長沢。横尾も「アバラ骨が見えているほうがいい」と、カラ揚げ男礼賛。長沢も「百グラムでもふえたら、その日、食わないこともあるし、なるべくウンコよけい出そうとがんばったりするね」と語りますし、さらには、

「軽薄なほうがいいんじゃない」（立木）

「破廉恥《はれんち》でいきたいですね」（横尾）

といった発言も。

大人達の間では、大松監督的な人間が再評価されつつも、若者の間ではガリガリの、つまりは中性化した肉体を持ち、軽薄で破廉恥という、既成概念をぶち壊そうとする動きが見えてきたのです。

同年十二月号には、「カラーヌード世代の男の子」という記事も。『平凡パンチ』といった青年誌にはカラーのヌードグラビアが載っていたわけですが、それを眺める若者達は「カラーヌードに恋する世代」なのだ、とされています。そして、グラビアに載っている女性ではどのような子が好きかといえば、

「まあ、カッコよさですね」

ということなのだそう。どの子を連れて歩きたいか、と考えながらグラビアを見る若い男性達は、もはや赤線やストリップに通っていた昔の若者とは全く違う感覚を持っているのです。これは、今時の二次元アニメに恋をする若い男性に私達が抱く感慨と、似ているのかもしれません。

同じ頃から、女性の間ではミニスカートが大流行となります。ミニスカートを流行らせたのは、イギリスの若き女性デザイナーである、マリー・クワント。彼女が打ち出すファッションは、人工的につくった成熟美でなく、ナチュラルな若さを強調したもの。その新鮮さに、大人達も夢中になったのです。

『婦人公論』でも、昭和四十二年はミニスカート関連の記事がしばしば見られるのでした。世界一ミニスカートが似合うモデルとされたツイッギーが来日した十月には「ヤング・ヤング・ヤング」という、若者文化にスポットライトを当てた大特集が。大内順子が「ミニ・ルック入門」を指南したり、華道家の安達瞳子《とうこ》、詩人の白石かずこ、評論家の俵萠子《もえこ》など、硬軟を問わない女性達のミニスカート姿のグラビアも掲載されています。

美しく伸びた脚をただ、見せる。それは確かに若さの特権です。そんな若さの特権に、若くない女性達もまた、ひき寄せられるようになりました。幸福の形が見えづらくなってきた時代ではありますが、「若さ」という幸せだけは、くっきりと目立ってきたように思われるのでした。

21　青春の只中を生きる日本

全学連における女子学生は

昭和四十三年（一九六八）あたりからぐっと目立つようになったのは、若者関連の記事です。たとえば当時、若い女性にとにかく人気があったのは、グループサウンズ。五月号には「グループ・サウンズの親衛隊」というページが見え、タイガースのジュリー（沢田研二）の追っかけをしている女子高生の日常が記されていました。

六月号の「グループ・サウンズ事典」では、様々なグループとそのメンバー達の詳細なデータが紹介されています。生年月日や身長・体重、学歴のみならず、スターの現住所まで載っているのが、この時代のすごいところ。

ジュリーの追っかけをしている女子高生は、ジュリーのことを「ふんい気もスタイルも、神秘的。王子さまみたい」「おじさんに長髪ができる？　似合わないでしょう」などと言っていました。メンバーのガールフレンドになりたいと、真剣に思っていたのです。

グループサウンズのファンや、新宿風月堂にたむろするフーテンといった、自分の欲求に素直に従う若者達がいる一方で、この時代は社会に対して欲求を素直につきつける若者達が目立った時代でもありました。七〇年安保に向けて、八年前の六〇年安保の時と同様に、全学連の動きが活発化。東大などで大学紛争が勃発します。

『婦人公論』でも、学生運動に関する記事を頻繁に掲載しています。同年四月号では「焦点・三派全学連女子学生」という特集があり、原子力空母エンタープライズの寄港を阻止すべく佐世保へと向かった、法政大学の女子学生による手記が見られます。「理不尽で倒錯した社会を根本的に変革」したいと、熾烈《しれつ》に闘う意欲を持って佐世保に行った彼女は、「歴史の牽引車となってさらに前進しなければならない」と、意気込むのです。

この頃の若者達は、とにかく何かに対して反発したいという気分を持っていました。グループサウンズのメンバー達は、「男は男らしく」といった既成概念に反発すべく、髪をのばして女のような格好をしたのでしょう。そして全学連は、全ての権威的なものに対して、反発していった。

そんな全学連の中で、女性はどのような動きをしていたのでしょうか。同号に載っているフランス人ジャーナリストによる「大和撫子ゼンガクレン」という記事を読むと、全学連における女子学生の働きは限定的なものであったという印象を持ちます。

「ゼンガクレン」の様子を見るべく佐世保に行った彼は、デモの前日、九大でせっせとおむすびを握り、貸し布団が運び込まれるとすぐさま掃除機をかけ始める女子学生達の姿に注目します。デモとなれば、肩から救護袋をかけて怪我をした男子学生を手当てし、催涙ガスが撒《ま》かれると、「レモンにひたした脱脂綿《だっしめん》」を配って歩く（催涙ガスに効くらしい）。

女子学生は、運動部における〝女子マネ〟的な役割を担っているわけですが、そんな姿を見たフランス人は、これぞやまとなでしこの姿だ、と感動するのです。「従順で献身的で、少しも威張ったいやらしさがな」い、と。

フランスでもこの頃は、同じような動きが起きていました。しかしフランスの女性は堂々と演説をしたりするのに、日本の女性は「決してアジ演説などぶたない。謙遜《けんそん》なのだ」と感動しています。

これは、皮肉ではありません。フランス人の目に、日本女性の「前に出て来ない感じ」は、本当に新鮮に映っていました。かといって弱々しいわけでなく、放水や催涙ガスにさらされても、決してへこたれないというその忍耐強さに、「中国紅衛兵の若い女性にも、この謙虚さはない」と絶賛。

「愛する日本の女性よ！　長所を失うことなく、社会的にも立ち上れ！」

と、文章を締めています。

フランス人は絶賛しましたが、それは日本のある一面を明確に示したと言うことができましょう。権威に立ち向かう全学連のような組織の中においても、男性という権威に対して女性は抗し得なかったのです。

全学連関係の記事からは、日本という国そのものが、この頃は青春期の只中にあった、という印象を受けます。敗戦によって日本が生まれ変わったのだとすれば、日本はまさにこの頃、二十代の若者だったのですから。

乳房を露出するチャンスを

全学連の若者達も、戦後派です。昭和四十三年九月号には、当時二十歳の作家・金井《かない》美恵子による「政治の季節のなかの青春」が。ここには、「全学連の学生たち、あるいはチェコやフランスの学生たちに共通して言えることは、戦争を知らない世代であるということ」であり、彼らは「旧世代の希望とウラミツラミの合いの子」である、とあります。若者が生きていくためには「おとなたちに対して世代の階級意識のようなものをラディカルに意識化すること」が必要であり、「青春はまず拒否すること、否定すること、ノンと言うことを最初の足がかりとするほかにない」のだ、と。

この頃、学生達が積極的に参加する政治活動が、世界的に活発になっていました。チェコスロバキア（当時）では「プラハの春」が、そしてフランスでは五月革命が発生。戦争を知らない若い世代と旧世代とがぶつかり合う、という様相を呈していたのです。

その動きは、女性をとりまく環境も変化させたことが、『婦人公論』から読み取ることができます。たとえば昭和四十四年（一九六九）三月号には、「女性の叛乱《はんらん》」という特集が。そこには「いまこそゲバ棒を持とう」「主婦連ではもうだめだ」「性愛に暴力を回復せよ」といった過激な目次が並ぶのですが、その中に「ブラジャーは諸悪の根源」という記事が見られます。

ブラジャーは女性を束縛し、その真の姿を覆い隠すもの。「束縛されながら、そのことに気づいていない者は、気づいていながら目をつむる者と同じく、女性解放運動の障害をなす」とあり、筆者は「乳房をリーダーにしておこす性革命」を考えている、とのこと。乳房は顔のような存在なのであり、「できるだけ到るところで、乳房を露出するチャンスをつくっていただきたい」とされています。

この時代、ある種の自己表現として脱ぐ、という行為が確かに盛んになっていたようです。若き気鋭の写真家・篠山紀信《きしん》は「知名人のヌードを撮る理由」との文章を昭和四十三年十二月号に寄せており、ファッションモデルの松田和子やデザイナーのコシノジュンコ等のヌードをいかにして撮ったかが、そこには記されるのでした。

昭和四十五年（一九七〇）十一月号には、「あなたのヌード写真は青春の記録」という、カメラマンの沼山正治郎の記事が。彼のもとには、「自分の若さを残しておきたい」「劣等感を克服」したいという一般女性からのヌード撮影希望が殺到したのだそう。

この頃は、家族でヌードを撮るという「ファミリーヌード」というものも流行していました。そういえばこの年に創刊された『an・an』でも、有名人のファミリーヌードの連載ページがありましたっけ。

戦後、権利の面で男性と平等になった女性であったけれど、それが中だるみ状態になったということは、前章に記した通り。しかしここでふたたび、「このままではいけない」と、女性が自分たちの力で殻を破ろうとする動きが見えてきたのです。ブラジャーを外したり裸になったりという行為は、戦後、いつの間にか女性達を縛っていたものからの脱却、という意味を持っていたのではないでしょうか。

やり手ブスとイモブス

その手の動きも学生運動と同様、世界的に広がっていました。たとえば昭和四十四年七月号は「世界にひろがる女性革命」という特集。アメリカ各所でウーマン・リブの団体が産声をあげ、ミスコンへの反対運動や「帝国主義的男根崇拝社会の中心」であるウォール街を襲撃……という活動が紹介されます。さらには「革命は女の論理である」「安保前年行動する女性」「全共闘は〝リブ〟に学ぶ」といった記事が目立ち、武張《ぶば》った文字が『婦人公論』誌上に躍る時期が続きます。

母と娘の関係も、当時は世代間の〝闘争〟として捉える感覚があったようです。昭和四十五年二月号には「青春は反抗する」という、二十一歳の一般女性の文章が載っています。岐阜から東京に出てきた彼女は、「ヘドのでるような平和をありがたがっている大正生まれ」の母のもとに生まれ、「昭和の民主主義教育とやらを教わり、ベビーブームの嵐にのって受験地獄に放り出され」た人。

「Gパンは、女としてあることを拒否した私の、私自身の象徴」と、彼女はスカートを、そして「女らしさ」の押し付けを拒否しようとします。女らしさや母性を拒否することによって「母そのものとの決着」をつけようとしているのだ、と。

「主婦連ではもうだめだ」（樋口恵子）という記事が見られたことに先ほど触れましたが、女性がつくる団体も、おしゃもじの主婦連を超越し、ラディカルでユニークなものになりました。昭和四十三年十一月号には、「独婦連一年の決算帳」（大久保さわ子）という記事が。独婦連とは「独身婦人連盟」のこと。会をつくった大久保さわ子は大正生まれで、結婚相手となる独身男性が戦争によって大量に失われた世代。そんな独身女性達の結婚相談や老後対策をしていくという団体が独婦連でした。中でも「老後の問題は、〝どくふれん〟結成の最大要因」であり、今でいうグループホームのような施設の運営を考えていたようです。

また昭和四十四年三月号には「全ブス連ハ自由ノタメニ闘ウゾ!!」というページが。イラストレーターの岩崎トヨコ、川村都、スタイリストの堀切ミロの三人が名乗ったのが

「全日本ブス連盟」であり、この三人と四谷シモン、金子國義《くによし》が座談会をしています。「仕事をバリバリやるのがやり手ブスで、隣近所にたくさんいる単純な、健康的なのは〝イモブス〟」ということで、全ブス連は当然、やり手ブス。

彼女達は、「男に依存しないで生きてゆけるという自信」があるからこそ、ブスを自称できました。主婦に対して「よくまあ、ああ毎日、ああいう家の中にとっぷり浸っていられるものね」と言い放ち、「老人になったら、のたれ死んでもいいと思うわ」とも言う彼女達は、「新しい形のブス」なのです。

全ブス連が「三食昼寝つき」と揶揄した専業主婦は、実際この頃、全共闘やウーマン・リブといった動きとは切り離された家庭において、昭和元禄的な日々を送っていたようです。テレビ、洗濯機、冷蔵庫という旧三種の神器は既にどの家庭にもあって、この頃は車、カラーテレビ、クーラーが三種の神器。結婚する相手は「家つきカーつきババア〔姑〕抜き」が好まれる、とされており、『婦人公論』でも「マイ・カーの使い方」「建売住宅を買ってはみたが」といった記事が見られます。

昭和四十三年一月号には、「今年は男を休ませてくれ」という、悲愴感の漂う記事がありました。車やカラーテレビを買い、会社ではモーレツに働かされ、休日になれば家族とレジャーに出かけなければならず、休まる時が無い男性達。「われわれは高度成長の目標をかかげて働きすぎてきた」「もし日本経済を永久に繁栄させつづけようというのなら、もっとテンポをゆっくりさせた方がよい」と、訴えるのです。

対して主婦はといえば、この頃にベストセラーになったのが、犬養智子の『家事秘訣集じょうずにサボる法・400』。『婦人公論』でも、「家事はどこまで手が抜けるか」という座談会が行われました（昭和四十四年三月号）。

この時代は、家事に対して主婦が抱く感覚も、過渡期だったようです。前日のおかずを今日も出す、といったことに対する抵抗感、冷凍食品に対する拒否感などが、世代によってずいぶん異なった模様。

ここでは、未来の家庭の予想図も描かれました。当時は電子計算機（コンピューター）の黎明《れいめい》期。「あと十年ぐらいで、電子計算機が家庭に入り」、家事をコントロールするようになるだろうという予想は、現在一部であてはまっています。そして「女の人が家庭だけを目的にして生きるということも、やめなくちゃならないんじゃないでしょうか」という犬養智子の発言も、当たったことになるのでしょう。

ほんとうに革命の時期じゃないか

日本の主婦が家事の手間を減らそうと考えていた昭和四十四年の七月、アメリカが打ち上げたアポロ十一号が月面に着陸しました。八月号では「月世界への旅15問15答」という特集が。新しい時代が始まっている、という感覚を人々は覚えたことでしょう。

五月号には「まだ見ぬ70年への好奇心」という赤瀬川原平の文章が載っています。この冒頭には、「70年という年は、まだ見ないうちからずいぶん有名な年になってしまった」とあるのですが、なぜ一九七〇年が「ずいぶん有名」なのかといえば、安保とエクスポ（大阪万博）という二つの「ポ」に対する期待や不安が、事前からたっぷり醸成されていたから。

　国民のエネルギーが結集された、安保とエクスポ。その二つは、青春の只中を生きる日本という国にとっては、大きな〝祭〟でありました。そして『婦人公論』は、一九七〇年の三月から大阪万博が開幕してもほとんど無視をきめこみ、安保やウーマン・リブのことばかり取り上げていたのです。

　水俣病などの公害も、この頃の日本にとっては深刻な問題となっていました。日本の国力、工業力を見せつけるような万博というイベントに浮かれることなく、国の姿勢に疑問を示す道を、『婦人公論』は選びました。既に創刊から五十余年が経ち、雑誌として若いとは言えない『婦人公論』ではありましたが、世界的な女性解放ムーブメントに乗って、青春の息吹をとり戻したのでしょう。

　昭和四十五年十一月号には「日本の男性はおくれている」として、座談会が開かれています。時代を代表する才女・有吉佐和子を司会とし、上は市川房枝、平林たい子から下は中山千夏《ちなつ》まで、老若「女」が語り合ったのは、「第二の女性解放運動」の必要性。喜寿を迎えた市川房枝に対して「いまほんとうに革命の時期じゃないかという気がする」と語る有吉の口調からは、一九七〇年代という新しい時代への期待が、にじみ出ているのでした。

22　ウーマン・リブとセックス

〝女権拡張〟から〝女性解放〟へ

昭和四十六年（一九七一）五月、平塚らいてうが亡くなりました。日本における女性運動の先駆者であるらいてうは、『青鞜』の廃刊後も、評論家として『婦人公論』誌上で活躍。明治、大正、昭和と三つの時代を生き、八十五歳の人生をまっとうしたのです。没後、娘の曙生《あけみ》が『婦人公論』に寄せた手記によれば、らいてうは病状が悪化しても都知事選挙の投票に行きたがり、選挙の結果を気にしていたとのこと。

らいてうの死に際しては、山川菊栄、市川房枝ら、往年に女性の権利拡張を目指して同じ時代を過ごした同志達が、同年の『婦人公論』八月号に文章を寄せていました。中でも市川房枝は、大正時代、共に新婦人協会を設立した仲間。らいてうが房枝よりも七歳ほど年上の先輩格でした。

「平塚さんと私の間」というタイトルの房枝の文章は、しかしらいてうを礼賛する内容ではありません。らいてうは新婦人協会が活動を停止した後の大正十二年（一九二三）、「新婦人協会の回顧」という文章を『婦人公論』に寄せているのですが、そこで房枝に対する相当激しい批判、というより悪口を書いているのです。

その文章を読んで、大きなショックを受けた房枝。すでにそれから五十年の時が経ったものの、批判の文章についてらいてうと房枝が話し合う機会はついになかった、と追悼文にはあります。敗戦後、再軍備反対の意見をアメリカに表明するべく女性達が集まった時も、またらいてうの死期が近づき病床を見舞った時も、その話は出ず仕舞いだった、と。

房枝の文章は、「日本でのいわゆるウーマン・リブの第一号としての平塚さんの、かたよらない、正直な長い一生の記録を、後から来る婦人達のために残してほしいものと切望している」としめくくられるのですが、らいてうに対する褒め言葉のようなものは、この部分だけとなっています。らいてうは、房枝に対してのみならず、批判的な人物評を躊躇せずに書いた人ですが、房枝の胸の中にもそのことはわだかまり続けていたのです。

この頃の房枝はまだ元気で、昭和四十六年一月号には、「ウーマン・リブの源流」と題して、アメリカ現地ルポを『婦人公論』に届けています。一九六〇年代後半にアメリカで「Women's Liberation」として始まったウーマン・リブの運動は日本にも飛び火し、七〇年代になると、その炎はおおいに燃えさかろうとしていました。

『婦人公論』では、らいてう、房枝らの時代から日本ではウーマン・リブが連綿と続いている、という捉え方をしています。その一環として同号では、「代表的論文がえがく女性解放の60年」という「再録特集」が。

世界的規模でウーマン・リブが盛んになっている中、約六十年前に創刊されて以来、「一貫して男性社会の抑圧から女性が解放される道を探しつづけて」きた『婦人公論』としては、「はたすべき役割もまたおのずから明らか」。まずは日本の女性史に残された代表的論文を「新しい出発への基盤づくりに資したい」ということで、らいてうが『青鞜』に書いた「新しい女」、『人及び女として』に与謝野晶子が書いた「母性偏重を排す」等、女性解放に関する代表的な文章を収録したのです。

ウーマン・リブの時代になってからの『婦人公論』は、大宅壮一（昭和四十五年に死去）に「強くなった女」を揶揄されながら強くなったり弱くなったりしていた時代よりも、生き生きとしてきました。らいてうという「ウーマン・リブの第一号」が没した年から、まるで第一世代からバトンを渡されたかのように、ウーマン・リブ関連の記事が増加するのです。

たとえば、リブはアメリカ発の運動ということで、現地の先駆者達のインタビューや原稿が、しばしば掲載されました。また、「女性解放はやはり男との闘いです」「現代女性解放運動の盲点」「熱気むんむんリブ合宿顚末《てんまつ》記」といった記事も、頻繁に見られるように。

とはいえ、らいてう達第一世代の活動と、当時のウーマン・リブの色合いは同じではありません。第一世代は、女性参政権の獲得を目指すなど、女性の基本的人権を求めていました。対してウーマン・リブは、制度的な平等は得た上で、さらなる精神的な平等と自主性とを求めていたのであり、「解放」の意味合いは、六十年を経て微妙に変化していたのです。

クリトリスを恐れる男たち

そんな中で重視されたのは、性の問題です。この頃、リブの標語のように言われていたのが「抱かれる女から抱く女へ」というもの。相手の都合によってセックスをするのではなく、自分がしたい時にしたい相手とセックスをしよう、それがフリーセックスというものなのではないか、という意味を持っていました。

昭和四十六年五月号には、ニューヨークの女性解放運動活動家であるアン・コートによる「ワギナ・オーガズムからの解放」という文章が載っています。膣《ワギナ》オーガズムからの解放は、ウーマン・リブにとっては非常に重要な問題の一つでした。従来、セックスで膣オーガズムを得られない女性は不感症とされていて、女性達は男性を満足させるため、そして男をつなぎとめるために、「いったフリ」をしていた、と。

しかし本来、膣内というのはさほど感度の高い部位ではない。女性にとってはクリトリスの方がずっと「感じる」のであり、クリトリスでのオーガズムの方が重要なのである。今まで女性はそのことを口に出せずにいたが、そろそろ膣オーガズムに達しなくてはいけないという強迫観念から解き放たれるべき。クリトリスであれば、自分だけでも、また女性同士でもオーガズムに達することができる。男性達は、「実はクリトリスを、自分たちの男らしさを脅かすものとして怖れている」……と、筆者は記すのです。

この文章に対して医学博士の村松博雄《ひろお》は、膣オーガズム偏重からクリトリス・オーガズム重視へという流れは、「男性の快楽を第一義とするこれまでの性理論や、快楽の開発よりも生殖の義務を優先する既成のモラル」に女性達が一石を投じるもの、と評価します。ウーマン・リブにおいては、このように性と生殖を分離しようとしていました。「産まない自由」「母性の放棄」といった言葉がリブ関係の記事には散見されますし、アン・コートはクリトリス・オーガズムが「男性・女性という役割の体系《システム》の境界線を超えた、人間としての性関係という問題の全貌をあばき出す」とし、同性愛やバイセクシュアルの発展をも示唆していました。

婚前セックスへのタブー感が消えた

しかし男性の意見は、別のところにあります。リブ関係の記事からは、男達によって「ウーマン・リブはモテないブスがすること」と、常に皮肉られていたことが読み取れるのであり、女性が強くなることに対して日本の男性が抱く嫌悪感は、らいてうの時代から変わっていません。

たとえば作家の中村真一郎による「女性解放の一宿場」（昭和四十六年五月号）では、「妊娠は相手の男性に従属するという傾向を引き起すから」という理由で「試験管ベビー」を求めるリブ達に、警鐘が鳴らされます。女性が自分達だけで快楽や子供を求めるようになったら、男性の同性愛も増えるのであるからして、「ウーマン・リヴの闘士たちよ、男性の社会のなかに『女性のみの共和国』を発展的に解消しなさい！　男性の社会のなかに凱《がい》旋《せん》しなさい！　男性もそれを歓迎する」と、まるで学生運動に出かける子供を止める母親のように、リブの過激化を必死に止めようとするのです。

とはいえ、リブの過激な活動は話題にはなったものの、実際に活動していたのは一部の女性達だけでした。リブは、セックスなど個人的な問題の意識改革には力を注ぎましたが、社会のシステムを変えるような運動には熱心ではなかった。「男より定年が早いなんて」（昭和四十八年六月号）といった記事を見れば、入社時に結婚退職の念書を取られたり、今で言うマタハラを堂々とされたりするＯＬ達の姿が描かれています。

この頃、元東宮侍従《じじゅう》の浜尾実が書いた『女の子の躾け方』という本がベストセラーになったのですが、それは「夫には敬語を使うように」「女は子を産むものなのだから、仕事に就く自由のみを主張するのは自然の摂理への反逆」「知っていることでも、女は知った顔をするな」といった内容。『婦人公論』には「『女の子の躾け方』は間違っている」という記事も掲載されましたが、そのような本がヒットしたのは、リブの運動が激しくなったからこその揺りもどし現象、と言うことができましょう。

一般の女性が大挙して同性愛に走ったりしたわけではありませんでしたが、しかしウーマン・リブは、普通の女性達にも一定の影響を与えたようです。その一番大きなものが「婚前セックスへのタブー感を消した」ということなのではないかと私は思います。

『婦人公論』では創刊より連綿と、結婚まで処女でいることの価値、純潔の重要性を説き続けてきました。創刊以降六十年の間には、エロ・グロ・ナンセンスのブームがあったり、セックス情報が氾濫する時期があったりしましたが、それでも「結婚するまでは処女でいるべき」という論調は、キープしていたのです。

が、この時代にきてその手の記事が一気に姿を消し、「したいようにセックスをする」ことへの礼賛が目立つように。婚前セックスが、決して特殊な〝アバズレ〟だけのものではなくなってきたのです。

そして、長らく続いてきた「妻が夫に敬語で話す」という習慣も、この辺りが転換点となっている気が。『女の子の躾け方』は、そんな世の中に対する危機感によって生まれた本でもあるのです。

この頃、ウーマン・リブとは全く関係なく、大きな話題を呼んだ一冊の本がありました。

それは昭和四十七年（一九七二）に刊行されてベストセラーとなり、翌年には映画化もされた、有吉佐和子の『恍惚《こうこつ》の人』。同居していた舅《しゅうと》が「耄碌《もうろく》」してしまい、次第に異常な言動がエスカレート。嫁の昭子が孤軍奮闘する……というストーリーで、それまで顕在《けんざい》化していなかった高齢者問題を世に問う作品として、発売年だけで二百万部近くが売れ、「恍惚」は流行語になりました。

『恍惚の人』は社会現象を巻き起こしたわけですが、『婦人公論』もそれによって、高齢者問題に目覚めた感があります。読者層が今よりも若かったせいもありますが、それまでの六十年間、『婦人公論』で高齢者問題を取り上げる機会は少なく、たまに「元気なお年寄りに話を聞く」という記事がある程度。

かつて日本人は「耄碌」する前に他界していたのが、戦後は医療も食生活も進歩して、平均寿命がどんどん延びていきます。一九四〇年代には平均寿命は男女ともに五十代という「人生五十年」時代だったのが、一九七〇年代には七十代に突入。しかし社会保障は追いついていないため、高齢者ケアの担い手は必然的に「嫁」に……。

「老い」に関する特集が登場

そのような問題が『恍惚の人』によって明るみに出た結果、『婦人公論』でも高齢者関係の記事が激増します。たとえば昭和四十六年十一月号には、「私の老後計画」というテーマで読者からの応募手記が。ぐっと延びた余生を充実させるために資格を取ったり、生きがいを見つけようとする読者の様子を見てとることができます。高齢者ケアの問題だけでなく、「自分が年をとったらどうしよう」という不安も、この頃から強まり始めたのです。

作家・北杜夫《もりお》の母堂である斎藤輝子、作家・森村桂《かつら》の母堂である森村浅香《あさか》という二人の元気なお年寄りによる「死ぬまえに何でも見てやろう」という対談、また老齢にさしかかったボーヴォワールによる「老いと出合う日」の掲載など、『婦人公論』らしい「老い」との取り組みも登場するのですが、次第に「老い」関係の記事の内容は、深刻さを増していきました。

昭和四十七年九月号では「あなたが『恍惚の人』になるとき」という、有吉佐和子を交えた座談会が行われています。『恍惚の人』を読んで「こんなことがあるのか」と驚く人が多いが、「それほど皆さんが老人問題をご存じないということにショックをうけました」と、参加者のある主婦は言います。座談会参加者の厚生省の役人（男）は「老年痴呆」についての統計が「ほとんどない」と言いますし、東京大学の助教授（男）は「ボケるという問題を、何となくほほえましさを持った中間段階」としか認識していなかったと発言し、「ほほえましくなんかないですよね」と、有吉にピシャリと言われている。

「いちばん最初に老人の異常を具体的に感じるのはお嫁さん」「お嫁さんがいきなり看護

の仕事をかぶっちゃう」とも有吉は言いますが、厚生省の役人や東大助教授ののんびりした発言を見れば、老人問題は女性問題でもあることが実感できます。

同号では、「ポックリ往生を願う人たち」としてポックリ寺の繁盛を紹介していますし、昭和四十八年（一九七三）一月号の別冊付録は、「全国老人ホーム案内」。「安楽死か自殺か」「年寄りは誰がみるのか」といった、切羽詰まった感覚が溢れる特集もありました。

そんな中、同年五月号には「恍惚を拒否する条件」という記事が見られます。「あなたもいずれは年をとる！」ということで、「遺産相続についての戒め」「老人のセックスについての心得」など、かなり突っ込んだ話も出てくるこの記事。とにかく「きらわれない老人」になることが大切、と説くのです。

今の『婦人公論』では定番化している「老い」の問題特集の端緒は、この時代にあり。そして時代を経るごとにこの問題が深刻化していくことは、既に皆さんがご存じの通りなのでした。

23　袋小路に入る女性運動

無視される「女の論理」

昭和四十九年（一九七四）の一月号に「独占手記」として掲載されたのは、「〝仏の花嫁〟になった私の真意」という記事。記したのは「瀬戸内晴美」。前年の十一月に「平泉中尊寺で得度《とくど》授戒《じゅかい》して法名寂聴《じゃくちょう》尼《に》となった作家が綴る、わが内面の記」とあります。後に「寂聴さん」として親しまれるようになる作家は、出家直後は「晴美」名も使われていたようなのです。

当時、五十一歳だった寂聴さん。手記には出家の決意の経緯やその前夜のことが記されているのですが、人気女性作家の出家は、おおいに話題となりました。結婚するか、しないか。専業主婦か、働く女か。ウーマン・リブか、男に従う女か。……と、女性にとって様々な選択肢が見えてきた当時ではありますが、そんな中で「出家」という、いわば現世から足抜けする道があるとは思わなかった、と世の女性たちはショックを受けたのではないでしょうか。

田中角栄首相が、その金権政治に対する批判を受け、辞職することとなったこの年。世は、物価高にあえいでいました。前年には原油価格が高騰し、物価も急上昇した第一次オイルショックが発生していたのです。

『婦人公論』においても、しばしば物価高に関する記事が掲載されています。昭和四十九年三月号には、「女だけで考えた日本列島生き残り法」という特集が。エネルギー、物価、福祉と、女性の生活に近い三つの分野に関して論じられているのですが、タイトルがやや大仰なのは、その前年に刊行されて大ヒット、映画やドラマにもなって日本人を震撼させた小松左京の『日本沈没』、および田中角栄によるベストセラー『日本列島改造論』の影響があるせいではないかと思われます。

エネルギー問題に関しては、当時評論家で、後に経済企画庁長官となる高原須美子が記しているのですが、ここで不安視されているのは、原子力発電について。石油危機による石油離れが叫ばれる中、いわゆる「電源三法」がこの年に成立するのですが、高原は「女の論理からいうと、安全性についてどうしても心配が抜け切れ」ない、と記しています。その心配は、三十七年後に的中してしまうことをこの時はまだ誰も知らず、「女の論理」は無視され、原子炉は増加していくことになります。

「女の論理」とは、経済発展だけを中心に考えず、生活の観点から物事を見る、という感覚でしょう。物価についてはお茶の水女子大学教授の伊藤秋子が記していますが、オイルショック時には主婦がトイレットペーパー等の買いだめに走ったことが有名であり、企業側、すなわち男性側の論理では、そのような行為がさらに物価高を煽《あお》るとされるけれど、そんな男性達は、生活の実情を知らない。男性が家計や生活にもっとタッチし、反対に女性は生産活動や政治にもっと参加するべきだ、と説くのでした。

性的願望が炸裂

時代はさらに男性的に、すなわち経済の発展を第一の目標として進んでいくことになります。日本ではこの頃もウーマン・リブの活動が盛んだったのであり、『婦人公論』でもリブについての記事は散見されます。しかし昭和四十九年六月号に市川房枝が「リブ運動」として記しているように、日本のリブは「セックスの問題を中心にとりあげている」のであり、女性の地位向上についての活動は目立たなかったようです。

当時、市川が主導し、政府が行った女性に関する調査によれば、「妻として母としての役割意識が過剰な程強く」「青年期に入ってからも積極的、精神的な自立は期待され」ない、といった結果が出ていました。戦後、新憲法が制定された直後よりも、女性の地位はむしろ低下していると市川は感じたのであり、「新しい婦人解放のリブ運動を開始してほしいのである」と、発破をかけています。

実際、この頃のウーマン・リブの中には、かなりケレン味の強い活動も見られたようです。たとえば「中ピ連」（中絶禁止法に反対しピル解禁を要求する女性解放連合）という団体は、その行動が過激かつ個性的であったこともあって、マスコミでおおいに話題となりました。『婦人公論』の記事にもその名前はしばしば登場していますが、やはり中ピ連も、女性全体の根本的地位改善と言うよりは、末端にあらわれる現象に過激に対処していく、といった活動だったようです。

中ピ連が、中絶とピルの解禁を求めていたという事実は、女性の性に対する意識もかなり変わっていることを感じさせます。一九六〇年代までは、まだ処女や純潔の価値が誌上で語られていましたが、この頃になると「満足できない私の性」「女子高校生売春の実態」といった記事が見られるように。結婚まで純潔で、といった感覚は相当、減ってきたのです。婚前セックスが普通になってきたことによって、「婚前セックスを断ったら、彼に嫌われるのではないか」という気持ちからついセックスしてしまう、といった女性の悩みも見られるようになりました。

そんな日本において、昭和四十九年に公開されたのが、女性向けのポルノ映画『エマニエル夫人』です。フランスの外交官夫人が、夫の赴任先であるバンコクで、同性愛を含め様々な性の快楽に目覚めていく……といった内容だったのであり、日本でも大ヒット。

昭和三十二年（一九五七）の、『美徳のよろめき』（三島由紀夫）ブームの時も、『婦人公論』においては「よろめき」という言葉が乱舞しましたが、今回も「エマニエルではもの足りぬ私の欲望」「日本のエマニエル夫人たち」「私の中のエマニエル夫人とO嬢」といった記事が見えます。『エマニエル夫人』の翌年には、ＳＭ要素が入った『O嬢の物語』が公開されており、女性達は自分の中に隠された性の欲求を見つめなおしていたのでしょう。

実際、昭和五十一年（一九七六）三月号の「本音収録　いま、変ってみたいこと」では、男子高校生の家庭教師になって「樹液のように青々とした彼の体臭におぼれて、若い肉体をむさぼりたい」と夢想する三十歳のＯＬ、「思いきってトルコ勤め」がしたいと言う二十三歳の店員、「レズに転向したい」と言う二十七歳の美容師、男になって女を乱暴に犯したいという二十二歳の学生等、女性達の性的願望が炸裂しています。女性の性意識が解放されてからほどない時代であるからこそ、その願望はエマニエル夫人やらO嬢やらに刺激され、千々《ちぢ》に乱れたのかもしれません。

迷えるウーマン・リブの行方は

性の解放ぶりを紹介する一方で、『婦人公論』としてはもちろん、雑誌本来の目的であるところの、女性の地位向上にも取り組んでいました。特に昭和五十年（一九七五）は、国連が国際婦人年として定めた年。同年六月号においては、「男性への挑戦」という大特集を組んでいます。その中では、「今年は国際婦人年。世界中に女性の首相や党主《（ママ）》が活躍しているのに我が国の現状は淋しい限りです。そこで誌上内閣を組織してみました」ということで、「婦人公論女性内閣施政方針」というページが。

　実際この頃、インドやスリランカでは女性総理が誕生し、イギリスではマーガレット・サッチャーが女性初の保守党党首となり、将来総理となることが確実視されていました。対して日本の女性政治家は、質量ともにお寒い状況だったのです。

『婦人公論』では、昭和二十九年（一九五四）にも、「婦人党内閣成立す」という同様の特集が見られ、その時は平塚らいてうが総理役でした。その二十年後の本特集では、総理は市川房枝、法務大臣が瀬戸内晴美、外務大臣が石垣綾子……といったメンバー。

　昭和二十九年の女性党内閣企画の時は、実際に閣議の真似事のようなことも行われていましたが、この時は各〝大臣〟がエッセイを寄せるのみ。戦後すぐの、女権拡張の勢いに燃えていた頃と比べると、権利を当たり前のように与えられた女性達の、枯渇感の無さが感じられます。当時八十二歳の市川房枝のみが一人、「そんなことでどうする」と、気を吐いているのでした。

　ウーマン・リブの動きにも、変化が見られてきたようです。昭和五十年九月号では、「ウーマンリブの行方」というページが。アメリカのウーマン・リブ指導者であるベティ・フリーダンと、シモーヌ・ド・ボーヴォワールが、ここでは対談しています。

「国際婦人年を迎えながらも、〝女性運動は袋小路に入ってしまったのでは？〟と危惧するフリーダンが、「誰かが迷える私たちの女性運動の正しい行手を知っているはずだ」と、「正解」を求めてボーヴォワールに会いに行ったのですが、しかし期待通りにはいかなかったようです。ボーヴォワールの関心は女性運動から離れており、二人の意見はかみ合いませんでした。国際婦人年から離れたところで行われた二人の女性の会談は、不毛に終わったのです。

ウーマン・リブの活動にはかげりが見えはじめてはいましたが、同号に掲載された「国際婦人年世界会議の決算報告」という座談会では、メキシコでの世界会議に出席した日本のニュースキャスター、評論家、そして主婦が、世界の女性達と会った印象を、希望と共に語っていました。国際婦人年が制定されたのも、ウーマン・リブの影響によるところが大きいだろうと、出席者は語っています。

さらには、国際婦人年を契機に、樋口恵子等を中心として「国際婦人年をきっかけとして行動を起こす女たちの会」が結成されました。有名なところでは、「わたし作る人、ぼく食べる人」というインスタントラーメンのコマーシャルを、性役割分担を固定するものとして放映中止にさせる等、男女平等社会へ向けての行動が、活発に行われるようになったのです。

今では、ポリティカル・コレクトネスということを企業も人も考えるようになりましたが、当時はまだ野放し状態であった性差別。それが、女性達によって少しずつ指摘されるようになってきました。日本の女性運動は、国際婦人年をきっかけに、次の段階に進んだのでしょう。

　とはいえ実生活、特に職場における女性の待遇は、まだまだ平等ではありませんでした。たとえば、昭和五十一年八月号には三十九歳の女性アナウンサーによる「容色が理由で配転される私」という手記が。「うつりがわるいんだよ。さわやかじゃない」と会社から言われて異動を命じられ、訴訟を起こした顚末《てんまつ》が記されます。当時、女性が継続的に働くことができるのはフリーランスの仕事くらい。組織に属する女性の場合は、結婚までの腰掛け的に働くケースが多く、働き続けようとする女性は組織と戦わなくてはならなかったのです。

登校拒否、偏差値の登場

　そんな中『婦人公論』では、目新しい問題がとりあげられるようになってきました。昭和五十年六月号には、「急増する登校拒否児童」というページが。この中で評論家の阿部進《すすむ》は、明治以来、日本で子供の都合によって教育がなされたことはなかった、と言います。

「ぼくらの時はお国のため、戦後は日本の復興のため、そして現在は日本経済の高度成長のため」

ということで「全部、大人の都合でしょう」と。そんな中で、「シラケ世代」とも言われていたこの頃の子供達が主体性を持ちはじめて、反旗をひるがえしたのではないか、とありました。

登校拒否の問題は現在に至るまで解決されておらず、むしろ不登校の子供は珍しくなくなっています。子供が貴重品となった今、大人が決めたことに従うのがつらければ従わなくてもいいのだ、という考え方が主流になってきたのです。

しかしこの時代、子供は大人の決めた物差しで縛られるのが、当たり前でした。偏差値というものが登場したのも、この頃のこと。昭和五十一年四月号には、「これが偏差値のからくりだ」という記事が見られます。

今となっては当然のように存在する偏差値ですが、この頃は「怨嗟《えんさ》の的になりながら暴れ回る〝化けもの〟」「くたばれ、ヘンサチ野郎！」などと、かなりの敵対心をもって扱われています。この特集によれば、偏差値というものを考案したのは十九世紀のドイツの数学者であり、かつて日本の軍隊で、兵隊の能力を示す数値として使用されたことがあるとのこと。それが入試の物差しとして使用されるようになったというのです。

「こと受験に関しては、正規の学校教育に依存しきれない」「成績通知表よりも、塾で定期的にある公開テストの偏差値のほうが緊張する」といった記述が見られるこの特集。大人の都合による教育に反発する子供達がいる一方で、「都合」をつくる側の大人になるための教育は、強化されていくのです。

この年、日本を揺るがせたのはロッキード事件です。総理経験者である田中角栄が逮捕されるという、前代未聞かつ戦後最大の疑獄事件は、連日新聞を賑わせました。

『婦人公論』においても、「ロッキード事件の糾明」「ロッキード疑獄・婦人議員の思惑」といったページが見られます。が、「婦人議員の思惑」といっても、

「ロッキード問題で、婦人議員として何かやろうという話合いはなかったですか」

という問いに対して、

「それはなかったわね」

という感じ。女性議員が非常に少なかった、この時代。オイルショック、物価高という状況の中で、

「国民の怒りは女性のほうが激しいと思うんです」

と語りつつも、

「それならば女性議員をもっとたくさん当選させてほしいということになる……（笑）」

と語る、女性議員。そこからはどうも他力本願的な空気が漂うのであり、この時代に女性運動の担い手としての認識が最も低かったのは、もしかすると女性政治家だったのかもしれません。

24　専業主婦のままでいいのか

初めての「セックス・フレンド」

『エマニエル夫人』が大ヒットした翌年、昭和五十一年（一九七六）に話題をさらったのは、映画『愛のコリーダ』です。大島渚《なぎさ》監督が、阿部定事件をモチーフとして撮ったこの作品は、日本では猥褻ということで一部が修整されて公開されたり、関連書籍が猥褻文書として裁判になったりと、世間を賑わせていました。

『婦人公論』でも、昭和五十二年（一九七七）の新年号で「私の『愛のコリーダ』」という特集を組んでおり、それは女性作家三人による「〝阿部定〟を通して自分の内奥に迫る」、という内容。翌年三月号の、大島渚による「〝劣情〟の意味を問う」という原稿によれば、当時は多くの日本人が無修整の『愛のコリーダ』を海外で観ていたようで、その数は十万人を下らず、それも女性が多かったとのこと。日本人、特に女性は、ウーマン・リブ以降、性に対する興味を隠さないようになってきたようです。

『婦人公論』においても、性に対する読者の考えが自由になってきていることを感じさせる記事が増えています。昭和五十二年八月号には「ノンフィクション特集　愛の多角関係」というページがありますが、たとえば二十一歳のOLの告白のタイトルは「誰と結婚しようかな」。彼女は何人かの男性と同時に肉体関係を持っており、「あの人は、セックス・フレンドだし、あの人には、フィアンセがいるし……」という状態なのです。おそらくこれが、『婦人公論』での「セックス・フレンド」という単語の初出。また十二月号「面接調査　ロンリー・ガールの愛と性」では、「公衆便所」と陰口を言われる女性について言及したりしているのでした。

婚前セックスが普通の行為になってきたのが七〇年代であるわけですが、初期の頃は「結婚する前にフィアンセにセックスを許してしまう」という感じだったのが、この頃になると「独身時代、複数の相手とセックスを楽しむ」女性が特別ではなくなってきます。「初体験を親に知られない法」という、十七歳の女の子達による手記が載るのもむべなるかな、ということなのでしょう。

性の解放とともに、女性達は様々な面で自由になってきたわけですが、そのような女性のことを指す「翔《と》んでる女」という言葉が、この頃は流行語となっていました。従来の枠にとらわれず、好きなように羽ばたく。……といったイメージです。

同年二月号に「娘よ、専業主婦に甘んずるな」という手記が載るのも、そんな時代のせいなのでしょう。三十四歳の主婦はここで、子供の手がある程度離れた時に感じた空白感について記しています。自分の娘はこの虚しさを感じずに済むよう、生きがいとなる仕事を続けてほしい、と。しかし同時に結婚や子育てもしてほしいのであり、その両立のためには手を貸す労は厭《いと》わない、とありました。

この主婦は、考えてみると私の母親と同世代です。そういえば我が母も、

「私は結婚で仕事を諦めたけれど、あなたは続けてほしい」

「私が元気で手伝えるうちに子供を産めばいいのに」

などと言っていましたっけ。私達の世代から、「仕事も結婚も子供も」という女性達が増えてきたのは、もちろん男女雇用機会均等法のせいもありますが、「あなたは私のようにならないで」と思っていた母親達の期待と労力も、強力な後ろ盾となったのでしょう。

この手記を読んでもわかるように、「翔んでる女」が流行ってはいても、多くの女性は翔べずに／翔ばずにいました。翔ぶにも経済力は必要で、特殊な才能や資格を持つ人しか羽ばたくことができなかったのです。

「いい女」なら目指せるかも

昭和五十二年三月号には、「女は家事育児を手放すな」という、四十歳の主婦による投

稿が見られます。当時、主婦達の間では「脱専業主婦」ということが言われていました。翔ばないまでも、「家事以外で、自分を生かせる何かがほしい」という欲求が主婦達の間で渦巻いていたのですが、投稿者は「何でこうもオクサンたちは家事以外に〝何かしなければ〟ならないと思うようになったのだろう」「〝何をしたらよいのかわからない、生き甲斐がない〟なんて口にする女はぜいたく病である。ブン殴ってやりたい」と、「脱専業主婦」の動きに反旗を翻《ひるがえ》します。保育所は「育児が面倒臭くなった女が楽をする」ための施設なので、減らすべき。女は若いうちに子を産み育て、一段落ついたら仕事をすればいいではないか、といった内容です。

この投稿を発端に、『婦人公論』ではプチ論争が勃発しました。翌四月号には「子育て後ではもう遅い」という、三十五歳の主婦からの投稿が。「一度も給料を稼いだこともない世間知らず」が、三十歳を過ぎてやおら働きに出てもどうなるものでもない、と記すこの投稿に対し、さらに翌五月号では「35歳から出発できた私」という三十八歳の主婦からの反論が……。

「主婦の生きがいと老後」（昭和五十三年十二月号）という記事では、「あなたは今こそ生きがいを捜さなければならない。年を取って捜そうとしてもそれは遅い」などと、『婦人公論』もまた、主婦を煽るような論調だったこの時代。主婦達は、専業主婦のままでいいのかと、悩んでいました。

「女性教室に集まる妻たち」（昭和五十三年四月号）という記事を見れば、主婦の間では、カルチャーセンターなど習い事がブームになっていた模様です。ある若い専業主婦は、「この頃お前バカになったんじゃないか」などと夫から言われて再就職したいと思うも、「時期が悪いからしばらくはムリ」と諦めて、習い事教室に通いだします。子育て終了後、どうしても余ってしまう時間を「生涯学習」で埋めようとする主婦達も、少なくありませんでした。

「脱専業主婦」を夢想するけれど、「翔ぶ」のは無理。そんなムードの中、『婦人公論』の特集は、家庭周辺の話題に留まる傾向が強くなってきました。結婚、離婚、夫婦、親子……という感じで、昔のように「女、こうあるべし」といった壮大な話題は少なくなったのです。

そんな中で、「私にもこれくらいなら目指せるかも」と女性達に思わせる言葉があって、それが「いい女」でした。ツイストの「燃えろいい女」という曲が流行ったのは、昭和五十四年（一九七九）。また当時はジュリーこと沢田研二の人気も沸騰していた時代であり、ジュリーが昭和五十三年にリリースした「サムライ」にも、「いい女」というフレーズが見られます。正体は不明ながらも、「私もなれるのでは？」と誰もが思えるのが、「いい女」だったのです。

『婦人公論』でも、同年八月号で「あなたは〝いい女〟ですか」という特集がありました。

特集の最初には、田辺聖子による「可愛い女からいい女へ」というエッセイが。自分なりの人生観や人間観、そして情愛を持っている女が、「いい女」。当時の人気者であったピンク・レディーのような若くて元気な女の子というよりも、人生の機微を知った大人の女性が「いい女」、という印象を受けます。

それに続く「もっともっといい女になりたい」という手記を寄せているのは、大橋歩《あゆみ》や松任谷由実といった顔ぶれ。いつもの『婦人公論』とは少し異なる人選であるところを見ると、個人としての意志とセンスを持つのが「いい女」というイメージが湧きます。

しかし昭和五十四年五月号では、「〝いい女〟を分ってくれない男たち」という女性達の告白記事が。女性達が自立した〝いい女〟を目指しても、男性が求めているのは尽くす女や従順な女、という現実がそこにはありました。

実際、この年にはさだまさし「関白宣言」が大ヒットしていました。亭主関白について歌うこの歌には賛否両論が寄せられ、『婦人公論』でも見過ごすことはできなかった模様。同年十一月号には「〝関白宣言〟に惑わされろ」（中沢けい）という記事が見られます。

この歌がヒットした背景には、女性が翔ぼうとする一方で、夫や父親の存在感が薄くなってきた現実がありました。亭主関白な男性が少なくなってきたからこそ、「こんな時代だからこそ、あえて」という「関白宣言」だったのです。

子供への愛情が一線を越えて

この時代、『婦人公論』でしばしば目にするのは「父親不在」という文字でした。家庭内暴力、校内暴力、子供の非行や家出……といった少年少女の問題行動が増加しており、『婦人公論』でもその手の記事が頻出。昭和五十四年から始まったテレビドラマ『3年B組金八《きんぱち》先生』はまさに、青少年関連の問題増加が背景にあり、その原因の一つとして、家庭における父親の存在感の希薄さが挙げられていたのです。

昭和五十三年頃、経済面では円高ドル安が話題になっていたのですが、そのニュースをもじって「母高父安では子供は育たない」(昭和五十三年九月号)といった記事も。すなわち、父親の権威が凋落《ちょうらく》し、母親が教育ママとして子供にべったり密着しているのが少年達の問題行動の原因であり、「もっと父高母安にしていかなければならない」とされています。

この頃には大学入試で共通一次試験が始まるなど、受験戦争も激化していました。名門高校に通っていた息子の家庭内暴力に悩んだ末、父親が殺してしまうという事件をとりあげた「開成高校生殺しの問題点」(同年十二月号)という記事も見られます。

父親は仕事ばかりしているのに対して、母親は翔ぶにも翔べずに子供だけが生きがいとなり、過保護化。「家庭内暴力　その現実と処方箋」(昭和五十四年七月号)では、核家族の中、「影のうすい父親」と「重たい母親」の間で育った子供が、自我形成がうまくいかずにもがく行為が家庭内暴力となって出てくる、とされていました。

「母よ、息子に手を出すな」（同年十月号）では、母親が受験生である息子の自慰《じい》行為を目撃した時、「性的な欲望のためにエネルギーを浪費させるわけにはいかない」と、息子の「その場所に顔を埋めた」という驚愕《きょうがく》の実例を紹介。中三の息子を見ていると「この子のはじめての女になりたいなってしみじみ思ってしまうの」と告白する主婦、「他の女の人を好きになって母さんを捨てちゃイヤッ」と高一の息子に懇願する主婦。……と、密着の度合いが尋常でなくなってきた母子の様子が紹介されるのです。

　女性の地位は向上し、電化製品は何でもあって、家事に手間はかからない。社会に進出はできないし、夫は振り向いてくれないけれど、私には子供がいる。……となった時、子供への愛情が一線を越えてしまった主婦もいたようで、このような記事を見れば、『婦人公論』が生きがいを見つけるようにと読者の尻を叩くのも、わかる気がするのです。

　高度成長は、一段落。女性の地位向上も、一段落。そうなった時、女性達はぬるま湯のような環境の中で、まさに煮えきらない思いを抱えていたのでしょう。主婦達は、子供との距離をどんどん詰めていくこととなりました。今の『婦人公論』では母と娘の葛藤についてよく取り上げられますが、この時代の「母」に育てられた娘達が、長じて後に母の重さに苦しんでいるような気もします。

長期戦を覚悟しなければならない

ぬるま湯感はあったものの、その中で女性をとりまく環境は、少しずつ変化していました。昭和五十一年には民法が改正され、離婚した女性が、結婚時の姓をそのまま使用することができるように。翌年七月号の「改姓の自由と女性の権利」という座談会には、「国際婦人年をきっかけとして行動を起こす女たちの会」中心メンバーである樋口恵子、弁護士の淡谷まり子等が出席しています。

樋口や淡谷は、夫婦別姓が認められるようにしていきたい、と語っていますが、同時に「道は遠い、長期戦を覚悟しなければいけない」とも。四十年後の今、夫婦別姓がいまだ認められていないことを考えると、「長期戦」の予感が当たっているのと同時に、男女をめぐる問題をときほぐすことにいかに時間がかかるかも、わかります。

「嫌煙《けんえん》運動こそ女性解放の途」（昭和五十三年七月号）という記事も、今につながるものです。職場でも飲食店でも、どこでもタバコが吸えた当時。「たかがタバコではないか」と、タバコを嫌う人達の気持ちは無視されていました。リブ運動に携わる人の中には、「女だってタバコを吸ってよいのだ」という感覚から吸っている人もいました。

そんな中で発生した、嫌煙権確立の運動。こちらは夫婦別姓よりも早く日の目を見て、今では分煙の意識がすっかり根付きましたが、それでもずいぶん時間がかかったものです。

さらにもう一つ、「セクハラ」についても、この時期に意識の芽生えがありました。昭和五十四年の十二月号には「職場での性的いやがらせ」という記事が。当時、アメリカで性的いやがらせ、すなわちセクシュアル・ハラスメントを告発する本が大きな話題を呼んでおり、この記事はその抄訳です。

多くの女性が職場において性的いやがらせを受けた経験を持っているにもかかわらず、「職を失いたくない」等の理由で口外されてこなかった、という事実をつきとめた、著者のリン・ファーレイ。彼女によって性的いやがらせという概念と事実は、「発見」されたのです。

続いて「日本版　性的いやがらせ　私の告発」というページがあり、「丸の内の某副社長の秘書密着癖」といった手記が載っていました。が、日本ではじめてのセクハラ訴訟が起こされ、「セクシャル・ハラスメント」が流行語として選ばれたのは、平成元年（一九八九）のこと。セクハラの顕在化には、もう少し年を待たなければなりません。

25　新しい時代を開く「軽い」男

カルチャースクールがブームに

時は、一九八〇年となりました。『婦人公論』では、八〇年代突入ということを特に大きく扱ってはいませんが、女性をとりまく世界には、何かが変わりそうなムードが漂っていたようです。

たとえば昭和五十四年（一九七九）には、カネボウが「80年代は女性の時代」という言葉とともに、新ブランド「レディ80」を立ち上げました。西武百貨店でも同年、「女の時代」というコピーを使用しています。ウーマン・リブの動きは沈静化したけれど、今度こそ女の時代がやってくるのでは、という期待があったのでしょう。

七〇年代の後半には「いい女」という言葉が流行っていたと前章で記しましたが、そのような雰囲気の中、昭和五十五年（一九八〇）五月号では、「あなたにとっての〝いい男〟

大研究」という特集が。ここで青山学院大学助教授の渥美育子《いくこ》は、「自立した女がふえるにつれ、いい男の条件が変ってきた」と記します。「もたれがいがあるが人間としておいしくない大黒柱」よりも、「もたれあい支えあえるおいしい話し相手」の方がよくなってきたのだ、と。そして、立派な肩書きを持つ男の夫人となるよりも、家事能力を持つ夫を「コンパニオン」として持つ方がいい、としています。

女性の間では、「いい女」に続いて、「個性的」という言葉が流行っていたようです。同年十二月号の特集は、「あなたは個性的ですか」というもの。

普通の主婦であっても「個性的」を目指すことは可能ということなのでしょう、ここでエッセイを記すのは、市民講座からスタートして作家デビューした重兼《しげかね》芳子。彼女のような人がいたからこそ、当時のカルチャースクールブームはますます盛んになっていたようです。

カルチャースクール通いをする主婦は「教養ごっこ」「安住の地を持たない主婦ジプシー」などと揶揄もされたそうですが、重兼はそれにひるみません。昭和一桁に生まれ、型にはめられ、「人からどう見られるか」ばかり気にしてきた主婦が、「自分はどう考えるか」と考えるようになったのだ、と記しています。

「専業主婦」というヘンな言葉

ウーマン・リブが、特殊もしくは特別な女達が解放を叫ぶラディカルな動きだったとしたら、八〇年代は一般の女性達にも「このままでいいのか」という気持ちが波及した時期であったようです。ちょうどそんな頃、世を去った一人の女性がいたのですが、その名は市川房枝。明治に生まれ、大正、昭和と女性の地位向上に人生を捧げた彼女は、昭和五十六年（一九八一）に亡くなりました。

前年行われた参議院選挙の全国区でトップ当選を果たし、現役議員のままで八十七年の生涯を終えた、房枝。彼女は生涯結婚することはありませんでしたが、彼女の追悼記事が載った昭和五十六年四月号の特集は「結婚しても、うまく楽しく」というもの。房枝の若い頃と比べると、女性をとりまく状況は、少しずつでも確実に、変化してきたのです。

変化の機運は、女性達を不安にもさせたようです。当時ブームとなったのは、「天中殺」。この頃から『婦人公論』でも占い等のページが増えていきます。「千石イエス」を名乗る男性と若い女性達が集団生活を送るという「イエスの方舟《はこぶね》」事件が話題となったのも、この頃。『婦人公論』にも「千石イエスよ、わが娘を返せ」（昭和五十五年一月号）といった記事が連続掲載されました。また「マザー・テレサに群がるＯＬたち」（昭和五十六年七月号）という記事も見られる等、女性達は変化の波の中で、何か信じられるものを求めていたのかもしれません。

女性が自由や自立を目指すと必ず、それに反対する動きも、出てくるものです。前出の「あなたは個性的ですか」という特集には、作家の佐江《さえ》衆一による「個性氾濫時代の女の不幸」という文章が。また昭和五十六年八月号には、「専業主婦でなぜ恥かしい」という、主婦からの「問題提起」の掲載も。

その論旨は特に珍しいものではありませんが、ここで目をひくのは、冒頭の「とうとう『専業主婦』というヘンな言葉が定着してしまったようだ」という文章でした。今では当たり前に使用している「専業主婦」は、この頃までは「ヘンな言葉」だったようなのです。それというのも、従来は「主婦」といえば専業が当たり前で、わざわざ「専業」とつける必要がなかったのでしょう。携帯電話が登場した後、それまでは単なる「電話」と言われていたものが「固定電話」とか「イエデン」などと言われるようになったのと同じく、働く主婦が登場してから、単なる主婦は「専業主婦」となったのです。

「女の時代」「個性的な女」「主婦の自立」といった言葉が横溢《おういつ》してきたこの頃、政府も危機感を覚えたようで、国民の祝日として「家庭の日」というものを制定しようとする動きが出てきました。昭和五十五年四月号には、樋口恵子が「『家庭の日』に反対する私の理由」という文章を寄せています。

時の大平内閣のキャッチフレーズの一つである「家庭基盤の充実」を背景に制定されよ

うとしていたのが、「家庭の日」。自民党が発表した「家庭基盤充実に関する対策要綱」には、「ゆとりと風格と連帯感の豊かな家庭こそ社会繁栄の柱」「老親の扶養と子どもの保育と躾けは第一義的には家庭の責務」などとあったのだそう。

昭和五十三年（一九七八）の「厚生白書」に「同居は、わが国の福祉における含み資産」と記されているように、介護は家庭内で担うのが「日本型福祉社会」の前提。しかし、女が自立したり核家族化等が進んだら、日本型福祉社会は崩壊してしまうからこそ、国は「家庭基盤」を強化しようとしたのでしょう。対して「国の福祉切下げのシワヨセ場所として、家庭が利用されることはごめん」と、樋口は「家庭の日」に反対したのです。

結局、「家庭の日」は制定に至りませんでした。女性側は、家庭の問題に男性も参加させるという方向にもっていこうとしており、『婦人公論』でも「父親の自覚はお産立合いから」と、お産への参加を推奨。「亭主の自立度　わが家の場合」においては、家事能力の有無を、男性の自立度を測る尺度にしているのです。

とはいえ、男性がガラリと変わるわけではありません。たとえば昭和五十五年十月号には、作家の吉行淳之介と宮尾登美子による「女と男のほどよい関係」という対談が掲載されていますが、そこで吉行は、女性というのは誰しも、男性から殴られるなどひどい目に遭わされると「とてもいい気持」になるものだ、と語っています。対して宮尾も「それはあると思います、女はみんな」と答えているのに驚かされるのですが、さらには「いまの弱い男性に、私は絶望感みたいなものを持ってます」とも。

二人は共に大正生まれで、当時五十代。戦前生まれの人たちは、夫婦や親子が友達のような関係の「ニューファミリー」的存在に、違和感を覚えていたと思われます。新しい男女のあり方は「女も損してるんじゃないか」と、吉行は語るのでした。

買春ツアーに出かけるわけは

吉行・宮尾のような戦前的感覚を持つ人と、ニューファミリー的感覚を持つ人が、社会や家庭に混在していた、その時代。様々な齟齬《そご》が、両者の間には生まれたことでしょう。当時、日本人男性が韓国などアジア諸国に買春目的で旅行をすることが問題になっており、『婦人公論』でも何度か取り上げられているのですが、昭和五十六年一月号の「買春観光を止めるには」という座談会では、世代間の感覚の違いが明らかになっています。買春ツアーを問題視している団体の女性は様々な事実を提示するのですが、吉行淳之介と同年生まれの評論家・塩田丸男《まるお》は、買春について「これは千年たってもなくならない問題でね」「悪いひそかなる愉しみというのはあってもいいんじゃないかな」「そうとがめ立てて、攻撃するほどにも、楽しい思いはしてない」と、〝目くじらをたてることはない〟という姿勢。

戦争中に支配していた国の女性を「買う」ことはいかがなものか、という問いに対しては、「女房から離れれば離れるほど面白いし、階層的にも違う女を相手にするほうが楽しい」、とのこと。それでは相手側の女性を転落させていくことになるのでは、と言えば、「まア人間なんてのは、人の痛みというのは感じないもんでしょう」という感じなのです。

　同年三月号の「中年の告白　買春観光に出かけるわけ」という記事を見れば、買春観光に行く側の男性達もまた、鬱屈《うっくつ》した思いを抱えていたことがわかります。当時は、営業成績の良いセールスマンの表彰旅行がアジア買春ツアー、といったケースも多かった模様。

「買春ツアー反対なんていうヤツがいると腹がたつなあ。オレたちは安給料で仕事をやってて、息抜きがしたいわけだし、あっちはあっちで生活のための金がほしいんだから、第三者がガタガタいうことないと思うけど」（二十八歳）

「いまや日本の女性に失われた優しさ、みたいなものが彼女たちにあって、こたえられん」（四十一歳）

　といった意見が語られています。経済が低成長時代になってもなお猛烈に働き続け、従順でなくなってしまった日本の女性達に「ちっ」と思いつつ、毎月積み立てをしてアジアに買春に出かける男性達の姿が、そこにはあるのです。

　実際、この頃から「ストレス」という言葉を、誌面でよく見るようになります。「モーレツ」で済まされていた高度経済成長期が終わり、日本人が心身の疲れを自覚し出したのでしょう。

昭和五十七年（一九八二）二月には、日航機が羽田沖に墜落するという事故が発生しますが、この時に異常操縦をした機長が心身症だったということで、この言葉がクローズアップされました。『婦人公論』では、同年五月号で「心身症と異常行動の間」という座談会が行われていますが、ここでも登場している塩田丸男に対して、やはり大正生まれの心療内科医は、

「塩田さんの時代ですと、〝欲シガリマセン勝ツマデハ〟というような育てられ方をしておりますでしょう。ですから、少々のストレスがきても、びくともしない日本人です。ところが、今日の若者を見てごらんなさい、耐え忍ぶという訓練がまったくなされていない。ですから、ストレスに対する態勢《（ママ）》が全然ないんです」

と嘆いている。

耐え忍ぶ訓練ができている世代からすれば、ストレスごときでキレてしまうようになった、若い世代。昭和五十五年に起きた金属バット事件（浪人生が金属バットで両親を殺害）等も、戦中派からはそのように見えていたのかもしれません。子供の非行、家庭内暴力といった問題はその後も続き、『婦人公論』では昭和五十五年、五十六年と「家族関係の徹底研究」という臨時増刊号を出しているのでした。

女を殴らず、買わず、悦ばせよう

塩田世代をイラつかせた若い世代は、しかし確実に新しい風をもたらしていました。

昭和五十六年から、「クリスタル」という文字が目次に目立つようになってくるのですが、それはその前年に刊行されてベストセラーになった、田中康夫の小説『なんとなく、クリスタル』からきた言葉。

たとえば同年八月号には、「田中康夫　クリスタルの虚像と実像」という、檀ふみとの対談が。そこで田中は、

「なぜ書いたかというと、結局、若い人の青春小説というの、みんなしめっているわけですよ」

と語ります。学園紛争があって同棲して妊娠して堕《おろ》して別れた……的な世界は既に田中の周囲には存在しなかったからこそ、なんとなく気分がいいものを着たり食べたりして、なんとなく感覚が合えばセックスをする女子大生が登場する小説を書いた、ということなのでしょう。

翌年七月号では、離婚で話題になっていた田中が「ぼくのセックスのクリスタルぶり」という文章を寄せています。そこには、勤労や貯蓄といった日本人が大切にしてきたものに対して、

「そういった美徳がイモっぽいと思うのね。お金なんて全部つかっちゃった方がいいのよって」

と語っています。そしてセックスについては、「相手に悦《よろこ》んでもらうほうが嬉しい」から、「トルコ行きたいって気がしない」。この〝クリスタルぶり〟は、女は殴られると嬉しがるとか、アジアの国で安くセックスできるのが楽しいといった男性達とは、全く別の感覚なのです。

「新しい男」のムードは、他でも感じます。昭和五十六年三月号は「いま、男の愛とは」という特集なのですが、たとえばそこで「ぼくら戦後派新中年の正体」を書くのは、椎名誠。「スーパーエッセイスト」という肩書きの椎名は、当時三十代後半。文章の中では、自分達を「戦後生まれの新しいおっさん」と書きます。新しい中年世代を覆っているのは、「ある種とらえどころのない『軽さ』だ、と。

おじさんは重みのあるもの、という意識がそれまではありましたが、椎名世代はおじさんになっても軽かった。椎名の文章自体、「昭和軽薄体」と言われる軽いタッチなのであり、従来のおじさん達のように説教調でもありません。

同号の「告白エッセイ　僕が溺れた女たち」の中には、糸井重里《しげさと》の文章も載っています。糸井は椎名より四歳若く、この時、三十代前半。「何でも至上主義じゃないんですよね」「醒《さ》め方が激しくなっちゃったみたい」「縛られるの嫌なんですね」「めんどーくさくって」

と、さらに軽いタッチの糸井は、「いい女」というのも「気持悪いだけ」で、「高校生くらいの子が可愛いなー」と書くのでした。

八〇年代は女の時代と言うけれど、そのお膳立てをしたのは、こういった「軽い」男達だったのかもしれません。女を殴らず、買わず、悦ばせようとする男達が、新しい時代を開こうとしていました。

26　〝わかりやすい不幸〟は消えたが

『おしん』大ヒットの一方で

田中康夫、椎名誠、糸井重里といった、新しい雰囲気をまとう男性達が誌面に登場するようになった、一九八〇年代。女性の世界にもまたニューフェイスが登場したのであり、昭和五十八年（一九八三）三月号に、「仕事ルンルン、あとは結婚」という文章で『婦人公論』初お目見えとなったのは、林真理子です。この時の紹介文は、「〝広告業界の大屋政子〟と異名のある新鋭コピーライター」というものでした。

その前年、エッセイ集『ルンルンを買っておうちに帰ろう』が大ヒットし、一躍時代の寵児《ちょうじ》となった、林。仕事があっという間に上り調子になり、「住むところも池袋の四畳半から、いつしか六本木の豪華マンションに」という中で、二十代後半だった筆者が望むものは、あとは結婚だけ……。

『なんとなく、クリスタル』や「おいしい生活」等、新しい男達はもやっとした気分を言葉で表現することに長《た》けていましたが、林真理子の「ルンルン」もまた、古い世代には意味不明の、気分ワードであったことでしょう。そんな「ルンルン」のノリは、若い女性達から圧倒的に支持されました。林は『婦人公論』にその後も、「月収10万のとき200万の今」「お婿さんをコンピュータに選ばせたら」等、しばしば登場することとなります。

「コンピュータ」という単語が登場しましたが、この頃は日本でコンピューターというものに普通の人々が触れはじめた時期でした。昭和五十八年には、任天堂からファミコンが発売され、パソコンも次第に出回るように。

『婦人公論』でもその手の記事が見られるようになってきて、昭和五十九年（一九八四）には、「技術の進歩は女性を幸せにするか」という鼎談《ていだん》や「パソコン世代の子供の育て方」というインタビューが。

「パソコン世代の……」では、パソコン・ブームの中で、子供達への影響が心配されていました。インタビューに答える日本医科大学教授の答えは、今から見ると当たっているところも、外れているところも。

たとえば「たぶんワープロとコンピュータは同じものになるんじゃないか」とか、パソコンの普及は「人間にとって産業革命以来の大きな変動……あるいはそれ以上の革命」というのは、まさにその通り。しかし、パソコン中毒に対する心配の声には、「そんなに長期間熱中するなんてのはいないみたいですね」と楽観的ですし、ゲームに夢中になって外で遊ばないような子供に対しては「好きなだけさせておけば、間もなく飽きますよ」と、やはり甘く見ておられるのです。

　情報化社会が刻一刻と近づく中、そんな世の中に対する揺り戻し現象のようなドラマがこの頃NHKで放送されたのであり、その名は『おしん』。昭和五十八年四月から一年間放送されたこのドラマは、最高視聴率が六〇％超、平均視聴率が五〇％超という、圧倒的な人気を得ました。子供の頃から様々な出来事に耐え忍ぶおしんの姿は、辛抱という言葉を忘れかけていた日本人の心に、強く訴えかけたのです。

　対して『婦人公論』では、同年十二月号で「わたし〝おしん〟ぎらいです」という特集を組んでいました。二十歳のOLは、

「おしんの苦労なんて、息が詰まるほど単調なOL生活に耐えてる私から見ると、生活環境がクルクル変ってうらやましいくらいよ」

　とのこと。四十歳の主婦は、

「おしんはこれだけ苦労してるんですよ、あなたにはできますか、というお説教調の筋立てが鼻について」

　と。また、よく見ればおしんは「絶対に自分の意志を曲げない女」で「別の角度から見るとわがままな人間」、「したいことがあっても諦めて我慢して生きている人間のほうが、

おしんのような人よりずっと辛い」という、三十三歳の主婦の意見も。「女の生き方としては古過ぎて、私なんかはあまり参考にならない」といった意見もあり、まだ姑で苦労している嫁世代の女性にとっては、イラつきも感じられるドラマだったようなのです。

自己実現が果たせない

当時の嫁世代の女性達の心をつかんだドラマは、別にありました。同じ昭和五十八年にＴＢＳで放送されたのは『金曜日の妻たちへ』、いわゆる「金妻《きんつま》」です。東京郊外の閑静な新興住宅地に住む夫婦達の不倫模様を描いたこのドラマは、昭和六十年（一九八五）まで三シリーズが放送され、金妻ブームに。また同じ頃、やはり大人の不倫映画『恋におちて』もヒットして、不倫ブームといった様相を呈したのです。

日本では戦後、よろめきブームやエマニエル夫人ブームなど、女性の婚外セックスがスポットライトをあびる時期がしばしばありましたが、「不倫」という言葉が広く使われるようになったのは、この頃。『婦人公論』でも、「いま、男と女の不倫感覚」「亭主は燃えカス　恋がしたい」など、不倫関係の記事が目につくのです。

「金妻」を見ていた人たちは、同じＴＢＳで昭和五十九年に放送された『くれない族の反乱』というドラマにも夢中になったようです。くれない族とは、夫が「かまってくれない」「理解してくれない」といった不満を抱く主婦達の物語。『婦人公論』でも、同番組プロデューサーの大山勝美《かつみ》が「ああ『くれない族』症候群」という文章を寄せています。

それによると、このドラマのターゲットは、当時三十代だった団塊の世代。「金妻」世代と同じです。働き盛りの夫は、仕事中毒で帰ってこない。「生活はあるけど、人生がない」「自分の人生って何だろう」といった悩みを抱いている主婦達の本音を描く、というドラマを目指したのだそう。

ドラマ制作にあたり、「主人公に『本音』を喋らせるなど、表現に新しい感覚をもりこんだ」のだそうですが、女性主人公が「本音を語る」ことが当時まだ珍しかった、ということに私は驚きました。また、田村正和や神田正輝《まさき》といった「とびきりのいい男」を登場させたのは、「このところ女性が表面的なルックスや恰好のいい男を『素敵だわ』『大好き』『いいわ』と人まえでも名ざしで堂々と公言するようになった」からだ、という部分にも驚いたのです。

今となっては、ジャニーズでも韓流でも女性が「大好き」「いいわ」と公言するなど当たりまえすぎる行為ですが、「くれない族」の時代よりも一昔前は、男性が与えてくれるものを女性が受けるという受け身の姿勢が一般的で、男性の外見はさほど重要視されなかった、と。自分から男性の外見を品評するようになったからこそ、今でいう「イケメン」をドラマに起用することが重要になったというのです。

そういえば、今はジャニーズアイドルのコンサートの記事等も多い『婦人公論』ですが、昭和五十八年七月号の「フリオを見た聴いた忘れちゃった」という、フリオ・イグレシアスのコンサート見聞記が、その手の記事の嚆矢。筆者の重兼芳子が「私はフリオに野球のユニフォームを着せてみたくてたまらない。男の体の線をぴっちりと見せてくれる伸縮のきくユニフォーム」などと書いているのはまさに、大山の指摘通りです。

『くれない族の反乱』の主人公を演じた大原麗子は、自己実現を目指して働きに出ます。彼女のような主婦は多かったらしく、昭和六十年七月号で行われた、新聞各紙の女性記者達による鼎談「家庭欄を飛び出した家庭問題」でも、そのようなことが語られていました。人生相談の欄に寄せられる女性の悩みは、戦後しばらくは生活苦や夫の暴力など、わかりやすい不幸が多かったのが、昭和三十年代から四十年代を境に、「客観的には非常に幸せな状況にあるのに、何か物足りない、いわゆる自己実現が果たせないことの不幸せ」が目立つようになってきたのだそう。「いまは女が男に対してすごく注文のある時代」「男が家庭に不在であったことが、こんなにも家庭をゆがめてきた」といった女性記者達の感慨は、時代の様相をあぶり出しています。

男を立てるとモノも立つ

『くれない族の反乱』の中で「夫がセックスしてくれない」という欲求が描かれたかどうかは判然としませんが、今で言うところのセックスレスについての記事も、目立つようになってきました。昭和五十九年十二月号には、作家の富島健夫《たけお》による「セックスについて妻への注文」という文章が。かつて妻の座は「セックス付き女中」と言われ、それに反発して自立を目論《もくろ》んだ女性もいたものだが、今はむしろ「セックス付き女中」に戻ることを志願する女性が多い、と始まるこの原稿。世の普通の妻達が、「まだ女盛りだというのに何十日も、人によっては何百日も夜の夫婦生活がない」ことに悩んでいる、と続きます。

その理由は「立たないものはしかたがない」「新鮮な女ならともかく、今さら」などと様々。夫が家で専制君主であった時代は、妻を上から見て「可愛い」と思い、それが性的エネルギーの源泉となったけれど、男女平等の世となったら、そのエネルギーが失われて当たり前なのだ、と。

対処法としては、「とにかく、相手は弱い男」なのであるからして、「一歩しりぞいてそれを反省すべき」と、富島。「基本的にたいせつなことは、夫を立てるという心底からの姿勢であろう」とします。

この場合の「立てる」は、ダブルミーニングとなっています。「分が立てばモノも立つ」と記されている通り、男を立てることがモノを立てることになる模様。

昭和五十九年には、翌年に文化庁長官となる三浦朱門が「女性を強姦するのは、紳士として恥ずべきことだが、女性を強姦する体力がないのは、男として恥ずべきことである」といった文章を記して問題になり、『婦人公論』にも「三浦発言にみる　レイプ意識男女のズレ」という記事を見ることができます。男女の間で歩み寄ろうという動きは全般的に盛んであったものの、こと性の分野においては、歩み寄ろうとすればするほど離れていく現象が見られたのではないでしょうか。

男女雇用機会均等法の是非

そんな中、仕事の面では、少しずつではあるものの確実に男女差が縮まりつつあったようです。昭和五十九年二月号では、「男女『雇用平等法』ここが論点」という鼎談が。雇用平等法とは、昭和六十一年（一九八六）に施行された男女雇用機会均等法を示すもので、鼎談に参加するのはジャーナリストの大宅映子、弁護士の淡谷まり子、そして日経連労務管理部長の男性。

昭和五十四年（一九七九）の国連総会において採択されたのが、女子差別撤廃条約です。この批准《ひじゅん》に日本は当初、署名を拒否していたけれど、国内外の世論に押されて一九七五年〜八五年の「国連婦人の十年」の最終年までの批准を表明。結果、それまでに国内状況を整備する必要が出てきたということでの「雇用平等法」議論でした。

日経連から来た男性は、明らかに批准に反対の様子です。「明治以来百年以上にわたる雇用の慣行がある中で、急にそれ〈男女差別的な企業の現状〉を禁止され」たら困るではないか、という感覚。「ワァワァ騒いだのは私から言わせれば一部の婦人団体というか、つまり一握りの翔んでる女性」であって、普通の女性はそのようなことを望んではいないだろう、ということであり、日経連サイドはそれ以前に、現状を「女性を差別しているというつもりがなかったんだな」「日本には日本の歴史的、社会的伝統がある」ということなのです。

　大企業の側は迷惑顔を隠さない、女子差別撤廃条約への批准。しかしとうとう昭和六十年には批准することとなり、同年には「雇用均等法で職場は変るか」というページが見えるのでした。

　男女雇用機会均等法の施行を翌年に控え、「女性を活用しない企業は滅びていきますね」といった前向きな発言が目立ちます。一方で「一般女性をふみにじったエリート女性のための法律だ」という声や、女性間に格差が生じるのでは、という不安もあった模様。とはいえ様々な問題点を見据えつつも、「家庭も仕事もという欲求は当然のこと」という感覚が登場してきたことが、新しい時代の到来を感じさせるのでした。

　そんな時代の中で、仕事をする女性の中には、二通りの考え方があったようです。たとえば昭和五十九年八月号の「『自立』行きのバスを待つ女たちへ」（残間里江子）で筆者は、不甲斐ない働き方をする女性達に警鐘を鳴らします。いざとなったら仕事なんて辞めてしまおう、という考えでは、いつまでたっても女性は社会で信頼を得られない。筆者は、少し熱があろうと、親兄弟の死に目に会えなくても、「社会契約は履行されなければならい」という考えであり、「家にいると格好悪いというくらいの理由で社会に遊びに来てもらっては端《はた》迷惑」という、くれない族的な女性に対しては厳しい意見を持つのです。

残間の意見が「社会に出るならば、男並みに働くべき」というものであるとしたら、昭和六十年四月号の「おんな並みでどこが悪い」（上野千鶴子）は、「とくべつな女でなくても、どんな女でも、仕事も家庭も両方持てて当たりまえ」の社会が望ましい、という意見。「職場の中で男なみに働いてはじめて一人前、という考え方から、女たちはオリはじめている」からこその「おんな並みでどこが悪い」なのです。

昭和六十一年の雇用機会均等法施行後、総合職として働き始めた女性達は皆、「男並み」を目指して疲弊していったことを考えると、上野の意見は相当、先進的です。男の論理でしか社会が動いていなかったその時代、残間が書いたように「親の死に目よりも仕事」となるのは、キャリア女性にとっては仕方のないことでした。「おんな並み」を女性がおずおずと主張できるようになるのは、まだまだ先のことなのです。

27　一枚岩ではない女性たち

不倫、ファミコン、いじめ

ドラマ『金曜日の妻たちへ』は、昭和五十八年（一九八三）に第一シリーズが放送され、その後第二、第三とシリーズが続くこととなったのですが、最も話題になったのは、昭和六十年（一九八五）に放送された第三シリーズ。小林明子《あきこ》が歌った主題歌の「恋におちて」も大ヒットし、「キンツマしちゃった」などという言い方もされるように。「不倫」という言葉と行為が、おおいに話題になったのです。

『婦人公論』でも、不倫はますます注目のトピックになります。特に昭和六十一年（一九八六）は、「『金曜日の妻たちへ』は不倫ドラマか」「恋に走る人妻たちの本心」「『情事』からＦＵＲＩＮへ」等、毎月のように不倫関連ページが見られ、九月号にいたっては、「妻であるより女でありたい」と題して、まるごと不倫特集。「いま『人形の家』から出て行く女たち」から「クラス会　男友達と出逢う楽しみ」まで、不倫祭りの様相を呈しています。

同年二月号の、岩下志麻と森瑶子《ようこ》の対談「不倫の愛ってなんだ」では、岩下が、

「昔は女の人って本気しかできなくてね、浮気ってできなかったけど、今は人妻でも浮気だけの人が多いでしょ」

と語っているように、妻の不貞はぐっとカジュアル化していました。「金妻」の主人公達は、団塊の世代。戦前までは妻の不貞には姦通罪が適用されたことなど嘘だったかのように、戦後生まれの団塊の世代は、「このままでいいのか」という不安と不満を、不倫で晴らすようになりました。

テレビドラマは、如実に現実を映し出します。同年十月号に「ホームドラマの家庭と現実の家庭」（高橋玄洋《げんよう》）という記事がありますが、脚本家の筆者は最初に、「ホームドラマが書けない」と記すのでした。「ホームにドラマが無くなっている」から「書くことが無い」のだ、と。夫婦に子供二人という標準的な家庭を描こうとしても、父親はずっと仕事、母親はカルチャースクールかパート、そして子供達は学校から塾へ、戻ってくれば二階の自室に籠もってウォークマンかファミコン。

……ということで、家族が顔を合わせる時間がなく、「家庭に緊張がなく、家族の団欒《だんらん》も会話もない」からこそ、ホームドラマが成立しない、と。

一九七〇年代までは『寺内貫太郎一家』等のホームドラマが人気だったものの、八〇年代に入ると『岸辺のアルバム』そして『積木くずし』と、家族の崩壊を描くドラマが話題に。筆者は「金妻」には言及しませんが、「家族の絆はどうやって保てばいいのであろうか」と嘆くのです。

子供の問題も、親達には見えづらくなっていました。この頃、誌面に頻繁に登場するのは「いじめ」の三文字。校内暴力や家庭内暴力の嵐は静まってきましたが、その後子供達のうっぷんは、水面下で密かに晴らされるようになったのです。

昭和六十一年二月には、東京・中野区の中学に通っていた男子中学生が、いじめを苦に自殺。学校では、教師も加わって「葬式ごっこ」が行われていました。

いじめが原因での自殺は日本で例を見なかったことであり、この事件をきっかけに、いじめは大きな社会問題となります。四月号では、自殺した生徒の父親による手記の他、「いじめられっ子の親はどうすべきか」「いじめっ子を持つ親へ」といった記事が並ぶのでした。

キャリアウーマンは性欲旺盛？

家庭の問題が静かに、しかし深く進行していく中、働く女性の世界に目を転じてみれば、そこでは新たな局面を迎えようとしていました。昭和六十一年四月に施行されたのは、男女雇用機会均等法。同年一月号「雇用均等法で職場に変化はあるか」（沖藤典子）には、「雇用均等法が施行される今年は、職場で働く女にとっては性による差別の屈辱と、その裏腹の関係にある依存及び自己過信から一歩を踏み出す年である」とあります。男女雇用機会均等法によって、いよいよ男性と女性は同じ土俵に立つことが可能になったのであり、女性もまた、それなりの覚悟を迫られることとなりました。

キャリアウーマン新時代を迎え、女性と仕事に関連した記事も目立つようになってきます。たとえば同年十一月号は「女が外に出たいとき」という特集であり、「専業主婦からフリーライターへ」「女性管理職たちの家事拝見」「雇用均等法初の女子大生の就職」といった記事が。「キャリアウーマンの身体的メカニズム」では、とある医師が「キャリアウーマンの性欲は男性並みに旺盛」とか「どう考えても名器とは言えない」などとトンデモ気味の文章を記していますが、当時は〝男性並み〟に働く女性は、それほど珍獣のように見られていたということなのでしょう。

「女性である以上、女らしさを失わず、魅力的な色気を持続させ、その上で、男性と対等、いや対等以上に持てる才能を発揮してほしい」

というその医師の文章に、当時のキャリアウーマンの扱われ方を知ることができます。

企業の側も、おずおずとではありますが、女性の能力を活用しようとしていました。昭和六十二年（一九八七）三月号では、「女だけのプロジェクト・チーム花盛り」という記事が。当時、上司も部下も女だけというチームで商品開発等をすることが流行。「女性の感性」だの「女性ならではの細やかな発想」だのが、珍重されていました。企業の男性社員は、

「消費者の気持を一番よくわかっている女性社員の目を生かさない手はない」

「彼女たちの場合、知らない、固定観念がないというところが逆に強みになってますね」

という意見。女性の消費者目線、素人目線が、男性にとっては新鮮だったのです。

「いずれ女性が企画した、ヒットさせた、という話がニュースにもならなくなる日が来るだろう」

ともここでは記されていますが、確かにそれは今日、現実のものとなっています。

同年六月号には「働く女性のストレス解消法」という鼎談もありました。「今のビジネス社会はあきらかに男たちがつくり上げたもの」だからこそ、女性が男性と同じように働こうとしたら激しいストレスに晒されてしまう。男性は「赤提灯《ちょうちん》で憂さをはらす」等の手法がすでに確立されているけれど、「女性はストレス解消の場がないんです」と、山谷《やまたに》えり子。「給料もらったら、パアッとその日は飲むとか、ゴージャスにビフテキでも食べるとか、そういう自分の心をケアするという部分に欠けるところがある」のだ、と。旅にエステに買い物に女子会。……と、女性の方がよっぽどストレス解消法を多く持つ今の世からすると信じられないのですが、当時の女性はまだ、不器用だった模様です。

「アグネス論争」で真っ二つに

一方で、女性だからこその自由もあったようで、男性はまだ「家族を食べさせる」という重責を負いつつ、基本的に終身雇用の意識をもって働くのに対して、女性は気軽に転職をしながらより良い仕事を求めるという傾向がありました。山谷も「たしかに、トラバーユの世界って、男の人にはないですね」と発言しています。

『とらばーゆ』とは、昭和五十五年（一九八〇）に創刊された、女性を主なターゲットとする求人情報誌。当時、「転職する」の意味で「とらばーゆする」と言われたりしていたのです。

労働市場における女性の存在感が大きくなっていったこの頃、政治の世界でも動きがありました。昭和六十一年の十一月号では、「女性のために　日本のために」と題した、土井たか子による文章が。同年九月、土井は日本社会党の十代目委員長に就任していました。女性が政党の党首になるのは、日本で初めてのこと。この時の土井の「やるっきゃない」という発言は、流行語となりました。

高齢者、教育、憲法などの問題について記す、土井。「とくに女性だからとか、男性だからとかをあまり意識しない方」ではあるけれど、「私に何が出来るかが、日本の女性たちに、どれだけの影響を与えるかについては、十分に意識しています」と記します。

土井の文章に先立つこと四ヵ月、七月号には、辻元清美による「『女のくせに』をエネルギーにして」という文章が載っていました。この時、辻元の肩書きは「平和を考える『ピース・ボート』主宰者」。

母親から「男の人に頼って生きていく女にだけは、なったらつまらんよ」と子守唄のように聞かされて育った辻元は、「女のくせに」と言われると「条件反射で逆噴射」するという「早稲田大学六年生」。管理教育の問題、平和問題に興味を持ち、やがてピース・ボートを出航させる。……という二十代の一代記は、実に活動的です。そして十年後、辻元が土井たか子の誘いによって社民党（当時）から立候補し、衆議院議員になることを、この時はまだ誰も知りません。

女性が本格的に男性社会に進出するようになってくる中で、女性世界においては一つの騒ぎが勃発していました。それは昭和六十二年、歌手のアグネス・チャンが前年に出産した乳児を連れて楽屋に来たということを、淡谷のり子、林真理子、中野翠《みどり》等が批判した、いわゆる「アグネス論争」。

それまでも、女同士の論争は存在していました。『婦人公論』でも何度か、専業主婦の是非を問う「専業主婦論争」が行われていたのです。しかしアグネス論争は従来の専業主婦論争とは異なり、働く女性同士の対立でした。『婦人公論』も何度かこの問題について取り上げており、昭和六十三年（一九八八）一月号の座談会「’87年度　話題をまいた女たち」では、「働く女性の見解をこれほど真っ二つに分けた事件もない」（青木雨彦）、「あれは〝いじめ〟ね」（大宅映子）、「誰でものびのびできる時代なんですね。昔は芸能人って結婚さえ隠していました。今や子供産もうが、不倫しようが……」（平岩弓枝）といった意見が。

アグネス論争は、林が「いい加減にしてよアグネス」という文章を『文藝春秋』に記したこともあり、林vs.アグネスの様相を呈していきました。『婦人公論』同年八月号の「子連れ出勤論争・私も一言」という特集では、「新人類女性はアグネスをめざすか」「昔はみんなアグネスだった」という文章の執筆者が二人とも子供を持つ女性教員ということもあり、アグネス側に立っています。「子どもの存在なしでは人間の未来はない、という一番大切なことを、林さんは忘れているのではないだろうか」「林さんのような子の無い人たちの、他人の子への無関心や冷たさ」（注・林は当時、独身で子供なし）等と、子無しvs.子持ちの対立軸が見えてくるのです。

男も女も浮かれ始めた

未婚・既婚、子無し・子持ち、働いている・いない……と様々な立場の女性が存在するようになり、女性だからといって必ずしも一枚岩ではないことが見えてきた、この時代。中でも目立つようになってきたのは、昔ならば結婚しているのが当たり前の年頃になっても結婚していない女性達の一群です。『婦人公論』でもその手の記事が頻繁に目につくようになってきて、たとえば昭和六十一年九月号には「結婚情報産業に群がるハイミス」というページが。

ここでは、大学を出て良い仕事につき年収も高いという、ハイスペックな女性達が結婚できずに結婚情報産業に登録する、という現象が記されています。その手の三十代女性達には、「〝嫁《い》き遅れ〟〝ハイミス〟という言葉から連想される、暗さや情けなさはない」のだそう。「これまで〝嫁き遅れ〟といわれ、肩身の狭い思いを強いられてきた女性たちの中にも〝新人類〟が現れたようだ」ということなのです。

このように「新人類」という言葉がこの頃は誌面に頻出するのですが、「新人類」は一九八〇年代に「今時の若者」を示す時によく使用された言葉でした。ハイミスの世界にも新たな波がやってきたのであって、「50代を〝実年〟と名づけたように、30代の独身女性にもステキな名前を付けてあげなければ」という意見もあったようですが、そんな「ステキな名前」は、今に至るまで発見されていないようです。

昭和六十年に日本で初のエイズ患者が確認され、エイズという未知なる病に対する恐怖も急速に広がっていったこの頃。「エイズ時代　独身女性の性の愉しみ方」といった記事も見ることができます。

一方で女性の独身者が増えれば、男性の独身者もまた増えていたわけで、「非婚時代の男の恋愛とセックス」「結婚しない男が求める恋は」といった記事も。それらによれば、時代が変わって女性も結婚前に躊躇せずセックスをするようになったため、男性が性欲を満たすために結婚をしなくてもよくなってきたこと、また恋愛よりも、一人もしくは気の合う仲間との遊びや趣味に没頭する方が楽しいという「性に淡白」な男性が増えてきたことがわかります。既婚男性のセックスレス問題のみならず、独身男性のセックスレス化傾向も、見えてきたのです。

昭和六十二年七月号には「熟女の告白　わたしの㊙シングルライフ」というページがあるのですが、ここで女優の鮎川《あゆかわ》いづみが「最近株を始めたものだから友達はみんな驚いてます」と発言しています。独身女優と株、という組み合わせがミスマッチだったからこそ皆が驚いたのでしょうが、同年にはＮＴＴが上場し、初めて株が売り出される等、日本は財テクブームとも言うべき状況になっていました。公定歩合は史上最低の超低金利となり、「カネあまり現象」と称されてもいたのです。

それはすなわち、後年「バブル」と言われる時代が始まっていたことを示します。『婦人公論』でも、「財テク時代の陥し穴」「’88家庭財テクの方向教えます」「証券会社の店頭に集まる女たち」といった記事が。

「六本木になぜギャルが群がるか」「広告は女の欲望を変えた」といった記事を見ても、時代は明らかにチャラくなりつつありました。また「男がバーゲンに並び始めた」というルポでは、DCブランドのセールで五万円、十万円とお金を使う若い男性の生態が……。

男も女も、浮かれ始めていたこの時代。しかし彼等は、そんな自分達の足元がどれほど不安定であるかということに、まだ全く気づいてはいません。

〈コラム4〉老嬢からおひとりさまへ

晩婚化や非婚化は比較的新しい現象かと思いきや実はそうではなく、大正時代からその問題は指摘されています。

大正十三年六月号「教養ある婦人と結婚難の問題」（賀川豊彦）では、女子大学の卒業生を見ると、美貌の婦人は結婚率が高いけれど、「顔の醜い女」は「比較的長く研究をして美貌の女に負けないように名誉を勝ち得」ようとする、と身も蓋《ふた》もないことが。クリスチャンの社会活動家である賀川でも、教養ある女性は「結婚する為めには相当に謙遜になるのがいゝと思う」と書くのを読めば、日本の男性の正直な気持ちが見えてこようというものです。

大正十五年九月号「学問をした女と学問をせぬ女との差」でも、学問をした女の晩婚問題が指摘されます。千葉亀雄は、学問した女は、女性らしさを捨て男性化し、「老嬢」となるのだ、と警鐘を鳴らすのです。

昭和になると「オールドミス」という言葉が見られるようになります。昭和三年十一月号には、「オールドミスの結婚観」として、東京朝日新聞の女性記者による手記が。自分を「醜い容貌」と卑下《ひげ》し、幼時から父親に、結婚はせずに働くようにと言われていた彼女。「女が母になることこそ、最も健全な、自然な天職であり、尊い道だと思います」と自分で書きつつも、そうできないことに悩んでいます。この時代、オールドミスがいかに生きにくかったかが滲《にじ》み出るかのよう。

戦後になると、「三十娘」という言葉が出てきました。昭和二十三年六月号の「三十娘座談会」では、「悲惨な戦争のために『三十娘』と云う特殊なジャンルが生れた。誰しも結婚を望んでいる。しかし家庭を営む家がない。金がない。その上、相手がない」とされています。独身男性が大量に戦死したため、この頃の日本には、独身を余儀なくされる女性達がいたのです。

座談会に参加している働く女性達は、微妙な心理を抱えていました。三十娘に対する世間の視線は冷たいけれど、もう「普通のところでは妥協できない」し、「女中と娼婦の兼任」のような家庭生活に入るのも嫌、と。

「三十娘」は時代の犠牲者であったにもかかわらず、世間は彼女達を特殊な目で見ていました。昭和三十年五月号「結婚期からの解放」（石垣綾子）では、「〝三十娘〟の性欲をどうすれば満足させることができるか、ということは社会全体が考えなければならない」とまで（本当に考えたのだろうか？）。

一方では「三十息子」という言い方もあったようで、昭和三十四年一月号では「売り惜しみ三十息子」（山崎豊子）という記事が。三十息子達を調査したところ、経済状況、住宅難、結核といった理由で結婚を避ける男性が多いとのこと。また経済的に恵まれた男性ほど結婚を避ける傾向もあるという意味で、「売り惜しみ」とされたようです。

昭和四十二年五月号「ハイミスと結婚の扉」では、田辺聖子が「オールドミスからハイミスに取ってかわった」と書きます。ハイミスは「女一人大地をゆく、という風に堂々、男性と肩を並べて職場に生きる女」というイメージだったのだそう。精神的経済的な独立がハイミスの生きる道だ、と。

昭和六十年になると「40娘の恋とプライド」といった記事も見えるようになりますが、この頃も「ハイミス」という言葉は使用されていました。とはいえ、田辺聖子が書いた時のような「女一人大地をゆく」といった良いイメージは薄くなり、やがては使用されなくなっていきます。

「おひとりさま」「負け犬」といった言葉が登場したのは、二十一世紀になってから。この頃になると晩婚・非婚化はぐっと進み、一人でも楽しく暮らす「おひとりさま」、自《じ》嘲《ちょう》気味の「負け犬」と、独身者達は自らの「独身」という状態を、自分なりに飼いならすようになるのでした。

平成の分かれ道

平成元年〜28年

1989-2016

28「女の時代バブル」が到来

昭和天皇崩御の日、デパートでは

昭和六十四年は、七日間で終わります。その年の一月七日に、昭和天皇が崩御。翌日に新しい元号が発表され、一九八九年という年は、日本において「平成」となったのです。『婦人公論』では、昭和が終わった年の三月号で「証言　時代の節目に生きて」という特集を組みました。「昭和の天皇の思い出　新天皇への願い」（上坂冬子）、「親戚として天皇ご一家を思う」（池坊保子）といった寄稿が見られますが、この号以降は、特に「昭和の終焉《しゅうえん》」に関するページは見られません。

昭和天皇が病に臥《ふ》せっている時は病状等の報道も頻繁で、崩御直後は自粛ムードが強かった日本。しかしその後は、意外なほど素早く日常が回復しました。同号には「天皇の逝去で感じた日本のフシギ」という、日本に住む外国人女性による座談会が掲載されましたが、ここで語られたのは「意外に日本人は落ち込んでいない」ということ。ある参加者は「急に右翼的な気運が高まってくるのではないか」と心配したけれど、さにあらず。「半旗を掲げたのがたったの二日」とか「お店も休まない」とか、崩御当日もデパートは「すごい混雑」で、「みんな目と心はバーゲンに奪われていて、それどころじゃない」という状態だった、ということなのです。

第二次世界大戦では、昭和天皇の名のもとに、多くの人々が命を落としました。その天皇が崩御したというのに、平気な人は案外平気。……という事実の背景には、敗戦から既に四十余年が経過し、戦争の記憶を持つ人が少なくなっていたことがあります。そしてもう一つ、その時の日本がバブル景気の只中にあったことも、無関係ではないように思うのです。

天皇崩御の日は、たまたまバーゲンシーズンの土曜日。デパートとしては休むわけにもいかなかったのでしょう。当時の日本は、とにかく物がよく売れていたのです。

同年十二月号では、「ニューミセスの都市型商品学」（中野裕《ひろし》）という記事がありました。昔は「奥さま」と言われた主婦達は、今や「外さま」。一九七〇年代初期は、「大量生産・大量販売」で「他人と同じようなものを使って安心した」という「10人1色」の時代だったけれど、八〇年代前半は個性を重視した「10人10色」に、さらに後半になると「1人10色」と、様々な価値を楽しむようになり、それは「第二期消費黄金時代」だ、とされています。

何事においても「ワンランクアップ」のものがよいとされ、「高価でも価値のあるモノが欲しい」という人ばかり。飛行機はファーストクラスの座席から埋まり、金製品や宝飾品は空前の売り上げ……。筆者もさすがに、「何かおかしい。どこかおかしい」「良いモノを少しでも安価に買う努力をするのが賢い消費者というものだ」と記していますが、この頃こそが、後に言われる「バブルの時代」。

女性の購買力も、この時代に飛躍的にアップします。平成二年（一九九〇）二月号には「リゾートマンション購入後悔記」という手記があったり（越後湯沢のリゾートマンションを買ったはいいが、行くまでの交通渋滞がひどくさんざんな目に……）、七月号には「マネーゲームに賭ける若い女性」といった記事も。

一月号には「商品を変えた女の力の75年」（櫻井秀勲《ひでのり》）というページもありました。女性の生き方の変化とともに求められる商品も変わってきたわけですが、特に当時はその激変期で、「女性が歩けば、商品が生まれる」という状態。女性の参入によりテニスやゴルフの道具も売れ、女性が夜遅くまで出歩くようになれば商業施設は閉店時間を、そしてJRは終電の時刻を、延長。女性も「外車をラクラク運転」し、「ダイヤの指輪をしたまま、料理を作る」というこの頃、ブランド志向にも個性化が見られて、既にシャネルやヴィトンなら何でもよい、という時代ではない。

ほどなく花盛りを迎える「高度愉快社会」では、性差も年齢の差も目立たなくなり、

「老人は中々年を取らなくなります」と、筆者は予言するのでした。

政治は「おたかさんブーム」に

日本経済がバブルの絶頂を迎えていたこの頃、日本女性を取り巻く状況もまた、バブルだったようです。たとえば政治の世界においては、「おたかさんブーム」が起こっていました。社会党（当時）の党首に土井たか子が就任したのは、昭和六十一年（一九八六）ですが、平成元年に行われた参議院選挙では、消費税導入やリクルート事件に対する自民党への批判票をとりまとめ、社会党が大躍進。当選者に女性議員が多かったため、その現象は「マドンナ旋風」と言われました。

平成元年八月号では、「女たちが求める政治とは何か」（山谷えり子）として「女性だけの影の内閣」名簿が発表されています。『婦人公論』では過去二回、同じ企画が行われていますが、今回はおたかさんブームを受けての企画でしょう、総理大臣はもちろん、土井たか子衆院議員。副総理大臣に田中寿美子参院議員……と、女性ばかりの名が並びます。

この記事には、「無限に高度成長し、金もうけできるという幻想の時代は終わったのです」とありました。だからこそ女性の生活感を生かした清潔な政治を求め、女性だけのシャドーキャビネットを、という企画が生まれたのでしょう。

十月号には、マドンナ旋風を受けての「土井たか子さんへ　女からの注文」「女性への期待と社会党への苦言」といったページがありますし、十二月号では「女性一年生議員の夫たちはいま」という記事が。マドンナ議員の夫達は皆、「女が外に出るのは当たり前のことですよ」等と、理解が深いのです。女性が大量当選したことは「女の時代になってきた証拠です」、とも。

「80年代は女性の時代」と言われたのは一九七九年のことでしたが、それから十年が経ち、景気とともに「女の時代」もまた、本当に実体がともなっているのかよくわからないままに、どんどん膨らんでいたようです。『婦人公論』はさすがに、平成二年一月号で「'90年――はたして〝女の時代〟か」という懐疑含みの大特集を組んでいますが、しかし世の中の女性達は、浮き足立っていました。

たとえば二月号には「女のコへの贈りもの　大学生の涙ぐましい努力」という記事が。当時の大学生は、クリスマスイブは彼女のためにシティホテルをおさえ、フレンチを食べてティファニーのアクセサリーをプレゼントしたものだ……といった伝説が今も残りますが、それは伝説ではなく事実。彼女のために十数万円を一夜で使う、という男子大学生の様子が記されます。

ついでに言うならこの時期、書き手の文章も実に軽い。この記事も、彼女の驚く顔が見たいからプレゼントを渡すところはビデオカメラで写す……という大学生に対して、「いろいろ考えているんだ。かわゆいね。かわゆくなくては、男じゃない！　なーんて、あらためて思いたくなってしまうじゃありませんか」といった調子で記されるこの時代、世の中全体がうわついていたのであり、昭和天皇の崩御があっという間に吹き飛んでしまったのも自明と言えましょう。

送迎担当のアッシー、食事をおごってくれるメッシー、貢物をくれるミツグくんといった言葉がこの時代の『婦人公論』には頻出しますが、当時の恋愛現場は女性側が有利な市場とされていました。彼女達は結婚相手に「三高《さんこう》」を求め、気に入らない相手であれば別に結婚しなくてもいい、という感覚。だからこそ、新婚旅行で気に入らないことがあると帰国後成田空港でもう離婚、という「『成田離婚』に走った女たち」（平成二年九月号）といった記事も見られるのでしょう。

「おやじギャル」という言葉が流行ったのも、この頃です。ギャル風の可愛い外見なのにすることはオヤジ、という女性達が「おやじギャル」。もはや女性性を強調せずとも男性には不自由しないのがわかったから、彼女達はオヤジ化したのか……？

同年六月号には、「おじさんギャルは結婚難民だ」という記事があります。少し前まではお嬢様ブームで、それっぽい服を着て慶應や成城のお坊ちゃまと遊んでいた女性も、一、二年もすると「自分が何もないんだもん」とばかばかしくなり、その後は「雑誌にのせられてキャリアウーマンでもって思ったけど、そんな甘いもんじゃないでしょ」と挫折。ということで「あとは気楽におじさんギャルになるしかないのよね」ということなのだそう。

また、「カレのコネで広告代理店へ入った」あと「糸井重里みたいなコピーライターになるんだ」と頑張ったものの諦め、かといってすぐに結婚する気もなし、という女性の例も。好景気なので仕事に困ることもなく、生きるための結婚をしなくてもいいこの時代の女性達は、結婚に対してガツガツしなかったのです。

内向化していく男性達

女性がこのように、「女の時代バブル」に乗ってはしゃいでいたのに対して、男性は弱体化傾向が続きます。平成元年には、宮崎勤事件が明るみに。連続幼女誘拐殺人を犯した犯人の部屋に、大量のポルノビデオや漫画が散乱している、という図が日夜報道されました。彼は、八〇年代から目立つようになってきた「おたく族」に分類されることとなったのです。

同年十一月号では「『オタク族』に未来はあるか」（小田嶋隆）という記事が見られますが、「女の時代バブル」の一方で、内向化していく男性達もこの時期に目立ちます。

同年五月号には「若い男はほんとうにダメか」という鼎談があり、若者の精子が減っているとかインポテンツだとか、はたまたすね毛を脱毛したり香水を使ったり……と、「男らしくない」という様々な批判が。

翌六月号の「『女』になり始めた男の結婚願望」（山根一眞《かずま》）では、そんな男性達の結婚難の様子が記されました。当時、結婚適齢期の男女の数を比べると、男性が五十五万人余っていたのだそう。女性が結婚相手を選ぶ時代になったのだけれど、女達は少女漫画などで脳内の恋愛経験値を無駄に高めて「三高」を求めてしまう。

対して男性は、女に好かれるためにと、ファッションにリゾートホテルにグルメといった情報が満載の、一見女性誌のような男性誌に夢中。「かつて男は口が腐っても『おしゃれ』などという価値基準は使わなかった」のが、モテたい一心で若い男はおしゃれ化、すなわち女化していったのです。

男女の逆転現象の中で結婚できない男女が増える、と筆者は予想。そして『子供』を持たない膨大な数の非婚者が老齢期を迎えたとき、日本に何が起こるのか、少し背筋が寒い」と、記されます。

この予想は今日、見事に当たっていると言えましょう。まずはこの文章が世に出た翌年の平成二年に、日本は「一・五七ショック」というものに見舞われます。前年の合計特殊出生率は、一・五七。丙午《ひのえうま》だった昭和四十一年（一九六六）の一・五八が日本にとっては歴代最低の出生率だったのですが、その数値を初めて下回ったということで「ショック」だったのです。

平成二年九月号では、「出生率激減の陰に不妊症候群」「出産力低下のゆくえ」といった記事が見られます。「出産力低下のゆくえ」では、「女性に男と同じように働かせて、国は支えろ、子どもも産め、育てろというのは、ムシが良すぎるわよ」といった発言がありますが、一方では「〔若者には〕結構結婚志向があるし、出生率はそんなに下がりそうもないなという感じがしますね」という発言も。平成十七年（二〇〇五）には一・二六まで下がることを思えば、残念ながらこの発言は楽観的すぎたようです。

結婚しても意識的に子供をつくらず、夫婦二人の生活を楽しむ、ＤＩＮＫＳ（ダブルインカムノーキッズ）という新しいライフスタイルも、この頃に注目されています。平成元年三月号には、「ＤＩＮＫＳ　私の場合」という応募手記の入選作が掲載されるなど、ＤＩＮＫＳはちょっとおしゃれなカップルの形態として話題になっていました。しかし日本においてＤＩＮＫＳはさほど流行らず、結婚をしたカップルは二人程度の子を産んでいた模様。結婚しない人が増えたことによって、出生率は低下していたのです。

実家の居心地が良すぎて

平成二年四月号では「結婚したがらない娘たちの本音」というルポが。働く若い女性達は、「生理用パンツも母親に洗ってもらって恥じない」ということで、実家の居心地が良すぎて結婚する気になれない。親の側もまた「ペットにするなら、母親にとって息子より娘のほうがいいのじゃないかしら」という感覚になっており、娘達は「親の庇護のもと、生活的自立や精神的自立のキバを抜かれて」いるという状態でした。

また平成三年（一九九一）八月号は「〝産まない時代〟の親子論」という特集。「子のない私たち夫婦の明日」（下重暁子）、「女35歳『産まないかもしれない症候群』」（島村麻里）といった文章が並ぶのです。

そんな中で異彩を放つのが、同年三月号「結婚の成功ってなんだろう」という特集内の、「人生の墓場だなんて信じらんない！」という対談です。こちらは、互いに結婚したばかりだった林真理子と太田房江（通産省通産研究所研究主幹・当時）による「幸せの絶頂対談」というもので、林はここで、

「実は一昨日、とうとう籍、入れちゃった」

と告白しています。

太田は、豊かな時代に生まれ育った今の若者は、「足りないものに対して食いついていってまでそれを満たそうという訓練ができていない」と言います。そして、自分は社会的地位や広い世界を持っているが、夫には「自分のやっていることに誇りを持って欲しい」と。

また林は「私たちは外で本当に息つく暇なくやっているから、夫の前では女の子みたいになると思うの」「それを見るというところに夫の優越感もあると思う」とも。

「女の時代」に、このような強い女性達が結婚したことは、大きな希望になったのだと思います。しかし残念なことに、その下の世代は、まさにキバを抜かれて、結婚に食らいつくことを止めていたのであり、晩婚化と少子化は着々と進んでいったのです。

29　女の人生、ロールモデルは？

バブルと共にしぼんだものは

『婦人公論』における「バブル」という文字の初出は、平成三年（一九九一）十一月号。「損失補塡《ほてん》　せめてもの教訓」という鼎談においてでした。

前年から始まった株価下落で損失を出した顧客に対して、証券会社が損失補塡していたということが大きなニュースになっていたこの頃。「バブルの被害に会わない知恵を」ということで、この鼎談は行われました。自らも株を買っているという女優の冨士眞奈美は、

「バブルのころに、あんなにさんざん『あれ買いなさい』『これ買いなさい』と勧めた人たちは、どこにいっちゃったんでしょうね」

と言っています。好景気には実は実体が無く、「バブル」であったということが、認識されるようになったのです。

平成四年（一九九二）になると、バブル崩壊関連の記事がさらに目立ってきました。たとえば二月号は、「お金とうまくつき合う法」という特集。目次を見ると、「リッチな生活は憧れでいい」「お金のないしあわせ」等、アッシーだのメッシーだのといった単語が頻出していた頃が嘘のように、引き締めムードたっぷり。さらには「バブル後のお金運用ガイド」「92年、株はどうすればいい？」という見出しも並び、そこには「財布の紐をふだんに増してしっかりと締め、無駄な出費を抑え」、「なるべく蓄えを多くしておくことが大切」などと書いてあるのでした。じゃんじゃん投資してじゃんじゃん物を買いましょう、という空気は、見事に姿を消しています。

バブルの時代はまた、「女の時代」でもあったと、前章に記しました。ではその「女の時代バブル」はどうなったかといえば、やはりバブル景気と共にしぼんでいったようです。バブルの頃は、女子大生の就職も売り手市場。「女子学生への求人は飛躍的に増加した」と平成三年四月号「女子学生就職戦線レポート」にあるのに対して、翌年十一月号の鼎談「『複合不況』がしのび寄る」では、当時ベストセラーとなった『複合不況』の著者である宮崎義一《よしかず》京大名誉教授が、

「いま、若い人、特に女子大生は就職先がないですね」

と語っています。翌平成五年（一九九三）になれば、二月号「複合不況下の女子学生就職戦線」において、さらに厳しくなった就職事情が記されました。

状況は時を追うごとに悪化し、平成六年（一九九四）になると、八月号で「女子学生就職『氷河期』乗り切り大作戦」という座談会が。不況下、就職戦線から「女子締め出し」という状況となり、女子は「男子の三倍努力せよ」と言われ、バブル時代と比べれば、女子学生が企業へ出すハガキの量は一桁多くなっている、と。

バブル期は、男子学生が払底したため女子学生への求人も増えたけれど、景気が悪くなれば、女子学生から求人が減ってくる。……ということで、やはりそこにも「実体」は存在していませんでした。

昭和六十一年（一九八六）に鳴り物入りで施行された男女雇用機会均等法も、この頃になると勢いを失ったように見えます。平成四年四月号の「企業はどこまで女を活用しているか」は、様々な企業の女性管理職による座談会なのですが、とある百貨店で課長を務める女性は、

「均等法施行前後は、〔女性は〕『私は頑張ります、結婚しても仕事は続けます』と異口同音に言っていたんですが、最近はそういう人がめっきり減ってきました」

と言います。それというのも、総合職採用の女性は「どうも失敗しているケースが多い」ということで、女性達が無理して両立を目指さないようになってきた、と。

平成五年三月号の鼎談「〝女性総合職〟過渡期の試練」では、

「女性の総合職が十分に育たなかった理由の一つに、お手本がいないことが挙げられると

思います」

と、総理府職員の菅原（現・坂東）眞理子が語っています。総合職を辞めた女性が、

「先輩の女性が結婚もしないで、お母さんが作ったお弁当を食べている。私もああなるのかなと思ったら、とても辛かった」

と語っていたと紹介。「男性と同じように働ける女性は仲間に入れてあげる」という制度が総合職というものなのであり、そうすると女性が結婚や出産から遠ざかり、後輩女性が「ああなりたい」と思うようなロールモデルが存在しないのだ、と続けます。

男性並みに働くことが要求されたキャリア志向の女性にとっては、男性に求めるものも従来とは違ってきたようです。バブルの時代は「三高」という言葉が有名になりましたが、働く女性は、「料理が上手で、やさしくて、早く家に帰ってきて」という男性でないと「自分のキャリアは積んでいけない」と、見城美枝子は言うのです。

結婚しても、キャリア女性は試練が続きました。子供が病気になる度に「田舎から母に夜行で上京してもらいました」と菅原。平日は子供を実家に預けて週末だけ共に過ごすとか、実家の近くに引っ越す等、キャリア女性の大変な状況が見えてくるのであり、並の女性では「ああなりたい」とは思えなかったことでしょう。

世界各地の印象的な女たち

日本では「女の時代バブル」も、バブル経済と共に去った模様ですが、世界に目を向けてみると、印象的な女性が多々登場しています。たとえば平成四年九月号には「ダイアナ妃騒動の正しい読み方」という記事が。この頃、イギリスのチャールズ皇太子の妻であるダイアナ妃に関する本『ダイアナ妃の真実』が、世界的な話題になっていました。この本には、チャールズの不倫や冷めきった夫婦関係等について記されているのですが、あまり自分を強く持たない女性であったダイアナ妃が、この頃からはっきりとした意思表明をするようになったようです。

アメリカに目を転じれば、一九九二年にビル・クリントンが大統領に選出されたことにより、その夫人であるヒラリーに注目が集まりました。『婦人公論』でも、「猛女ヒラリー〝外助の功〟の評判」、「ビルとヒラリー、とんだカップルの力量と品性」といった記事が見られます。アメリカでは日本よりも一歩、というより何歩か先に、結婚も子供もキャリアも、という女性が台頭しているのです。

日本の政界はと見てみると、土井たか子を旗印としたマドンナ旋風が吹いたのは前章にも記した通り。さらにその後、新世代の女性議員も登場します。たとえば平成四年に細川護熙《もりひろ》が結成した日本新党から出馬し、同年の参議院議員選挙で当選したのは小池ユリ子

(現・百合子)。十月号では「選挙は女の意地の見せ所」として、同選挙で落選して「政治評論家」の肩書きだった高市《たかいち》早苗、冨士眞奈美と共に鼎談をしています。

日本新党を「一種のベンチャー・ビジネス」と言い、「日本の政治に楔《くさび》を打つ仲間に入りたい」と語る小池は、キャスターからの転身。「鉢巻き・白手袋の選挙グッズを全部排除」したという小池は、

「政治家というと、オジン臭くて、ダサクて、お金に汚ないというイメージがあるでしょう。それを、私は少しでもスッキリやっていきたいと思ってるんです」

と語りました。

小池はさらに、参議院議員を任期途中で辞任し、翌年の衆議院選挙に兵庫二区から立候補します。この時、同選挙区からは土井たか子も立候補していたため、「新旧マドンナの戦い」と言われました。平成五年九月号では「小池百合子土井たか子　兵庫2区を揺るがせた14日間」(島崎今日子)というルポが。当時は同一選挙区に女性候補が複数立つということが珍しく、注目の的だったのです。

このルポで「女の武士」と記された土井に対して、小池の戦いは「どこまでも都会人のスマートさで貫かれた」。しかし一皮めくれば、土井は「侍《さむらい》言葉を喋《しゃべ》る戦前生まれの女」で、小池は「美女の衣裳をつけた野心家の青年」と記されているのですが、これは今の小池の姿を知る我々にとって納得のいくところ。結果は、土井がトップで二位が小池という

順位で、両名ともに当選することになります。

新プリンセスで皇室は変わるか

この時代にもう一人、日本中の視線をさらった女性は、平成五年六月に皇太子と結婚された、小和田《おわだ》雅子さんでした。平成二年（一九九〇）に秋篠宮殿下が川嶋紀子《きこ》さんと結婚した時も「3LDKのプリンセス」と話題になりました。が、次男が長男より先に結婚したということで、国民の間では、「皇太子殿下はどのような女性と……」という期待が膨らんでいたのです。

平成五年に、小和田雅子さんとの婚約内定が報道されると、世は雅子さんフィーバーに。ハーバード大、東大を経てキャリア官僚というその華やかな経歴に、注目が集まります。

同年三月号では「平成の皇太子妃誕生」という特集が。「夫婦共学び時代のスーパー・カップル」（猪口《いのぐち》邦子）、「われても末に……」（田辺聖子）といった文章が寄せられていますが、そこで注目されているのは、雅子さんが働く女性である、ということ。

田辺は、「小和田さんの眉宇《びう》にひらめく剛毅な自信」に魅惑される、と記しました。「戦後半世紀を重ねて、やっと日本はこんな女性を生んだ」、と。

働く女性が皇室に入るのは初めてのこととされたわけですが、同年四月号の「皇太子妃

で何が変わるか」という鼎談では、「キャリアウーマンが選ばれたことで、働く女が認知された」とはいえ、

「でも、形としては結婚退職でしょう」

と、田嶋陽子。同時期に、貴ノ花と宮沢りえが婚約の後に別離、という「貴りえ騒動」があったのですが、そこでも宮沢りえは、仕事を辞めるように求められていた模様です。特に伝統的世界の男性と結婚する女性は、どれほどキャリアを積んでいようと、自分が仕事を辞めざるを得なかったのです。

ちなみにダイアナ妃はこの頃、既に夫との別居生活に入っていました。ダイアナは王室の中で「ノー」と言ったのだ、ということで田嶋は、「〔雅子さんも〕自分が幸せになれないと思ったとき、はっきり『ノー』といってくれたら、皇室がどう変わるのか、楽しみではあるんです」と語ります。

同年六月の結婚の後は、「皇太子ご成婚に寄せて」（七月号）という特集が。「皇室はどこまで開かれるか」（杉本苑子）、「雅子妃のセンスへの熱い期待」（君島一郎）といった記事が見られるのですが、この時人々は、新しいタイプのプリンセスが、きっと新しい人生を歩んでくれるであろうと、熱い期待を寄せていたのです。

ヘアヌードと精神世界ブーム

上《うえ》つ方《かた》の世界から目を離した時に話題となっていたのは、松田聖子です。郷ひろみとの交際・別離、神田正輝との結婚・出産と、何かと話題の人だった彼女。平成四年五月号には「母と聖子と沙也加と僕」という神田正輝による手記が、そして平成五年十月号には、神田の母である旭輝子《あさひてるこ》による「わが嫁　松田聖子へのエール」という手記が見られます。松田聖子の姑である旭輝子は、「実の娘・法子《のりこ》〔聖子の本名〕」と呼ぶほど彼女を可愛がっており、仕事も結婚も、という道を進む聖子を見守っているのです。

平成六年七月号になると、「聖子・しのぶに読む恋愛進化論」という鼎談が。この頃、松田聖子と交際していたというアメリカ人男性が出した暴露本が話題になっていました。彼女の人生に対しては毀誉褒貶があったものの、しかし若い女性達は、意外に支持していたのです。それというのも彼女達は、「結婚制度の枠は守りながら、いい思いはしたい」から、と田嶋陽子。彼女達は松田聖子のように「仕事も結婚も子供も、そして浮気も欲しい」のだ、としています。

松田聖子は、もう一人の恋多き女である大竹しのぶと比較されているのですが、「歌はすごいかもしれないけど、精神性は希薄」などと言われてしまいます。「マドンナのようなしっかりした生き方のアーティスト」がいない日本では、まだ「生き方のモデルがいない」と語られているのでした。

「女の時代バブル」崩壊後の混乱期、女の人生ロールモデルの不在が、ここでも指摘されています。そしてこの頃にヘアヌードブームというものが勃発したのは、その辺りとも関連性があったのかもしれません。

それまで、ヌード写真においてヘアすなわち陰毛が写ることは禁じられていたのですが、平成三年に出た、篠山紀信による樋口可南子の写真集において、実質解禁状態に。以降ブームの状態となって、「ヘア論争を笑う」(平成五年二月号、佐野洋子)、「『ヘアヌード』ってなんだ？」(平成六年三月号)、「脱いでよかったと思うこと」(同号、川島なお美)といった記事が『婦人公論』をも彩ります。女性が生き方に迷い、惑いが深まったからこそ、いっそ開き直って素の自分を見せてしまえ、という気分も高まってきたのか……。

さらにこの頃に目立つのは、精神世界ブーム、のようなものです。平成三年九月号は、「いま、超常現象が面白い」という特集があり、「高級霊指向」(景山民夫)、「明日こそUFOに会える！」(阿木燿子)といった記事が。翌年八月号も「フシギの世界への誘い」という特集があり、「僕を仰天させた〝宜保《ぎぼ》愛子体験〟」(市川森一《しんいち》)、「直観は宇宙からくる」(横尾忠則)といった見出しが並ぶのです。

インドのサイババという人もブームになり、平成六年二月号には「輪廻転生を信じますか」ということで、桐島洋子と青山圭秀《まさひで》が対談。桐島は、サイババに会いに行くツアーにも参加したと語っています。

この頃はまだ「スピリチュアル」という言葉は登場していませんが、お金や物が信じられなくなった不安定な時代、人は目に見えない何かを信じたくなったのかもしれません。そしてこの流れは今後、さらに強まっていくのでした。

30　人生八十年時代に突入

阪神・淡路大震災とサリン事件

平成七年（一九九五）一月十七日明け方、阪神・淡路大震災が発生します。『婦人公論』では同年四月号において「阪神・淡路震災　天災と人災の廃墟から」という特集を組み、「ふたたび焦土になり果てたわが故郷よ」（野坂昭如《あきゆき》）といった文章が寄せられました。

翌五月号では「ボランティア元年は神戸から」という座談会が。阪神・淡路大震災をきっかけに、日本ではボランティア活動が盛んになってきたという意味で「ボランティア元年」という言葉が生まれていました。この座談会においても、震災直後はボランティアがまだ上手に被災地に行っても「迷惑なものが来てくれた」と言われた等、ボランティアが受け入れられていなかった様子が語られます。

震災以前は、ボランティアをしているというと「天下の変わり者」と見られていた、と

発言するのは、「難民を助ける会」代表幹事。司会の田原《たはら》総一朗も、

「たとえば読者が神戸へ行ってボランティア活動をしたいと思ったら、どうすればいいんですか」

と質問をしているのであり、まだボランティアが定着とまではいっていない模様です。

被災者の中でも、女性は特に「弱者」として存在していたことに注目し、同号には「女たちの声なき叫び」というページがありました。トイレや着替えといった被災直後の問題点や、少し落ち着いてきた後に姑と同居せざるを得なくなった女性の悩み、そして夫が会社の仕事にかかりきりになっている中、一人で水汲みや子供の世話を担わなくてはならなくなった妻の悩み等、女性特有の問題を掘り下げています。

大震災の混乱が収まっていないこの年の三月には、オウム真理教による地下鉄サリン事件が発生しました。バブルと共に勢いを増し、平成二年（一九九〇）には、全員落選はしたものの「真理党」として衆議院議員選挙にも候補者を出していた、オウム真理教。有名大学を出た若いエリート達が信者の中に多くいたことも、話題になっていました。オウムの勢いは、バブル崩壊とともに目につくようになっていたスピリチュアルブームの一環、として見られてもいたのです。

そのオウム真理教が、日本の犯罪史上、例を見ない凶悪犯罪を起こしたことで、世は騒然となります。何故、彼等が凶悪犯罪に走ったのかという理由を日本中が探ろうとし、

『婦人公論』においても、「若者たちはなぜ新々宗教に走るのか」（平成七年六月号）、『オウムがわかる』という社会病理」（同年七月号）等、オウム関連記事が目につくようになったのです。

環境問題、戦争、災害等の不安から、明日の人類を憂えた若者達が、宗教を頼った。競争社会の中で疲れ切っている若者が、オウムに走った。……等、そこでは様々な見方がされるのですが、「子供のときからテレビやパソコンゲームで育っている新人類」が「現実と疑似現実の間の境界がはっきりしなく」なって、「テレビゲームをやるように」犯罪に……と、若者達のバーチャルとリアルの境目があいまいになってきたのではないかという危惧が、この頃から語られるようになっています。

コギャルが生まれた理由は？

大きな出来事が二つ続いた平成七年は、日本にとって、戦後五十年という節目の年でもありました。同年九月号では、「敗戦50年　鎮魂あの日あの時」という特集が。その中の「瀬戸内寂聴　韓国人元『慰安婦』に聞く」では、元慰安婦達を寂庵に招いての座談が行われています。様々な体験を聞いた後、瀬戸内は「はるばる今日来ていただいたことを決して無駄にはしません」と締めくくるのです。

他にも「ピカドン　爆風に吹き飛ばされて」「山の手大空襲、表参道は遺体に埋まり」

「悲しみの島沖縄を支えた女の活力」等、戦争体験が綴られるのですが、体験を語り、記すのは、この時既に六十歳以上の方々。戦争を知る世代の高齢化が、進んでいました。

戦争のことをまるで知らないこの頃の若い女性達を表すキーワードは、「コギャル」「ブルセラ」「ポケベル」といったもの。オウムに走るほどには世の中への不安を感じていない若い女の子達は、無邪気に物質世界に走ったのです。

たとえば同年一月号では、「使用済み下着を売る少女、なぜ?」という記事が。何のために下着を売るのかといえば「お金が欲しいから」であって、「下着を売って何が悪いの?」と、あっけらかんとしていた、この頃の少女達。「コギャル母娘のびっくり生態」（平成八年〔一九九六〕三月号）では、ルーズソックス姿のコギャル達が口を揃えて、

「ママと仲いいよ。一緒に買い物に行くし、バッグやイヤリングはママと共有だし」

と言っていました。母親達は、娘達が援助交際をしているなど夢にも思わず、

「勉強ばっかりできてもねぇ。イジメられて自殺したり、オウムに入っちゃうんじゃ、あまりに悲しいでしょ」

とのこと。この頃のコギャル達は「自分の『商品』としての賞味期限をよくわきまえている」ということで、高校卒業を控えて、

「卒業なんかしたくない。男もクスリも遊びも全部やっちゃったから、大学生になってからの楽しみなんてないし、不景気だから就職だってできないもん」

と、刹那的なのです。オウムもコギャルも、時代の閉塞《へいそく》感がもたらした存在という点では、同じだったのでしょう。

援助交際の問題が大きくなり、「買春処罰で援助交際は防げるか」（平成九年〔一九九七〕七月号）といったページも見られた、この頃。「不景気だから就職だってできない」とコギャルも言っていましたが、バブル崩壊後の不景気は依然、続いていました。女子学生の就職市場は、氷河期を通り越して「超氷河期」と言われるように。「歪んだ企業の女子学生セクハラ面接」（平成七年四月号）や、「就職協定廃止で何が起こる?・」（平成九年五月号）といった記事からは、女子学生達の苦労が伝わってきます。

働き出しても安心はできません。「リストラに負けないために」（平成九年三月号）、「リストラ女性よ、ひとりで悩まないで」（同年十一月号）等、「リストラ」の文字もしばしば見られるように。震災でも戦争でもそして不景気でも、社会に危機がおとずれた時、真っ先にしわよせが来るのは女性のところなのです。

平成九年には、ショッキングな事件も発生しています。八月号では「小児殺害続発に潜む社会病理」という座談会が見えますが、これは、同年二月から神戸で発生した連続児童殺傷事件を受けてのもの。

十月号では「今、せめて父親にできること」と題した、つかこうへいと阿《あ》久《く》悠《ゆう》による対談が掲載されています。

つか「あの事件でみんな自信をなくしてるのか、マスコミが家族、家族って、やたらに言ってますね」

阿久「絆がなければ、家族が成立しないと思い込んでしまったりね」

と語る、二人。何か大きな事件がある度に、日本人は家族回帰をしようとしてきましたが、

「神戸の事件にしても、オウムにしても、僕は日本が戦後たどってきた道の当然の帰結という気がするんですね」

とつかは語ります。子供が少ないということで、傷つかないようにと大事に育てすぎた末にこうなった、と。

「介護おしん」と化する女性たち

実際、日本の少子化はさらに進んでいました。一・五七ショックを経て、政府は平成七年から「エンゼルプラン（今後の子育て支援のための施策の基本的方向について）」を実施。『婦人公論』でも同年五月号で「産む産まない、それぞれの覚悟」という特集があり、「〝産まない〟も女の選択」という対談が。「女性であれば、皆子供を産むもの」という感

覚は、すっかり薄れてきました。

特集内の「出産メディアは花のにぎわい」というページでは、出産・育児の専門雑誌や単行本、テレビ番組などが大はやり、と記されます。子供が貴重品となり、アクセサリー化してきたからこそ、「もはや有名人も無名人も関係ない。みんなが自分の妊娠・出産を語り始めている」という当時の状況は、皆がＳＮＳで子育てを語る今に通じていると言えましょう。

子供が減る一方で、日本の高齢化はどんどん進んでいました。日本女性の平均寿命は、一九八〇年代後半に八十歳を超え、「人生八十年」時代を迎えましたが、様々な問題が発生する背景には「人生八十年」がある、ということにも気づくようになってきました。

たとえば、晩婚化や晩産化は、人生が長いが故に結婚も出産も先延ばし、という側面が強い。また、この頃は既に『婦人公論』にとって定番の話題となっていたセックスレス問題、はたまた夫婦の婚外恋愛問題についても、人生そして結婚生活があまりにも長いが故に発生したもの。余生もどんどん長くなってきたことにより、「ああ定年、夫の在宅がストレス！」（平成六年〔一九九四〕十二月号）、「『夫嫌悪拒食症』の妻たちの叫び」（平成八年十一月号）といった記事も、目につくようになってきました。

高齢者介護も、深刻な社会問題として浮上します。平成六年に老いや死について記された『大往生』（永六輔）がベストセラーとなりましたが、平成七年三月号には、「大往生は男の発想、女は介護で立往生」（樋口恵子）という記事が。
男性は「後始末は女にまかせて」大往生について考えていられるけれど、「介護は女性の側に大きく偏っている」。「介護おしん」と化す女性は多く、ある農家の主婦は、「舅姑の介護、孫の世話、農繁期が重なった時期に急死した」のであり、「これが雇用者なら過労死認定を申請するところだろう」。

　そういった状況を踏まえて、平成九年には介護保険法が成立することになるのですが、女性達の老後や介護に対する不安は募っていました。同年六月号は、「年はひとりではとれないから」という特集。「介護からお墓までの女の闘い」「遺言ノートを書きましょう」「脳を鍛えればボケの9割は治る」「男やもめ、わが家で路頭に迷う」等々、危機感、焦燥感が漂う目次が並びます。

　同特集の「『介護嫁』表彰制度の光と影」というルポでは、日本の各地にあった「長年高齢者介護を献身的に続けてきたお嫁さんなどを、自治体が表彰する制度」を紹介します。「介護は嫁が担うべき」という意識のもと、公的サービスの利用を拒否し、趣味の教室もやめて介護に身を捧げる女性も多かったこの頃。しかし「家族だけの介護を美化しすぎると、共倒れを増やしかねない」ということで、表彰制度を廃止する自治体も出てきました。介護に対する意識は、この頃が転換点だったようです。舛添要一《ますぞえ》による「短期集中連載手記・痴呆症の母を守って家族崩壊」（平成九年十一月号、十二月号）も、介護をめぐる様相の変化を示す企画となりました。この手記では、男性の介護や遠距離介護の問題、のみならず介護によって揉める家族の姿が赤裸々に記され、この連載をまとめた『母に襁褓《むつき》をあてるとき』も、話題となったのです。

「見て見て症候群」に陥って

一方でこの頃、宇野千代が九十八歳で没。死の前年にも宇野は「21世紀を見たい私」という文章を寄せ（平成七年十月号）、亡き後は「弔辞　宇野千代　見事な生涯」（平成八年八月号、大原富枝）、「宇野千代さんの男始末は女の武士道」（平成九年二月号、福田淳）といった文章が。また、同じく『婦人公論』で活躍した評論家の石垣綾子も、平成八年に九十三歳で没。百年近い充実した人生を送った大先輩達の姿は、読者を励ましたことでしょう。

明治の女達が長寿をまっとうする一方で、平成の女達は、自らの行く末に不安を感じていました。平成九年三月号は、「女にばかり、なぜストレス」という特集。目次には、「タフな女の元気疲れ」「女であることが息苦しい時代に」「若く美しくあらねば、の呪縛」といった、ちょっと疲れ気味の文章が並びます。

特に「若く美しくあらねば、の呪縛」は、この時代から今に至るまで、ずっと女性達と共にあります。たとえば平成七年には、『ＶＥＲＹ』という雑誌が創刊されたのですが、これは『ＪＪ』を卒業し、三十代後半〜四十代になった既婚女性のための雑誌でした。

昔であれば、その年代の女性は既に女としては引退済みで、主婦向け雑誌を読んでいたのでしょうが、この頃になると、中年主婦もまだ「女」。三十代で老け込んでしまうには人生は長すぎるのであり、いつまでも若く、モテ続けるためには、主婦向け雑誌ではなく「女」向け雑誌が必要とされました。

対して『婦人公論』読者にとっての三十代後半は、迷い時でした。長すぎる人生、常に迷うことなくいきいきし続けるのも難しい……ということで、平成九年十二月号は、「35歳からの自分探し」という特集。「女の迷い時の乗り切り方」では高見恭子と松原惇子《じゅんこ》が対談していますが、高見は、

「『見て見て症候群』は悲しいと思います」

と語ります。十代の頃は親が、二十代は異性や友人が自分のことを見てくれているが、「三十代も中頃になると誰も注目してない」。子供に「見て」と言っても迷惑がられ、あとは「主人からエルメスのバッグを買ってもらったの」という幸せな私を「見て」、とアピールする人ばかりなのだ、と。

この時代、SNSはまだ登場していませんが、「見て見て症候群」に陥る人の心理は、SNSでリア充自慢をせずにいられない今時の女性達の心理と同じもの。長生きが「めでたい」とばかりは言っていられない時代が、到来したのです。

31　日本最後の専業主婦論争

言論誌から、女性誌へ

時は世紀末、一九九八年（平成十）のこと。『婦人公論』は大幅なリニューアルを決行しました。それまでは、きょうだい誌である『中央公論』と同じA5サイズだったのが、現在と同じサイズに。それまで長らく月刊誌だったのが、月二回の刊行となったのです（二〇二二年より再び月刊に）。

しっかり厚みがあったA5時代と比べると、薄くそして大きくなった、『婦人公論』。現在と同様の篠山紀信撮影による華やかな表紙となり、言論誌から女性誌になった、という印象を受ける変貌です。

内容もまた、軽やかになってきました。リニューアル後の『婦人公論』で重きが置かれたのは、芸能人や有名人の、スキャンダル絡みの記事。たとえば、リニューアル一号目には、「待ち続ける私を捨てた夫　三田村邦彦へ」ということで、妻による手記が。のみならず、「三田佳子《よしこ》　母親失格の烙印《らくいん》を押されても」と題した「本誌独占9時間インタビュー」も見られます。

当時、三田佳子の次男が覚醒剤所持によって逮捕され、三田夫妻はバッシングの渦中にいました。そんな中で「母と女優のはざまで揺れ動く、彼女の口から語られた真実」が、前・後編にわたって掲載されたのです。

『婦人公論』は創刊当初より、事件やスキャンダルの渦中にある有名人が手記を発表したり、また第三者がスキャンダルを評論する場として機能してはいました。が、リニューアル後はよりその旗幟《きし》が鮮明になったのです。「郷ひろみ　二谷友里恵　〝価値ある別れ〟への疑問」（川村二郎）、「花田景子　横綱と息子と私の熱い夏場所」など、時の人が頻繁に登場するようになりました。

その手の記事は、しばしば時代を象徴する内容となっています。たとえば平成十一年（一九九九）三月二十二日号には、「〈対談・涙を糧に〉夫の暴力と向き合う勇気が自分を変える」というページがありますが、これは当時、家庭内暴力が原因の離婚が話題になっていたタレントの堀ちえみと、参議院議員で弁護士の福島瑞穂《みずほ》の対談。有名人によるＤＶ被害の告白は、ＤＶという概念が日本に浸透するきっかけとなりました。

「私が別居した3年前は、今よりもドメスティック・ヴァイオレンス（ＤＶ）は認識されていな」かった、と語る堀は、「今ＤＶを受けている人とか、これがＤＶなんだって気がついていない人たちにも伝えたかった」と訴えます。「ダンナさんに殴られるのは自分に落ち度があるのかな」と思っていた堀は、「家庭の恥、自分の恥、ダンナさんの恥」だと思ってＤＶ体験を口にすることができなかったけれど、体験を通じて「イエス・ノー」をはっきり言えるように生きなくては」と学んだ、とも。

この記事を読み、隔世の感を抱いた私。戦後しばらくまでの『婦人公論』には、女は本当は男に殴られたがっているものであり、「あなたはわたしが好きだ好きだと言っているけれど、未だかつて一度も私をなぐったことがないじゃありませんか。あなたは私を愛していない証拠だ」と、女性に言われたという男性の発言が、座談会で見られたりしたもの。それが世紀末になってやっと、妻は夫の暴力を嫌がるようになり、かつ「ＮＯ」と言うようになったのです。

少し前に登場していた「セクハラ」と同様、「ＤＶ」もまたアメリカから入ってきた概念です。それまで女性達が何となく嫌だと思いつつも言い出せなかったことも、新しい言葉の登場によって「ＮＯ」と表明することができるようになってきました。

「ひきこもり」の登場

他にも、新しい言葉の登場によって問題が浮き彫りになるという現象が、この頃には目立っています。たとえば、「パラサイト・シングル」。これは平成十一年、山田昌弘の著書によって広まった言葉であり、いつまでも結婚せずに親と一緒に住む子供のこと。

同年五月二十二日号には、「『パラサイト・シングル』という選択」というルポが掲載されています。この時点では、「パラサイト・シングル」という言葉のイメージはさほど悪いものではなかったようで、

「私は進化するパラサイト・シングルでありたい」

などと、当事者の前向きな発言が。「彼女たちの生き方は、未婚化&高齢化社会をしなやかに生き抜こうとする、輝く女性たちの新しい選択肢」という、明るい文章でルポが締めくくられてもいるのです。

しかし翌平成十二年（二〇〇〇）四月七日号では、「〈いつまで独身貴族でいるつもり？〉パラサイト・シングルが日本を滅ぼす」（山田昌弘）という記事が見られます。パラサイト・シングルとは、生活コストをほとんど負担せず、家事も手伝わず、親に尽くされることに慣れている男女。そんなパラサイト・シングルが大量にいる状態は、「〝不良債権〟を抱え込んでいるようなもの」なのだ、とあるのでした。

「ひきこもり」もまた、この頃に登場した言葉です。同号の鼎談「『心の病』はどこまで治るか」では、精神科医の町沢静夫が、

「引きこもりがものすごく多いです」

と。それも「男性ばかりですよ」ということで、「責任を取りたくない」いまの男性にとって、現代社会はつらすぎるのだ、と解説。そして同年六月二十二日号の「誌上人生相談室」でも、

「大学を中退してひきこもる26歳の息子への接し方を教えてください」

といった相談が。

まだこの時点では、ひきこもりという事象は目新しいものでした。回答者である青少年自立援助センター理事長も、

「ここ2、3年で、ひきこもりの問題が表面化してきたという実感がありますね」

と語っています。

「ママ友」「公園デビュー」といった言葉も、この頃の登場です。平成十二年二月二十二日号では、

「子どもの友達のお母さんと、どうつきあってますか？」

という記事が。「公園デビューは、いまや子どもを持つ母親の一大イベント」ということで、それは「『地域のお母さんたちの輪』という名の古い古い体質の会社に就職するようなもの」とされるのです。

新しい言葉とともに浮上してきた諸問題は、言葉さえ生まれなければ、「そんなことは前からあった」とスルーされていたのかもしれません。つまりそれらは、飢えや戦争とは

異なり、従来は家庭の外に出てこなかった問題でした。

しかし言葉の発見によって事象がクローズアップされると、当事者にとってだけでなく、社会にとっても重大な問題であることに気づかされ、一気に脚光を浴びるように。一見静かな世の中にも、様々な問題が水面下に沈んでいることがわかってきたのです。

時代は、低成長期。バブル崩壊後の不況はまだまだ終わらず、平成九年（一九九七）には、山一證券が経営破綻します。平成十一年三月二十二日号には、「『山一』破綻で試された夫婦の絆」という追跡ルポが掲載され、夫が職を失ったことによって離婚の危機に陥った夫婦もあれば、ペンション経営という第二の人生に踏み出した夫婦も……。ということで、堀ちえみ対談も載るこの号の特集タイトルは「女は試練に磨かれる」。

W杯で金メダルに涙したい

相変わらずパッとしない景気の中で、日本人が希望を見出したのは、スポーツの世界でした。リニューアル後の『婦人公論』ではやけにスポーツ関連のページが多いのですが、それというのも平成十年には、長野で冬季オリンピックが開催されるとともに、サッカー日本代表が史上初めて、W杯に出場したから。

たとえば同年四月二十二日号には、「スポーツ観戦のメダリストになる」という鼎談が。長野オリンピックが終わり、「日本のジャンプ陣は、長野五輪でなぜ勝てた？」といった話題が出てくるのですが、スポーツジャーナリスト達は、感動ストーリーだけでなく、科学的にスポーツを見る視点も大切、と語るのです。

スポーツ熱は、この年の六月に開幕したサッカーW杯によって、さらに盛り上がりました。六月二十二日号では、「〈キック・オフ直前講座〉ワールドカップ観戦　これであなたも〝サッカー通〟」という記事が載っています。

初めてW杯に日本が出場ということで、この頃の日本には、にわかサッカーファンがあふれました。読者層がサッカーと縁遠そうな『婦人公論』ですら、井原正巳《まさみ》から中田英寿《ひでとし》まで、「注目選手7人」を紹介したり、「今さら人に聞けないサッカー用語」を解説したり、「対戦国Hグループ」の戦力分析をしたりしているのです。

W杯後もその熱は冷めやらず、同年七月二十二日号では「〈W杯お茶の間観戦記〉中田選手の『金髪の謎』が解けた日」（久田恵）という記事が見られます。「サッカー音痴」を自称する筆者もテレビで観たアルゼンチンとの緒戦は、視聴率が六十パーセントを超えたとのこと。筆者は「つい『母』の気分になってジーンと」しながら中田選手を見た、と記します。

W杯への出場によって、日本人は久しぶりに、「国全体が家族のような一体感を持つ」的な快感を覚えたのでしょう。平成十一年十月二十二日号には、今度は「五輪アジア最終予選キックオフ直前講座」として「めざせシドニー　日本サッカー　再びドラマが始まる」という特集が組まれるのでした。

ここでは、五輪アジア最終予選の日程やら勝負の予測やらが、詳しく記されます。「温厚で思慮深いキャプテン　宮本恒靖《つねやす》」「左足を武器に理想に燃える練習の虫　中村俊輔」など、グラビア写真とともに一選手を一ページで紹介する様は、スポーツ雑誌のよう。この頃、サッカー日本代表の選手達が、いかに読者の母性愛に火をつけていたかを、見てとることができます。

サッカー日本代表は見事に予選を通過し、シドニーオリンピックでは、三十二年ぶりに決勝トーナメント進出ということになりました。そしてシドニーオリンピック直前には、今度は「オリンピック熱烈観戦ガイド」という特集が。「響け！　声援、シドニーへ」ということで、かつてオリンピックを現地で取材したことがある阿川佐和子や林真理子らによる鼎談が行われているのです。

ちなみに、この頃のアスリート達の間では、インタビューに対して「楽しみたいです」とか「負けても楽しめたからよかった」と答えることが流行していたのですが、林は「最近の選手の『楽しんできます』といった風潮はどうかな、と思うんです」と語っています。それよりも「私は金メダルを取ってほしい」そして「一緒に泣きたい」と。

これは、読者のそして国民の声を代弁する発言だったのでしょう。長らくパッとしない時代を過ごしていた当時の日本人にとって、唯一スカッとする気分を味わうことができたのが、自国のアスリートが世界で活躍する姿を見る時だったのではないか。日本という国自体が斜陽化する中で、同朋が金メダルを取る姿を見て、日本人は泣きたかったのです。

専業主婦は「無職」か？

　このようにして二十世紀は終わり、時は二十一世紀へと入っていきました。二〇〇〇年一月二十二日、二月七日合併特大号は、「あなたの２０００年を、どう過ごす？」という特集。「〈新春特別対談　21世紀への提言〉女の才気と男の覚悟が歴史をつくる」として、梅原猛《たけし》と瀬戸内寂聴の対談が。

　セクハラに黙って耐える時代が終わり、抗議できるようになったことは「今世紀末のとてもいいことですよね」と瀬戸内。セクハラにしてもＤＶにしても、「ＮＯ」と声をあげることは今や当たり前になっていますが、そこまでの道のりがいかに長かったかを、瀬戸内は知っています。

　さらには「これは男の職業とか、これは女の職業といって分けるのは、もう古いのね」「二十一世紀は、男が自立できるよう男の子の教育をするときはそれもちゃんと教えないと」と、男も女も自立して生きていくことができる世の中を望む、瀬戸内。梅原もまた、女性が子供を産んでも働きやすい世の中をつくることが大切、と語るのでした。

二十一世紀には、男と女の間の垣根を無くそう。……と、大先輩のお二人が語っていた頃、久しぶりに発生したのが「専業主婦論争」でした。石原里紗《りさ》の著作『ふざけるな専業主婦』（平成十年）、『くたばれ！　専業主婦』（平成十一年）、『さよなら専業主婦』（平成十二年）が話題になり、『婦人公論』においても「専業主婦に夜明けは来るか」「専業主婦は仕事ですか？」「それでもやっぱり、くたばれ！　専業主婦」といった記事が見られたのです。

「それでもやっぱり、くたばれ！　専業主婦」で石原は、専業主婦を「無職の女」とし、「そろそろ無職であることを正当化するヘリクツを並べたり、無職を正当化することに荷担するのは、どちら様にも、やめていただきたい」とします。制度的にも男女とも働きやすくなったのに、なぜ働かないのだ、と。

それまでも専業主婦論争といわれるものが何回か発生していますが、おそらくこれは、現時点から見た時、最後の専業主婦論争と言うことができます。これ以降、さらに不況が続いた日本では、専業主婦は次第に特権階級として認識されるようになりました。若い女性達は、ヘトヘトになりつつ家庭と仕事を両立させる先輩女性を見て「ああはなりたくない」と思い、専業主婦に憧れを持つようになってくるのです。

しかしミレニアム前後、専業主婦に対する憧れ意識は、まだ醸成されていなかった模様。日本最後の専業主婦論争は、静かに二十一世紀へと続いていくのでした。

32 「ゆとり」で「スロー」な時代

リストラ、ホームレス、自殺

平成十三年（二〇〇一）四月、内閣総理大臣に小泉純一郎が就任します。「自民党をぶっ壊す」「構造改革なくして景気回復なし」等、キャッチーなフレーズで人気を高めた、小泉さん。同年十月七日号の鼎談「小泉改革、試練のとき」では、司会の田丸美寿々《みすず》が「いま小泉さんのまわりに女性が集まると、『結婚してー』という声がかかるみたいですよ」と発言。慶應義塾大教授の小林良彰《よしあき》は、日本のみならず「世界的に見ても政治家がキャラクター化している」と語ります。

政治の世界は、小泉さんという「キャラ」の登場によって、確かにわかりやすくなったように見えました。毀誉褒貶はあったものの、結果的に小泉さんは、五年を超える長期政権を担うこととなります。

しかし小泉政権下の世の中が明るかったかというと、そうではありません。世は、デフレ時代。同年五月七日号に掲載された「デフレなんか怖くない!?」という鼎談を読めば、マクドナルドのハンバーガーが半額で売られたり、ユニクロが人気であったりという世相と共に、デフレの危険性が語られています。

物価は下落して消費意欲はアップしたものの景気は回復せず、リストラ、ホームレス、自殺、といった話題は尽きませんでした。平成十四年（二〇〇二）四月七日号では、「不況下のお父さん事情」という鼎談が見られ、そこで語っているのは、「リストラ評論家」との肩書きを持つ男性や、ホームレスの自立にかかわるNPOの主宰者なのです。

前章では、最後の専業主婦論争のことを記しましたが、お父さん達がリストラにおびえる時代にあっては、専業主婦論争は成立しなくなってきたようです。平成十三年四月七日号は「自分らしく生きる、とは？」という特集であり、そこに「私たち、『専業主婦』を後悔してません」という記事が載っていました。『くたばれ！　専業主婦』といったアンチ専業主婦本に対する唯一の反論がこの記事だったのであり、以降論議が続くことはありませんでした。

この記事の中では「さまざまな事情のなかで、選択肢のひとつとして専業主婦がある。それをヒステリックに批判するのも、ことさらに持ち上げるのも、意味がない」と記されます。男達がリストラ、ホームレス、自殺といった危険にさらされて生きる時代、妻達もまた、程度の差はあれ働かざるを得なくなっていたのであり、専業主婦はかなり贅沢な選択肢と化しました。その存在を批判することが、あまり意味を為さなくなってきたのでしょう。

低レベル安定感覚が漂う

世界に目を移せば、同年九月十一日、アメリカにおいて同時多発テロ事件が発生しました。『婦人公論』においても、様々な関連記事が見られます。アメリカのブッシュ政権が報復攻撃をした後には、三木武夫元首相夫人の睦子のインタビューが「戦争を止められるのは、私たち女性だ」として掲載されます。

テロ対策特別措置法案が可決され、自衛隊が派遣できるようになったことに対しては、

「私たち年寄りの世代にも大きな責任があります」

と、三木。第二次大戦のつらさ、原爆を二つも落とされた苦しみを、「もっと子どもたちに語らなくてはいけなかった」のだ、と。

そんな三木世代の責任感が、下の世代に伝わっていたかは、疑問です。アメリカ同時多発テロは、その後勢いを増した自国第一主義の源の一つとなった出来事かと思われますが、日本にもまた、その芽のようなものは発生していました。平成十四年に、アジアで初めて、サッカーワールドカップが日本と韓国で開催され、日本国民はおおいに沸いたのです。

十二月七日号では、香山リカ、姜尚中《カンサンジュン》らが「『ぷちナショナリズム』に包まれた2002年ニッポン！」と題して語り合っています。W杯において、揃いの青いユニフォームを着て「ニッポン」コールをする観衆を見ていると、「みんな一緒のほうがカッコいい」と、共通体験を求めて群がる心理が見て取れる、と香山。姜尚中は「実は強い家父長制を求めているんじゃないかな」と指摘するのでした。

サッカーの日本チームくらいしか、「日本」に対する期待をかける対象がなかったという事情もあるかもしれません。この頃の日本に漂っていたのは、低レベル安定感覚とでも言うもの。不況が長引くにつれ、次第に「もう無理して頑張らなくても、斜陽の国としての日本を認めた方がいいのでは？」といった諦め感が漂うように。「いやし系」とか「スローライフ」といった言葉が流行ったのも、そんな時代だったからなのでしょう。

サッカー日本代表には頑張ってほしいけど、自分は別に頑張りたくない。……という感じで世の中のまったり化が進む中、それに乗るかのように、いわゆる「ゆとり教育」も始まりました。「週五日制で学校はどう変わる？」との鼎談が掲載されたのは、平成十四年五月七日号。学習内容が三割削減されるという新学習指導要領がスタートしたのですが、現役教師や教育学者らが『婦人公論』で語ったのは、不安と不満でした。学力の格差が広がる、勉強から逃げる子供が増える……等、「ゆとり教育」に対してはスタート時から不安の声が多かったのです。

この頃に大ヒットしたのは、SMAP「世界に一つだけの花」（平成十五年〔二〇〇三〕）。ナンバーワンじゃなくていい、オンリーワンでいいじゃないか。……と訴えるこの歌は、「ゆとり」で「スロー」な時代に、おおいにマッチしたと言えましょう。

貪欲なバブル世代の女たち

そんな世の中で唯一、ギンギンのムードを醸し出していたのは、当時三十代後半から四十代前半くらいまでの、若めの中年女性達でした。彼女達は、バブルの時代に青春を過ごした「バブル世代」。消費の快楽を知っているので、不況下であっても「消費の先導役」を期待され、その期待に応えていました。また彼女達は、「中年扱いされたくない」という強い欲望を持っていて、彼女達を対象にしたファッション誌も、多く見られるようになります。

『婦人公論』もまた、女性達のそんな動きを見逃さなかったようで、二十一世紀に入って目立つようになったのは、「美」を追求するページでした。たとえば平成十三年十月七日号では、「エイジレス美人宣言」と銘打って、樋口可南子をモデルとしたビューティー特集を繰り広げています。「マチュア（成熟）世代が憧れる女性像とは、年齢を感じさせない人」「自分らしく生きることが美しい、という真実に目覚める40代」なのだそうで、「自分に正直に生きていれば、心は何歳にでもなれるはず」と読者を励まし、最後には「今日から、あなたも〝エイジレス美人宣言〟しませんか？」と誘うのです。

ちなみに「自分らしく」というのも、当時の流行り言葉です。「自分らしく生きる、とは？」という特集も同年に組まれていたと前述しましたが、「自分らしく」という言葉には、「ナンバーワンでなくてもオンリーワン」に、という感覚と通じるものがあったのでしょう。『婦人公論』においては、「人生最期の時間を自分らしく迎えるヒント」（五月七日号）といった使い方もされていました。

従来も、ビューティーやファッション関連の記事も存在はしていたものの、ボリュームとしては多くなかった『婦人公論』。しかしここにきて「美も大切！」とギアチェンジをしたのは、美に対して貪欲《どんよく》なバブル世代が読者層に参入してきたからではないかと思われます。女の人生がどんどん長くなり、美を保たないことには人生を楽しむことができない、という焦燥感もあったことでしょう。その後も「年を重ねて美しく生きる」「目指すは『ビューティフル・エイジング』」といった特集がしばしば組まれ、読者の〝美欲〟を刺激し続けているのです。

美を目指す女性達が手に入れようとしたもう一つのものは、「出会い」です。二十一世紀になって『婦人公論』で急増したのは、ビューティー関連のページだけではなく、ネット関連の記事。特に、ネットによって広がる出会いの功罪について記す記事が、目立つようになってきました。

たとえば平成十三年六月二十二日号には、「実例研究　妻たちの危ないネット恋愛事情『家庭を壊す気はないけれど、恋はしたい』」。インターネット対応機器が急速に普及したことによって、出会いのチャンスをネット上に求める女性も増加。ネットで新たな出会いを得ることによって夫婦間のうっぷんを晴らす既婚女性に、ここでは警鐘が鳴らされます。同時に「メールアドレスの公開は慎重に」「ホームページやメールに個人情報を気軽に載せない」といった注意も記されているのでした。

高齢者がパソコンを学んだことによって世界が広がったという「78歳のIT革命」、ワーキングマザー達の「仕事選び、子育て、夫婦問題……悩みはネットで分かち合おう」等、ネットによって人生が前向きになったという記事もあるものの、「チャットで出会った妻子ある男に惹かれていく私」「ある日、メル友がストーカーに豹変した恐怖」といった読者手記も。ネットという新しい世界に出会って舞い上がったものの、その使い方に不慣れであるが故に痛い目に遭う人が、目立ちます。

果敢にネット恋愛にも挑戦するギンギンな中年女性に対して、男性達はどうだったのでしょうか。この時代に見られるようになったのは、ギンギンな女性達を避けて、違う方向へと向かう男性達の姿です。

たとえば平成十五年十一月七日号には、「〝紙の上の美少女〟に走る男が増えている」というルポが。コミケ（コミックマーケット）の大盛況ぶりを伝えつつ、そこにやってくる男性達が、二次元の美少女には惹かれるけれど、生身の女性は避けるという事実が記されます。その理由は、二次元の美少女は「今どきの女性のように下品な言葉遣いをしませんし、男をバカにするということもない。おまけにずっと家庭的です」とのこと。生身の男女交際においては「努力が成果につながらない」し「つき合いが面倒」なので「現実の女性は無理」とのことなのです。

　男性達が「現実の女性は無理」と二次元の女性へと走る一方、女性達は独り身で楽しむ術を身につけようとしていました。平成十三年五月二十二日号では、「おひとりさま向上委員会」を設立した岩下久美子、タレントの遥《はるか》洋子、経済アナリストの森永卓郎が「〝おひとりさま〟の時代がやって来た！」との鼎談を。かつては、女性の一人旅は自殺の危険が……などと言われていたけれど、これからは女性一人客も快適に過ごすことができるような世の中になるべき、と語られます。平成十四年二月二十二日号になると、「おひとりさま、いらっしゃい」ということで、ひとり飯やひとり旅の楽しさがリポートされているのです。

　女性達は、「ひとり介護」の覚悟も固めようとしていました。介護特集は、この頃から定期的に見られるようになっているのですが、平成十四年十一月二十二日号の「介護を一人で抱えこまないで」という特集のトップは、「『稼ぐのも私、面倒見るのも私』、シングル女性は年中無休」という、共に独身の荻野アンナと米原万里《まり》による対談。また平成十五年十一月二十二日号の特集「〝幸せな介護〟は、きっとある」では「老老介護の未来に脅える独り者の呟き」（斎藤綾子）が。介護特集の度に『婦人公論』では、一人で介護を担う女性を取り上げています。

生身の女性から腰が引けていった男性と、一人で生きる準備を着々と整えていった、女性。平成十三年六月に開催された第十回「読売・中公　女性フォーラム21」のテーマはずばり「シングル・ライフの未来像」。同年八月七日号でその様子が紹介されていますが、パネリストの一人である独身女性研究者は、

「年上の女性から、『結婚してもろくなことがない、結婚しないほうがいいよ』って言われることのほうが多いですね」

と語ります。出産についても、「私、子供、好きじゃないんです」と。子供を産むのは社会の義務と言われても、「その分、私は一生懸命働いて税金を納めて、社会に還元しますから、出産だけは勘弁してください」とのこと。

女性天皇は実現するか

当時、三十代前半だったその研究者はまさに、血気盛んな独身盛りだったのでしょう。対して、この時五十代半ばだったノンフィクション作家の松原惇子は、「私も三十代はそうだった」と過去を振り返りつつも、「今になると、子供ってすごいかわいい」と言いま

す。だからこそ、産まなかった代わりに社会に役立つことをしていきたいということで、独身女性達が助け合うことができるネットワーク作りをしていると語るのです。

着実に増えてきた、独身者の割合。世の中の家族像は、揺らごうとしていました。そんな中で数少ない「家族っていいな」と思わせる話題は、平成十三年の雅子さまご出産のニュースです。『婦人公論』でも、「雅子さまご出産に寄せて」「敬宮《としのみや》愛子さまご誕生に想う」といった特集が。

しかし慶祝ムードの一方で浮上してきたのは、女児の誕生が続く皇室はこれからどうなるのか、という問題でした。高松宮妃喜久子さまが平成十四年一月二十二日号に寄せられた「めでたさを何にたとへむ」という文章においても、これから検討しなくてはならないのは「皇室典範の最初の條項を今後どうするか」である、と記されます。「女性の皇族が第百二十七代の天皇さまとして御即位遊ばす場合のあり得ること、それを考えておくのは、長い日本の歴史に鑑《かんが》みて決して不自然なことではないと存じます」という文章からは、女性天皇に対して消極的意見をお持ちではないことが窺われる。

同年三月七日号では、「時代は女性天皇を求めている」「女性天皇への道のり」といった記事が見られる『婦人公論』。果たして女性天皇実現への議論は、続いていくのでしょうか……？

33　勝ち組か、負け組か

雅子さまが公務を休みがちに

雅子さまご懐妊の頃から強まってきた、「女性天皇」への期待。平成十六年（二〇〇四）五月七日号の鼎談「女性議員が考える新しい憲法」においても、その話題が登場します。民主党の小宮山洋子議員、自民党の西川京子議員（共に当時）は二人とも、女性天皇には賛成の意見。

この頃の皇室は、揺れていました。同年五月、欧州訪問前に開かれた皇太子殿下の記者会見において、雅子妃について、

「キャリアや、そのことに基づいた人格を否定するような動きがあったことも事実です」

との発言がありました。この頃から雅子妃は、適応障害ということで公務を休みがちになったのです。

六月二十二日号では、「雅子様に笑顔が戻る日は、いつ？」との鼎談が行われています。当時、『婦人公論』で「皇后陛下美智子さま 心のかけ橋」を連載していた日本テレビプロデューサーの渡辺満子は、「帰国子女というのはずっと日本にいると抑圧された気持ちになって、外に出たいという気持ちが溜まり、『我慢できない』という瞬間があるんですって」と述べていますが、独身時代とはあまりに異なる環境が雅子妃を苦しめたのは、事実でしょう。

その前年末には、湯浅宮内庁長官による「秋篠宮家に第三子を強く希望する」という発言がありました。雅子さまの出産までは盛り上がっていた女性天皇の議論は、なぜか次第に、トーンダウン。前出の渡辺は鼎談の中で、「雅子様のご懐妊が明らかになった時点で、なぜかわからないけどみんな男の子が生まれると信じてしまって、それで議論が止まってしまった」と述べましたが、「しばらく考えないでおこう」という気分が、確かにあったようです。

宮内庁長官の「第三子」発言は、皇太子夫妻の間に生まれた赤ちゃんが女の子だったせい。それを聞いた雅子妃の心中は、いかばかりであったか……。

そんな中、平成十六年末に発表された、紀宮さまと黒田慶樹《よしき》さんの婚約内定のニュースは、世を明るくしました。平成十七年（二〇〇五）一月二十二日号では「緊急座談会・皇室番記者の新聞に書けない話」として、「ベールに包まれたサーヤ『純愛』の軌跡」が。

紀宮さまの婚約は「日本中から〝爽やかな驚き〟をもって迎えられた」とされていました。また三月七日号には、「紀宮さまに、いまお伝えしたいこと」として、島津貴子さんのインタビューも掲載されています。

皇室の動きは、現実社会の動きを反映しています。キャリアウーマンであった雅子さまが仕事を辞して「イエ」に入ったことによる苦悩。晩婚化、そして少子化……。皇室は、日本社会の縮図でもあったのです。

結婚しない女性たち

特に晩婚化の話題は、当時の一般社会においてホットでした。平成十六年二月七日号には「日本の『晩婚』はどこまで進むのか」との鼎談が。昔と違って、結婚していない男女も「自由にセックスができるようになった」ことや、晩婚化を推し進めた一九六〇年代生まれの人が「自分探し、自分育て、自分癒し」と、他人のことを考えず「自分ばっかり」であることが晩婚化の原因、とあります。

さらにはこの頃、「パラサイト・シングル歴25年、面倒かけるのも親孝行のうち」「お母さん、『ずるずる未婚』はあなたが原因です」といった記事も。親が結婚へのプレッシャーを娘にかけなくなったことも、晩婚化の一因とされているのです。

そんな中で、天皇家の紀宮さまが三十代半ばまで独身という事実は、時代とリンクしていました。前出の、皇室番記者による「緊急座談会」では、手前味噌で恐縮ですが拙著『負け犬の遠吠え』が引き合いに出されています。「〔この本の中で〕賛辞を込めて、〝負け犬〟組の象徴とされた紀宮さまが、こういう形で幸せを手にされたことは、同年代を中心とした多くの女性に勇気を与えるものだし、広く共感を呼ぶ」とされているのでした。

紀宮さまについて何とも失礼なことを書いたものよ、と赤面の至りであるわけですが、確かに私たちは、紀宮さまの婚約を心から言祝《ことほ》いだものです。

紀宮さまが長い独身生活を過ごされた背景には、その特別な事情もおおいに関係していましょう。前出「日本の『晩婚』はどこまで進むのか」においては、女性の場合は高収入、高学歴といった高スペック女性が独身のままというケースが多いのに対して、男性独身者は「低収入の人」が多いとされています。そして紀宮さまも、色々な意味で「高」。お立場が突出して「高」であるのはもちろん、学歴も能力も「高」ということで、お相手を見つけるのは容易ではなかったことでしょう。だからこそ紀宮さまの婚約は〝爽やかな驚き〟をもって迎えられたのです。

男性に限ったことではありませんが、低収入かつ雇用形態が不安定な若者達についての問題は、この頃しばしば指摘されていました。平成十六年には、「フリーターの人生設計や、いかに?」（六月二十二日号）、「急増するフリーター、ニート　働く希望を持てない若者たち」（九月七日号）といった記事が。

『婦人公論』読者にとって心配なのは、自分の子供達が結婚できないことであり、また自分の子供達がフリーター、ニート化することです。「『ずるずる未婚』はあなたが原因です」と指摘された母親達も、平成十七年五月二十二日号では「覆面母親座談会　結婚しないわが子に物申す」として、語り合っています。うっかり結婚を勧めると「女の幸せ＝結婚、なんていう古い考えの人間なの？」と言われ、「世間を知らない女のくせに」という扱いを受けるということで、「したくないんだったらいいかな」と、母親の方も諦め気味。

　母と娘の対立という問題は、『婦人公論』においてはミレニアムの頃から注目されており、毎年のように「母と娘」の特集が組まれています。特に二〇〇〇年代は、母と娘の世代差が火種となって、問題が頻発している模様。

　平成十七年八月七日号の、香山リカと斎藤環《たまき》による「自己不全感はどこから来る？　いつも隣の芝生が青く見えるあなたへ」という対談では、香山が「とくに私たちの世代と母親の関係はややこしい」と発言します。専業主婦だった母親達は、娘に「どんどん勉強して社会進出しなさい」と言いつつ「自分が歩いてきた道も踏襲《とうしゅう》させたい」。つまり「私のようにはなるな」と「私のようになれ」という正反対のメッセージを同時に与えているということで、晩婚化の原因は、その辺りにもありそうなのでした。

　親達が心配していたのは、娘のことばかりではありません。九月二十二日号には、「不登校、ひきこもり、ニート――自立を願う親の集い」というルポが。不登校やひきこもりの子供の年齢層もアップしてきたこの頃、子供が外に出ないならまず親を……ということで、親達への支援が広がってきたのです。同年三月二十二日号には「20歳過ぎても、おんぶにだっこ　子育てロードにいつ終わりが来るのか」というルポも。

フリーターやニートといった存在に注目が集まる背景には、「格差社会」という事情がありました。平成十八年（二〇〇六）の流行語大賞にランクインしたこの言葉は、長引く不況がいつ終わるのか、という不安の中で浮上してきました。IT化やグローバル化など、新しい環境に適応している人は、勝ち組と言われて豊かな生活を享受。平成十五年（二〇〇三）には六本木ヒルズが開業しましたが、「ヒルズ族」は勝ち組の象徴とされました。

対してそうではない負け組（注・「負け犬」とは異なる）は、不安定な立場で収入も低い。「下流社会」という言葉も、出てきました。

平成十八年三月二十二日号では「格差社会の正体を暴く」との鼎談が。「だめな人は努力が足りない」という風潮に、警鐘を鳴らしています。

この頃には、小泉政権下で郵政民営化が行われていました。そして平成十八年、小泉氏が退陣して安倍晋三が総理に。平成十八年八月二十二日号の「小泉政治の5年間とは何だったのか」という鼎談では、郵政民営化後の日本を「すごく競争が激しくなっちゃって、困っている人もいる」と、室井佑月《ゆづき》が指摘します。格差の固定化、経済的原因での自殺の増加、非正規社員の増加等が、深刻な問題となっていたのです。

韓流ブームと熟年離婚

負け犬だのフリーターだのニートだのといった子供達の心配で忙しかった、世の母親達。その疲れを癒したのは、韓流ドラマです。平成十七年三月七日号には「ヨン様が、私たちの眠れる力を呼び覚ました」との記事が見られ、「微笑みの効用は無限大」「ブームでは終わらせない」と、ファン達は意気込みます。四月二十二日号からは「韓流美男Ｆｉｌｅ」という連載も始まって、救いの道は韓国へと続いていた模様。

しかし身近な男性に対する希望は持ちづらかったらしく、この頃に目立っていたのは夫の定年問題です。定年後の夫をどうする、ということは『婦人公論』において長年語られてきた話題ではありますが、特にこの頃は、団塊の世代が定年を迎えるという事態が深刻視されていたのです。

折しも平成十七年には、『熟年離婚』というドラマがヒットしました。団塊世代の大量定年を見据えてつくられたこのドラマは、渡哲也と松坂慶子が主役。定年退職の日に突然、離婚届を妻から突きつけられた夫は……という物語だったのであり、「熟年離婚」という言葉が流行しました。

同年十一月二十二日号では「２００７年、団塊世代の定年で社会はどう変わる？」という鼎談が。加藤仁《ひとし》と吉永みち子という、団塊世代のノンフィクション作家が世代の特徴を述べ合った後、「定年後の問題というと、やはり仕事一筋だった夫が家にずっといること」という話題に。

団塊世代の女性は、実は専業主婦世代。吉永は、望んで専業主婦をしていたわけではない団塊女性にとって、『熟年離婚』が、自分の再出発のラストチャンスなんですよ。男性にとってはそういうリスクとして、まさにこの２００７年問題がある」と語ります。

団塊世代男性への定年対策として、「家事を教育しなくては」という動きが盛んになってきたこの頃、その他の世代に対しても「男も家事を」という動きが、ぐっと盛んになってきています。平成十八年三月七日号では「主婦の余裕捻出は、夫の家事能力発掘から」ということで、漫画家の赤星たみこが「夫在宅ストレス症候群」にならないための方法を示唆。何かお願いする時は「プライドを傷つけないように相手を尊重しながら」等、夫の家事能力の育て方が語られます。

全体的に見れば増えてきた、家事をする夫達。たとえば宇宙飛行士・山崎直子の夫は、家事や子育てを引き受けているとして有名だったのであり、平成十六年九月七日号では、その実態を告白しています。

しかしそのタイトルが「宇宙飛行士の妻を支える美談の真相　僕は君の〝家政夫〟じゃない」であるところを見ると、「妻が働き、夫は家事」を完全に受け入れる度量を持つ男性はまだ少なかった模様。

また平成十七年八月二十二日号では、高岡早紀と離婚した保坂尚輝（現・尚希）が「主夫と呼ばれた日々　男気だけでは家事はこなしきれない」という告白を。彼は結婚当初「家事は俺がやる」と宣言していたそうですが、「家事は俺がやって当たり前、といつのまにか思われていた」と不満が募って次第に家事を放棄、育児しかしないようになったのだそう。家事を「して当然」と思われるのは、男であれ女であれ、つらいことなのです。

同号には「僕たちだってヘトヘトなのに」というページもありました。「家庭を持つ男なら、家事も育児もやって当然！の風潮蔓延《まんえん》」の中で疲弊する男達の声が集められているわけですが、少し疲れるのが早くはないかと思うのは、私だけなのか……。

いくつになっても、ときめきたい

そんな中、平成十八年に『婦人公論』は創刊九十年を迎えました。一月二十二日号では、「表紙が語る90年の軌跡」という特集が。ゆかりの女性達がエッセイを寄せているのですが、『婦人公論』より「六歳年下」の犬養道子は、『婦人公論』は「昭和初期のあの暗くきびしい思想統制・軍国主義」の時代をよく生き抜いた、「感無量」と記します。幾多の困難な時代を『婦人公論』が乗り越え、今や「僕は君の〝家政夫〟じゃない」の時代となったかと思うと、読み手もまた「感無量」。

かつての『婦人公論』では、女性は純潔、貞操を守るべきとされた時代もありましたが、九十年も経つと「日本初のセックススクールに潜入してみれば」（平成十七年十一月七日号）と、「アダムタッチ」の体験レポートまで載っているのであって、隔世の感があります。また平成十六年（二〇〇四）九月から連載されていた「快楽《けらく》　更年期からの性を生きる」（工藤美代子）は読者に熱く支持されたのであり、「いくつになっても、ときめきたい、セックスを楽しみたい」という気持ちも、持っていて当然となったのです。

団塊の男性達は、熟年離婚の危険性もあって、定年をおそるおそる迎えようとしていたのに対して、女性は「枯れてたまるか　団塊オンナの時代到来！」（平成十八年六月二十二日号）と、意気軒昂でした。「慣習にとらわれずに、自分らしく生きられる第1世代」と自らを捉える団塊女性達は、確かに元気なのです。

そうこうしているうちに、日本の皇室にはさらなる新しい動きがありました。平成十八年に、紀子さまのご懐妊が発表されたのです。

三月二十二日号、四月七日号では、橋本治が「紀子さまご懐妊と皇室典範の行方」を記します。そこには「『男系継承の伝統』は幻である」「男子をお産みになろうと、危機は続く」とあるのですが、しかし日本人は、その「危機」から目をそらしました。

同年九月、三十九歳の紀子さまは、男の子を出産されます。九月二十二日号では、「35歳からの『産む・産まない』」という「緊急特集」が。四十代間近での紀子さまの出産は時流に合っていたのですが、しかし一般人の高齢出産と、紀子さまのそれとでは、背景にあるものがかなり違いました。そして女性天皇への議論は、男子誕生によって、沈静化することになるのです。

34 「快楽」の追求、「おひとりさま」の不安

大人の性がブームに

平成十年（一九九八）のリニューアル以降、現在に至るまでずっと、新年には「幸運を摑む」とか「チャンスを逃さない」といった、「運気」関係の特集の号を出している、『婦人公論』。同時に、江《え》原《はら》啓之《ひろゆき》、中津川りえ等による、運気系の人気連載も生まれるようになりました。

創刊以来、女性達の手で女性の権利を勝ち得ていこうとの意思を持ち続けていた『婦人公論』ですが、創刊から九十年が経つと、男女平等を目指しての制度や法律はだいぶ整ってきており、あとは個人の心の持ちかた次第、という面が大きくなってきたようです。だからこそ、新年に「運気」を希求するようになったのでしょう。

リニューアルは、高齢化が進んでいた読者層を若めにシフトさせる役割を担っていまし

た。リニューアル後の平成の読者達は、昔の読者と違って、戦って権利を勝ち得るというよりは、運によって幸せを得たいと思うようになっていたのです。

読者層が少し若返ったことによって表面化してきたのは、性の問題です。セックスレス問題はだいぶ前から浮上していましたが、リニューアルから十年が経とうとする頃になると、「満たされない欲求をどうにかしたい」という機運が、高まるのです。

平成十八年（二〇〇六）には、『婦人公論』別冊『快楽白書　性に卒業はありますか』が発売されます。以降、このシリーズの別冊は平成二十六年（二〇一四）まで、毎年刊行されることとなりました。『婦人公論』では、この頃から「大人の性」ブームだったと言っていいでしょう。

たとえば平成十九年（二〇〇七）一月二十二日号は、例年と同じく「幸運に愛される女になる」という運気関係の特集なのですが、次の二月七日号は「結婚しても、ときめきたい」という特集。「主婦合コンにスリルと潤いを求める妻たち」「カラダから始まる恋もある」といった、性欲満々な記事が並びます。

のみならずこの年は、「美しい人には恋がある」「女が『性』に向き合うとき」「男はあなたのここを見ている」「『いい妻』をやめてみよう」「女と男の浮気ゴコロ」……と、読者を性愛の世界へとけしかけるような特集が、頻繁に組まれているのでした。他の号を見ても、「家族を愛せないときもある」「離婚　それは女の出発」「あなたはもっと自分を愛していい」「あなたの『キレイ』に磨きをかける」等、「家庭生活より自分の生活」という傾向が感じられる特集ばかり。

とはいえ、誰もがめくるめく性愛を楽しむことができるわけではありません。リアル性愛を楽しむ機会に恵まれない多くの女性達は、別の対象を求めるようになりました。その一方向が韓流スターであったことは前章にも記しましたが、この頃になると「王子ブーム」という現象が起こります。平成十八年夏の甲子園で話題となったハンカチ王子（斎藤佑樹）、ゴルフのハニカミ王子（石川遼）等、ピュアな印象の男性達を女性達は王子に見立てて、観賞していたのです。

『婦人公論』において王子として白羽の矢が立ったのは、氷川きよしでした。同年五月二十二日号に、「三十路を過ぎても、永遠の少年でいたい」とのタイトルとともに、『婦人公論』初登場。

「恋などしている暇はありません」

「誰か一人を愛するのではなく、ファンのみなさん全員を愛しています」

と語る「きよしクン」の「清く正しい爽やかさ」は、まさに王子様。彼の姿勢は読者のハートをがっちりと捉えたようで、十月二十二日号からは、「氷川きよしの爽×RUN！な毎日」という連載が始まります。その後も毎年のように、読者の王子様として、インタビュー記事が掲載されるのでした。

王子ブームの背景にあるのは、女性達の中にある「現実の男性に対して期待を持つことができない」という感覚だったように思います。もちろんそこには、性的な意味合いも含まれていたわけですが、現実の男性に何かを求めても無駄、求めるのは面倒臭い……からこそ、女性達は王子に夢を見たのではないか。

時代を映す女の犯罪

「男性に期待ができない」という感覚を、アグレッシブな行為として表出させてしまった女性もいて、平成十九年三月二十二日号では「緊急特集　夫バラバラ殺人事件」というページを見ることができます。前年末、都内で見つかった男性のバラバラ遺体。年が明けて逮捕されたのは、バラバラにされた男性の妻でした。夫は外資系エリート社員、妻は美人で住まいは渋谷の一等地マンション。……ということで「セレブ妻殺人」などと言われたこの事件ですが、その後夫のＤＶや互いの浮気等、様々な側面が明らかになり、大きな話題となったのです。

緊急特集においては、容疑者に対する共感の声が目に付きます。中村うさぎは「その時、女は男の死を願う」という文章の中で、

「私は、夫を殺さずに離婚した。歌織容疑者は、離婚ではなく殺害を選んだ」

と記しました。

「私の中にも〝歌織〟がいる」というルポでは、「〔容疑者と〕同様の苦しみを抱え、閉塞した日常を生きる女性は少なくない」とされ、

「彼女の気持ち、私にはよくわかります」

「現実には殺せないけど、精神的には抹殺している」

という声が見られるのです。

バラバラ事件だけではありません。平成二十一年（二〇〇九）には、「パンドラの箱をあけた詐欺女　中年オタク受難の時代がやってくる」（唐沢俊一）との記事が。「いま話題の『婚活』をめぐり、前代未聞の事件が起きた」と記されるその「事件」とは、木嶋佳苗事件のこと。「この女性の背後で糸を引いている男の影がちらつかない」ということで、

「女性の〝自立〟はこういう犯罪界でも進んでいるのだな」

という感慨を、筆者は記しています。

この事件においてさらに目新しかったのは、被害者のほとんどが、容疑者とネットで知り合った、「現実社会で女性に接するスキル（能力）のない」オタクであったということ。この事件は「結婚をあせる男はこんなにも多く、彼らはこんなにも簡単に騙しやすい連中である」ことを世に知らしめたのだ、と記されるのです。

同年二月二十二日号では、「無差別殺人の抑止のために何ができるか」として、斎藤環と平野啓一郎による対談が行われています。この前年には、秋葉原通り魔事件が発生する

など、無差別殺人が多く発生しました。秋葉原事件では、「非モテ」「非正規雇用」といった犯人の背景が注目されたものです。

ネットで外とつながることによって内にこもることが容易になった時代の男性達は、犯罪の加害者になる可能性も出てきたということで、この対談のタイトルは、

「時代は『うちの子に限って』から『うちの子かも』へ変わった」

というもの。高齢化しているひきこもりやニートは、コミュニケーション至上主義の世の中ではますますきつい状況に置かれるようになったのです。

木嶋佳苗事件では、モテるためのスキルを持たない男性が被害者となってしまいましたが、一方で非モテを苦とする男性は、加害者と化す場合もありました。『婦人公論』読者のような女性達が欲求を解放しようともがく中で、内にこもって欲求にもがく男性達もいたわけで、欲求は男女それぞれのタコツボの中で蠢《うごめ》いていたのです。

老後のお金をどう確保するか

開放的に性の愉しみを追い求めたり、犯罪界でものびのび「自立」してしまうような女性に対して、苦言を呈する人もいました。平成十八年に刊行されて大ベストセラーになった『女性の品格』（坂東眞理子）は、「何でも男並み」という感覚を持つ女性に対するアンチテーゼだったのでしょう。

『婦人公論』は、「快楽《けらく》」ブーム只中ということもあって、「品格」ブームにはあまり共感を示してはいません。平成十九年九月七日号では、「ルポ　100万部超ベストセラーを追う女性の〝品格〟って女らしさのこと？」というページが。「絵に描いたような『キャリアと子育ての両立』を成し遂げた人」である坂東眞理子は、この時代の働く女性にとっては「素敵な『バーチャルおばあちゃま』」。しかし「自分を殺して打算的に振る舞え」とも読むことができる内容は「『男女共同参画』の精神に反する」との意見もあったようです。「品格」ブームは長く続き、平成二十年（二〇〇八）五月二十二日号にも、「本物のセレブが首をかしげる〝女性の品格ブーム〟とは」との記事が見られます。同書はこの時点で三百万部が売れ、既に社会現象化していたと言っていいでしょう。

『婦人公論』にとっては、『女性の品格』よりももっとリアルに感じられるベストセラーがあって、それが平成十九年に刊行された『おひとりさまの老後』（上野千鶴子）でした。同年十一月七日号は「どこで差がつく？　女の成熟期」という特集ですが、その中に「どう生きたか、その評価を他人に委ねてはいけない」との上野のインタビューが載っています。家族を持っていてもいなくても、誰もが「シングルになる」可能性を持つ時代。老後、一人で生きることに怯える若い世代にも「そのまんまでＯＫよ」と伝えたい、と上野は語るのでした。

　そのようなメッセージがおおいに響いて、『おひとりさまの老後』は七十五万部超のべストセラーに。そして「若いうちから老後のことは考えた方がよい」という風潮が強まってきたのか、平成二十年九月二十二日号は「40代から差がつく老後のかたち」という特集でした。

ここでは、田舎暮らしや共生コミュニティ等、様々な老後のかたちが紹介され、食、健康などの情報も載っています。が、やはり目次において最も大きな文字で記されているのは「先立つもの」について。

「必要なのは、65歳で1200万円！」

となっているのです。

平成二十一年五月二十二日号でも、「40代から備えるひとりの老後」という特集が組まれていますが、ここでも最初に、

「今からでも遅くはない、自分の収入を確保しよう」

と、まずは上野が檄《げき》を飛ばします。

夫の職業の安定性が低下し、夫のインフラがあてにならない今、「寿退社で自分の仕事を投げ出してしまったのは、あまりにもリスクが高い選択だったのでは？」と語る上野は、

「エステや海外旅行に費やしてきたお金を、自分自身への投資に使えばいい。男性に向けた消費財になるための投資ではなく、自分自身が生産財になるための自己投資です」

と、はっぱをかけるのでした。

上野のインタビューの後、読者に畳み掛けるのは、

「88歳まで生きるのに必要なのは4800万円！」

とのタイトルです。そのためには「できるだけ長く働く」「運用して増やす」といった方法が記され、「充実したシングルセカンドライフを送るために、ほかの誰のものでもない〝自分マネー〟を上手につくり、育てていきましょう」とさらっと記されていますが、四八〇〇万円という数字は、読者に重く響いたに違いありません。しかしこの「〇歳で〇〇万円」という書き方は、読者の焦燥感をあおりつつも具体的な目標を与えてくれるという意味において有効だったようで、この後もしばしば見られるようになるのでした。

新政権の首相夫人は

女性達が一人で老後を生きていく覚悟を固めつつある中、世の中では政権交代が行われました。小泉内閣の後、安倍、福田、麻生と一年ずつで首相が交代した後、平成二十一年八月の衆議院議員総選挙にて民主党（当時）が圧勝し、鳩山由紀夫内閣が誕生したのです。

政治的な記事はめっきり少なくなっていた、この頃の『婦人公論』。しかしさすがに時代の変化を感じていたのか、選挙を控えた同年九月七日号では、「私たちの思いを実現してくれる女性候補者は誰？」ということで、衆議院議員総選挙に立候補した女性候補者百十人のプロフィールと「女による女のためのマニフェスト」を掲載しています。

首相の鳩山氏は様々な面で注目されましたが、特に目立っていたのは、その夫人である鳩山幸《みゆき》でした。それまでの日本の首相夫人というと、夫を陰で支えるタイプの女性が多かったものですが、鳩山夫人は非常に華やかな存在感だったのです。

同年十二月二十二日号では、「本誌独占豪華対談」と銘打ち、鳩山幸と林真理子の対談が行われています。タイトルは、

「ファーストレディも変わらなくちゃ」

というもの。

宝塚出身の夫人は、その笑顔も堂々としています。林は、

「このところの幸さん人気を見ていると、日本が大きく変わりつつあるのを実感します。幸さん、女の人たちから、何の反発も持たれず受け入れられましたよね。明るくて溌剌とした女性が出てきてくれたことがうれしい、個性的であることも物怖《お》じしない発言も応援したくなる、って」

と語るのです。

鳩山氏とのアメリカでの出会いや恋愛時の話、はたまた「食べ終わったら、お皿も洗ってくれる」といった話も明るく語る夫人。それは確かに、新しい時代の到来を感じさせる姿。林も、

「今の民主党はおもしろい。自民党の長年の膿《うみ》を一気に押し出しているみたいで、爽快で

す」

と語っていたように、この頃の民主党には勢いがあったのであり、新たな空気のもと、二〇一〇年代はスタートしようとしていました。

35　東日本大震災とセックスレス

特集にも震災の影響が

平成二十一年（二〇〇九）、自民党から民主党（当時）への政権交代が行われ、元宝塚女優の夫人とともに鳩山由紀夫首相が登場した時、「新たな時代、到来」との感慨を覚えた日本人。しかしフィーバーは、そう長くは続きませんでした。

『婦人公論』の記事の見出しを見ても、その雰囲気は伝わってきます。平成二十二年（二〇一〇）になると、「民主党政権で誰が幸せになったのか？」「鳩山総理、いまが勝負時です！」（二月二十二日号）と、暗雲を感じさせるページが。その感触はさらに強まって、同年六月には鳩山首相が辞任し、新しい首相として菅《かん》直人氏が就任します。

前年末には、「ファーストレディも変わらなくちゃ」と題した林真理子との対談に華々しく登場し、鳩山氏とのラブラブぶりを披露していた幸夫人。それだけ、新たなタイプのファーストレディに注目が集まっていたわけですが、辞任後は「日本のために、もう少し夫と頑張りたかった」（平成二十二年十一月二十二日号）として、独占インタビューが掲載されることとなりました。

　前年の対談の時と同じく、「首相になる前も後も、夫は食後の皿洗いをしてくれる」等と語る、幸夫人。「家事をする首相」像は新鮮ではありましたが、首相としての能力を存分に発揮することは、できなかったようです。

　政治に不安を感じつつも、老後、性愛、介護、健康に貯金……と、女性達の中に安定して存在している悩みを取り上げ続けていた、『婦人公論』。しかしその安定は、翌平成二十三年（二〇一一）三月十一日に発生した東日本大震災によって、一気に崩壊します。

『婦人公論』では、かねて定期的に、地震に対する注意を喚起する記事を掲載していました。たとえば震災前年の三月七日号では、阪神・淡路大震災から十五年が経ち、同年一月にハイチで大地震が発生したということで、「大地震が日本を襲うとき、生き残る方法とは？」という鼎談が行われています。

　この中で、防災・危機管理ジャーナリストの渡辺実は、「現在、日本で発生確率の最も高いと言われている大地震が、宮城県沖地震です」と述べています。「M7.5前後の地震が30年以内に起こる確率は、なんと99％」との報告が政府機関からなされているにもかかわらず、「何らかの政策に結びついた形跡は見当たりません」と、警鐘を鳴らしているのです。

地震学者の岡田義光も、プロでないと務まらない内閣府の防災大臣が「組閣のたびにコロコロ代わってしまう」と嘆きます。耐震補強、家具の固定等、具体的なアドバイスもなされていますが、しかしこの時の日本人はやはり、地震についてリアルに考えてはいなかったのかもしれません。

東日本大震災発生後、震災関係の記事の初出は、平成二十三年四月二十二日号。「緊急企画」として「地震大国日本に生きる」というシリーズが始まり、このシリーズは九回、続くことになります。

第一回は、医師の鎌田實《みのる》へのインタビュー。冷静な行動をとることを呼びかけつつも、福島第一原発事故の収束には、長い時（それでもこの時は「2〜3ヵ月」との見立て）がかかることになろう。日本の再生を信じ、新しい国を作る覚悟を持つようにしよう、と語ります。さらには「小さな準備が命を救う」「大型地震は避けられない」といったページが続くのでした。

この号は、おそらく震災前に用意されていたと思われる「40代からが女の人生の本番です」との特集ですが、次の号からは特集ページにも震災の影響が見られるようになってきます。五月七日号は「一生ものの友達をつくる」という特集ですが、上野千鶴子への巻頭インタビューは、「友情のありがたみは、人生の危機にわかります」と始まります。震災発生時は、東京大学を退職し、引っ越しの最中だったと語る、上野。「どんなに悲惨な映像を見ていても、誰かと一緒なら気持ちを分かち合うことができる」と、友達の重要性を示しました。

同特集内「シングル女性7人、一つマンションで『終《つい》の棲家《すみか》』を作るの記」でも、その「棲家」をつくるきっかけとなったのが、阪神・淡路大震災だったとされています。「危機」は友情を深めるのです。

五月二十二日号は「豊かな人生は老いない心と体がつくる」という特集ですが、その巻頭インタビューは、瀬戸内寂聴。腰を痛めて床に臥せっていたのが、震災と原発事故の報を聞いて、半年ぶりにベッドから起き上がったという瀬戸内は、東北の人々への思いを語るのでした。

物質的な価値観から脱出

この時期、何を語ろうと何をしようと、日本人の心は震災を離れることがありませんでした。『婦人公論』における様々な特集も、震災と結びつけて語られるようになったのであり、たとえば六月二十二日号「主婦が引き出す、家族のちから」においては、「家族の悩みは尽きないけれど、もしものときを考えると一致団結はしておきたい」と訴えます。七月七日号は「お金があっても不幸な人、なくても幸せな人」という特集ですが、ここでは佐藤愛子が「震災の経験を、物質的な価値観から脱出するチャンスに」と語るのです。またこの頃の『婦人公論』の王子だった氷川きよしも、「震災以来、自分に何ができるのかといろいろ考えましたが、やはり、僕は歌うことで自分の想いを届けたい」と、グラビアページにおいて震災に触れています。

たくさんの命が犠牲になったこと。そして、福島第一原発事故による、放射能汚染。多くの日本人が初めて接する事態に、日本では「どうしたらいいのか」「何を信じたらいいのか」と、混迷が深まりました。それに対して『婦人公論』は、「放射能汚染は、日本の伝統食で防ぐ」「節電の夏。猛暑をしのぐ暮らし方、教えます」（六月七日号）といった具体策を示しつつ、心の問題もカバーしようとします。すなわち、瀬戸内寂聴や江原啓之といった、目に見えない世界のことを説く人達の言葉を掲載することによって、読者の不安に応えようとしているのでした。

悩むだけでなく、被災地のためになることをしたい、という欲求も強まります。八月七日号は「人のために生きる、新しい私に出会う」という特集で、これはすなわちボランティア号。「私が初めてチャリティーに取り組んだ理由」（松任谷由実）、『自然なこと』だから続けられた」（杉良太郎）といったインタビューの他、ライターによる「私の瓦礫《がれき》撤去体験記」「今日から始めるボランティア入門」といったページも。

例年、九月二十二日号は読者ノンフィクション傑作選特集だったのですが、この年の特集では、「津波を逃れて病院を脱出し、親戚28人に、毎朝炊いた米3升」「40代、派遣、シングル　震災で人生の欠落に気づいた」といった手記が見られます。

被災地リポート、福島第一原発作業員への取材等、様々な観点からの震災を伝え、九月二十二日号をもって、「地震大国日本に生きる」シリーズは終わりました。震災関連の記事はこの後も続き、十月七日号から始まったのは、新シリーズ「原発を考える」。こちらは計七回掲載され、「手に負えないもの、過剰なものを切り捨てる勇気を」（池澤夏樹）から「操業可能な原発はすみやかに再稼働すべき」（大宅映子）まで、様々な意見を紹介しています。

社会的な視野が広がる

震災から一年が経つと、「震災から1年、私たちが試されている」（平成二十四年三月二十二日号）という小特集が。五月七日号からは、「上野千鶴子のニッポンが変わる、女が変える」という、新しい対談連載が始まります。「3・11の東日本大震災は、男性が中心となって築いてきた日本社会の脆弱《ぜいじゃく》さを露呈するものとなりました。この国を建て直すには、女性の力が必要です」ということで、「さまざまな分野で活躍する女性の知を集め、新しいニッポンの航路を示していきます」と宣言して始まったこの連載。震災前は、社会の問題から次第に視線が離れ、読者の個人的な問題に寄り添うページが多かった『婦人公論』ですが、震災を機にぐっと社会的な視野が広がった感があり、この対談シリーズも非常に読み応えがあるものとなりました。

一回目の対談相手は、髙村薫。仏教に出合ったことによって、3・11以降への希望を語るようになったという髙村に対して、「祈りにすがりたい気持ちはわかりますが、祈りでは日本は変えられません。日本が再生していくためにはどうすればいいとお考えですか」と刺激的な返答をする上野は、髙村からの希望の言葉を引き出しました。

二回目は瀬戸内寂聴がゲストですが、宗教者にしかできない「祈ることと弔《とむら》うこと」の価値を、上野は取り上げました。なぜ、自分ではなくあの人が死んだのか。……と苦しむ被災地の人々に、瀬戸内は「あの世で会えますよ」と言うことができる、と。

震災から時間が経つにつれ、宗教的な救いは、震災直後に増して必要になってきたように思われます。平成二十三年十一月二十二日号では、「はじめての仏教　もし主婦が『般若心経』を読んだら」というページがありますし、平成二十四年九月七日号は、「仏教は女の人生と相性がいい」という特集。『婦人公論』初の仏教特集が組まれたのも、震災と無関係ではないでしょう。

震災後は、断捨離《だんしゃり》関連の記事もまた、目立つようになりました。平成十七年（二〇〇五）頃から、「捨てる」関連の記事は見られたのですが、たとえば平成二十一年四月七日号では「捨てられないあなたも、スッキリ暮らせる！」という特集で、むしろたくさんあるものを収納するための術や、「もったいない精神」を大切にしましょう、というムードでした。しかし震災後は、佐藤愛子が言うように「物質的な価値観から脱出」しようとする人が増えたのかもしれません。平成二十一年に刊行された書籍『断捨離』（やましたひでこ）の影響もあり、「捨てる」ブームが、本格的にやってきたのです。

　震災の年の十二月七日号「スッキリ捨てて、運を呼び込む！」という特集を見てもわかるように、この頃に盛り上がった「捨てる」ブームは、人生の充実や幸福とセットで語られます。翌平成二十四年三月二十二日号の特集は「人生の『断捨離』をはじめよう」ということで、まさに人生と断捨離がリンク。「捨てられない女優」である渡辺えりとの対談においてやましたひでこは、人付き合いでも、「最終的には死という別れを経験」しなくてはならないのだから、「断捨離は、その痛みをきちんと引き受けるための筋力作り」と説くのでした。ちなみにこの時の読者アンケートでは、最も捨てたいものの一位が「夫」、二位が「過去」。三位の「衣類」を抑えています。

　同年はさらに年末にも、「人生は『断捨離』の連続です　賢く捨てて、新しい私に出会う」という特集が。森昌子と対談したやましたは、子育てからの卒業を「いわば親子関係の『断捨離』」と表現しています。

　東日本大震災を経験し、「本当に大切なものは何か」と考え始めた、日本人。人々は足元を見つめなおし、必要なものを取捨選択しようとしていました。

夫とのセックスはスルー

それは、性の分野でも同じだったようです。震災前までは、「快楽」ブームの中、セックスに向けて読者の背を押していた『婦人公論』。しかし自分で思うだけではできないのがセックスであり、セックスレス問題もまた深刻なものとなってきました。

震災前年の五月七日号では「もうセックスレスに悩まない」との小特集が。「日本人夫婦の〝3組に1組〟がセックスレスということで、「私たち、しなくても幸せです」という座談会もあり、「無理にしようとしなくともいいのでは？」という姿勢が、この頃から見えてきます。

その動きは、震災後にさらに強まりました。それというのも震災後の性愛特集を見ると、マスターベーションのすすめがグッと増えているのです。

『婦人公論』は震災のことも真面目に考えましたが、それまで力を入れてきた性愛についても、おろそかにしませんでした。瀬戸内寂聴が「未曽有の大災害を病床で見つめて」と語り、被災地リポートが載る平成二十三年五月二十二日号の小特集は「ほんとうのオーガズムを味わいたい」。神崎京介による書き下ろし官能短篇小説「旧交」は、タイトル通り元彼と「して」しまう人妻のお話だったのであり、さぞや読者の情欲をかきたてたものと思われます。

七月七日号になると、宋《ソン》美《ミ》玄《ヒョン》と湯山玲子による「マスターベーションで美しくなれる〝光合成女子〟のすすめ」との対談が。湯山が、性が開放的に取り上げられるようになったのに「女性の性欲処理についてのこのタブー感」たるや、と自身の性欲についてオープンに語れば、マスターベーションは「女性の体にとって、いいことずくめ。害になることなんか一つもありません」と、宋。

同年十月七日号は「40代からの『性』を愉しむ」ということで、震災後初の性愛特集なのですが、ここでは「マスターベーションの妄想ネタは、活字に映像、昔の男もアリです」との鼎談でその楽しさを伝えていますし、「初心者にも安心『一人エッチ』を盛り上げるおすすめグッズ」の記事も。さらには「私たち、お金で絶頂感買って何がいけないんですか？」とのルポも、続きます。

この性愛特集においては、既に夫とのセックスは視野に入っていません。セックスレスをどうにか解決しようなどとじたばたせず、道具やお金を上手に使って、自分でどうにかしようとしているのです。平成二十四年十月七日号の小特集「女もうるおう秋の〝性活習慣〟」でも、

「一人エッチで感度を上げる7日間ステップ」「女性の感性を刺激するロマンポルノ・ベスト10」

等、やはりセックスレスについてはスルーしているのでした。

東日本大震災によって、他者との関係の重要さに気づいた日本人。しかし性の面では、「他人を頼らない」ことにも目覚めた模様。震災は、様々な変化を日本人にもたらしたのです。

36　老後不安という「病」

日本は終わったほうがいい

東日本大震災発生から一年余が経った、平成二十四年（二〇一二）五月七日号から始まった対談連載、「上野千鶴子のニッポンが変わる、女が変える」。これは、「男性が中心となって築いてきた日本社会の脆弱《ぜいじゃく》さを露呈」させた東日本大震災後、必要なのは「女性の力」であるとして、各界の女性を招いてこれからの日本について語り合うシリーズでした。

その十一回目のゲストは澤地久枝（平成二十五年四月七日号）であり、冒頭で上野は、

「昨年12月16日、3・11後初の国政選挙で、いわば原発事故『戦犯』内閣が圧倒的多数を得て、再び選ばれました」

と語っています。平成二十四年末の衆議院議員選挙で民主党は惨敗し、民主党の野田佳

彦内閣は総辞職。自民党の安倍晋三が首相に返り咲いたのであり、上野は、

「本連載のタイトルである、『ニッポンが変わる、女が変える』希望が持てない状況になってしまいました」

と言っています。

原発の推進、憲法を変えることに積極的な安倍政権に対する絶望を訴えつつ、なお諦めない姿勢の澤地に、「80歳を過ぎた澤地さんたちにご無理をさせている私たちの世代は、本当に不甲斐ない」と、上野は語るのでした。

平成二十五年五月七日号、この連載の最終回のゲストは、澤地よりもさらに年上の石牟《いしむ》礼《れ》道子。福島第一原子力発電所の事故を水俣と重ねる石牟礼は、

「日本は終わったほうがいいと思っています」

と言います。本当の希望は絶望の中からしか生まれないのだから、と。

石牟礼が書いてきたことに対して、「私たちがそれを受け取りますから」「そろそろ次の世代に期待するしかない」と、上野。日本をすぐ変えることはできなくとも、バトンをつなげていくことの重要性を見ているのでしょう。

同年十月二十二日号では、連載の「特別編」として、子供を持つ若い世代である川上未《み》映《え》子《こ》との対談が行われました。東日本大震災によって「この世界の構成員を増やそう」との思いが強まり、出産を「後押しされ」たという川上。そんな若い世代を頼もしく見つめ

ながらも、同年七月の参議院選挙でも自民党圧勝という状況に、上野は悲観を強めます。
連載開始時は意気込んでいたけれど、

「『ニッポンが変わる』可能性にも、『女が変える』可能性にも、明るい展望を見出せなくなっています」

と。「私たちにはここまでしかできなかった」ということで、川上世代にバトンを託す上野は、「受け取る側はさぞ大変だろうけれども」という言葉で、対談を終えるのでした。『婦人公論』における震災関連の記事は、これをもって一区切りがつきました。その後は、毎年三月十一日前後の号において、震災に触れる記事が見られるようになります。

女性を積極的に活用

　こうして日本は第二次安倍政権の時代に入ったのですが、平成二十六年（二〇一四）一月二十二日号では、「60分白熱トーク　総理の胸中に作家が迫る」として、安倍晋三と幸田真音《まいん》の対談が行われています。その冒頭に記されるのは、

「アベノミクスの柱に位置づけられる『女性が輝く日本』という政策は、はたして私たちの生活をどう変えるのでしょうか」

という文章。
自身の内閣における経済政策を「アベノミクス」と称した、安倍首相。そこでは、女性

の活用についても謳《うた》われていたのであり、待機児童をゼロにし、出産した女性は「3年育休」で子育てに専念してもらいたい、といった政策を対談でも語っています。

震災後、「男性が中心となって築いてきた日本社会の脆弱さ」から脱皮しようとして始めた対談シリーズの最中に、政権が自民党に戻ったことが上野の絶望を深めたわけですが、そんな自民党政権の側も「女」をどうにかしようとは思っていたのであり、

「まずわれわれ自身が、女性を積極的に活用していく姿勢を示すことが大事」

と、首相は語ります。第二次安倍内閣発足時には二人の女性閣僚がいて、

「森〔雅子〕さんにしても稲田朋美さん（行政改革相）にしても、女性だからではなく極めて高い能力があるから、大臣をお願いしている」

ということなのだそう。そしてこれからどんどん女性のチャンスは広がっていくので、

「皆さんも『私は何をやろうかしら』とウキウキしながら考えてほしい」

とも。

安倍首相は、妻のアドバイスを聞いて、二度目の自民党総裁選出馬を決意した、と語っています。家庭内でも女性の意見を重用していることをアピールしていたわけですが、そんな安倍首相夫人は、同年七月二十二日号に「一度きりの人生だから、夫婦であっても自分らしく生きたい」として、曽野綾子との対談に登場しています。

「昭恵さんは近頃、夫に縛られず、自由に生きる女性の理想のように思われていらっしゃ

るわね」

と、曽野から言われる昭恵夫人は、「自分で稼ぎたい」という思いから居酒屋を始める等、首相夫人としては型破りなタイプ。曽野からも、「総理夫人がお酒の仕事をすることには反対」と言われています。

同年九月には内閣改造が行われ、女性大臣は五人に。「女性活躍担当大臣」というポストも新設され、十二月七日号では、「初の『女性活躍担当大臣』。私は失敗できません」と題して、同大臣に任命された有村治子のインタビューが掲載されています。「さまざまな立場の女性が、それぞれ負い目を感じることなく希望を実現できる社会を」「ここで私が失敗したら『やっぱり子持ちの女性はダメ』というレッテルを貼られてしまう」と、有村は意気込みを語るのでした。

はからずもこの頃に世を去ったのは、土井たか子。同年十一月七日号には、「追悼・土井たか子さん〝マドンナ旋風〟から四半世紀」という記事が見えます。平成元年（一九八九）の参議院選挙において、女性候補を多数擁立《ようりつ》して「マドンナ旋風」を起こした彼女。その後は女性初の衆議院議長に選出される等、女性政治家としてエポックメイキングな活躍を続けました。

土井は家族を持たずに政治に人生を捧げましたが、その後は、「仕事も家族も」という生き方を女性が求める時代に。追悼の文章を寄せる姜尚中は、土井を知らない世代の中から新たな「スター政治家が出てくる」だろうと記し、また上野千鶴子は、市川房枝と並ぶ「〝おひとりさま〟のパイオニア」である土井の業績を評価しつつ、社会党（社民党）凋落《ちょうらく》の責任が土井にあることも指摘します。

分かれ道、どちらを行くか

震災からの復興、アベノミクス……と、転換期を迎えていた日本。首相が女性の活用をアピールし、『私は何をやろうかしら』とウキウキしながら考えてほしい」と『婦人公論』読者に対して呼びかけていた中で、女性達は本当にウキウキしていたのかというと、もちろんそうではありません。

東日本大震災関連の記事が一段落した頃からますます強まったのは、老後や死に対する不安感です。震災前から老後への不安は盛んに取り上げられていましたが、平成二十五年（二〇一三）六月七日号ともなると、「老後が不安という『病』、治せます」という特集名を見てもわかる通り、老後への不安は病的に高まっていた模様。

このような特集を組んだからとて「病」は治らなかったようで、その後も老後特集は頻繁に行われます。一方、老後特集の増加と反比例するように減少したのは、セックスや恋愛の特集でした。少し前まで、まるで枯れ木に火がついたかのようにセックス特集や恋愛特集が燃えさかっていたのに、この頃になるとめっきり減少。一時は、「相手のあるセックスは諦めた」とばかりに、マスターベーション用品の紹介等も盛んに行われていましたが、その手のページもとんと見なくなりました。一時のセックスブームが鎮火し、「それよりも老後の方が……」と、現実を見るようになったのかもしれません。

老後の不安と常にセットになっているのは、経済的な不安です。アベノミクスという花火が打ち上げられた直後は、「節約は終わり。家計を潤す秘策、教えます」(同年七月七日号)といった景気の良い記事も見られるのですが、次第にムードが変わってきました。

平成二十六年には、NHK『クローズアップ現代』で若年女性の貧困問題が、また『NHKスペシャル』でも女性の貧困問題が取り上げられたことが、話題となりました。アベノミクスから女性という弱者は取り残されたのであり、『婦人公論』においても、同年六月七日号から「変貌する女性の貧困」として短期集中連載を行い、ホームレス女子やシングルマザーといった、貧困女性の様々な「相」を紹介しています。

平成二十七年(二〇一五)四月十四日号でも、「貧困にあえぐ女性たち」という小特集が組まれました。ここでは「アベノミクスで景気回復が目指される一方で、経済的に追いつめられる人々が増えています」とされ、中でも女性は、「就職難や子どもの養育などから窮状に陥りがち」、と指摘されます。

若年層の女性達の貧困も深刻ですが、この特集の最初にあるのは、「明日はわが身　無年金・低年金が中高年女性を襲う」との記事。実は最も深刻な問題なのは、経済力がなく、家族や友人もなく、福祉制度からも切り離された中高年女性ではないか、と。

「明日はわが身」という文言は、多くの読者に響いたことでしょう。「老後とお金」関連の記事はますます増えていき、つい数年前まで、セックスに対してムンムンしていたのが嘘のよう。

特集タイトルのつけ方も、不安感を煽るようになってきました。

「『ゆうゆう老後』と『貧困老後』の分岐点」
「『ぴんぴん老後』と『寝たきり老後』の分かれ道」
「どこで差がつく？　金持ち母さん、貧乏母さん」
「『充実老後』と『しょんぼり老後』」

というように、健康でお金がある人は勝ち組として老後を過ごせるが、そうでない人は……と、「分かれ道、どちらを行くかはあなたの努力次第」という自己責任論が、ここにも見えるかのようです。

そうなると子供関連の特集にしても、教育云々というよりは「子どもの自立　老後資金と人生を奪われないために」（平成二十六年十一月七日号）と、お金絡みになってきます。仕事についても「いま、女性のトクする働き方」（平成二十七年九月二十二日号）という感じ。夫婦問題に関しては、もう愛だのセックスだのはどこかへ行って、「50代からの夫婦損しない選択」（同年十一月二十四日号）ということに。「奪われない」「トクする」「損しない」と、生活防衛の姿勢ばかりが目立つのでした。

自分の老い、親の老い

アベノミクス下、女性達は「ウキウキ」どころか不安ばかりを募らせていたわけですが、そんな中で誰もができる最も手軽な生活防衛の手段が、「片付け」「捨てる」といった行為だったのかもしれません。数年来、断捨離ブームは続いていましたが、平成二十五年十二月七日号「きっぱり捨てて、運を呼びこむ」特集では、「『リバウンド0』！　人生が変わる片づけ術」ということで、片付け界の新スター・近藤麻理恵が登場。

物を捨てれば人生が変わる、幸福になる、という生き方指南としての廃棄術の他にも、平成二十六年からは、「親家片《オヤカタ》」という言葉が登場するようになりました。これは、「親の家を片付ける」の意であり、同年九月二十二日号には「モノが溢れた実家の片づけ」という小特集が。親の家を上手に片付けるには、自分の家の時とは違った感覚が必要。「『いらないよね』はNGワード」「『キッチンの引き出し』から始める」といったハウツーの他に、「捨てる」という行為推奨の元祖である辰巳《たつみ》渚は、

「モノの処分が重要なのではなく、作業を通して親から子へ、その家庭の思いを引き継ぐことこそが大切」

と、やはり精神のあり方を語るのです。

自分の老い、親の老い。自分の死、親の死。……と、自分と親の老いと死にまつわるページがほぼ毎号のように見られるこの頃は、まさに「老後が不安という『病』」状態。自分が、そして親が「いつまで生きるかわからない」という感覚が、その不安を増大させていたのでしょう。

そんな中、平成二十七年八月二十五日号では「戦後70年の今、振り返る　女性が考える戦争」という小特集が組まれました。明日の命をも知れぬ第二次世界大戦中、発刊中止を余儀なくされた『婦人公論』。しかしそれから七十年が経ち、首相は敗戦後に制定された憲法を変えようとしている中での、特集です。

特集の最初は、戦争を知る世代の曽野綾子による寄稿。「突然襲って来る暴力に、自国民の命やその権益を奪われないために日本があらゆる形の防備の力を持つことだけは必要」であり、「平和への希求だけで平和が実現するものでもない」と、記します。

『置かれた場所で咲きなさい』がベストセラーとなった渡辺和子も、戦争を知る世代。二・二六事件で父が殺されるという経験を持つ渡辺は、戦争は決してしてはいけないとしながら、「日本から手を出してはいけませんが、国を守るために軍備は必要」と語るのでした。

日本で戦争を知る世代は確実に高齢化していたのですが、世界を見れば、イスラム国が勢力を広げる等、不穏な空気が広まっていました。日本人二名がイスラム国の人質となる事件も発生し、『婦人公論』でも「私たちはなぜ、戦場へ向かうのか」として、フリージャーナリスト緊急座談会が行われています（同年三月十日号）。

自分の生活を守ること。そして、日本という国を守ること。前者は身近な問題すぎて、そして後者は身近な問題ではなさすぎてということで、二つの大きな不安の間で呆然とする日本女性。その呆然状態は、今もなお続いているのだと言えましょう。

37　幸運と幸福のはざまで

ハピネスに目覚めたらいてう達

平成二十八年（二〇一六）、『婦人公論』は創刊百周年を迎えました。この年、最初の号の表紙モデルは、宮沢りえ。特集は、

「100年分の幸運をあなたに」

というものです。

平成十年（一九九八）に大幅なリニューアルを行って以降、新年の一号目に「幸運」「幸福」関連の特集を続けてきた、『婦人公論』。百周年の年であるからこそ、「100年分の幸運」なのでしょう。

巻頭には美輪明宏のインタビューが載っていますが、しょっぱなから美輪は、

『婦人公論』の創刊100周年にちなんで、『100年分の幸運』がテーマのようですが、残念な

がら、そんなものはありません」と、特集タイトルに異を唱えています。「棚からぼた餅」は落ちてこない。「幸福は、研究と努力で自ら摑《つか》み取るもの」なのだ、と。

　美輪の言葉は、はからずも『婦人公論』百年の歩みを示しているように思います。『婦人公論』が創刊されたのは、大正五年（一九一六）であり、平塚らいてう達が『青鞜』を創刊したのは、明治の末。大正とは、「女大学」的な旧来の価値観に女性達が異を唱えだした、女性達にとっての転換期でした。やがて『青鞜』は休刊となりましたが、『婦人公論』はその執筆陣の受け皿となります。

　それは、女性が求めるものが「幸運」から「幸福」へと変化する転換期でもあったように思います。「幸い」すなわち「さいはひ」という言葉は平安時代から存在していますが、それは「自らの手で摑み取る幸福」ではなく、女性が自分より身分の高い人と玉の輿《こし》的な結婚をする等、他者から与えられる「幸運」でした。つまり、「ハピネス」ではなく「ラック」こそが、女性にとっての「さいはひ」だったのです。

「幸い」＝「ラック」、という感覚は、その後延々と続くことになります。封建社会の中では、一般の女性が自分の努力によって生き方を切り拓くことは難しく、生まれた家や結婚相手次第で幸不幸が決まるという、運に左右される人生。

　明治の文明開化後もなお、その状態は続きます。女性には選挙権はおろか、ろくな人権は与えられていませんでした。と言うより、人権という感覚が日本ではまだ普及していなかったのであり、男性に従って当然の生き物が「婦人」（当時「女性」という言い方は一般的ではなかった）だったのです。

らいてう達がそのような世に対して異を唱えるようになったことは、画期的な動きでした。女性達が自分で声をあげて自分の立場を変えようとすることはつまり、女性がハピネスに目覚めたことを意味したのでしょう。

『婦人公論』創刊号の目次を見ると、最初に並ぶのは何本かの「公論」。そのトップを占めるのが、安部磯雄による「現代婦人の行くべき道」です。安部は東京専門学校（現・早稲田大学）の教授で、後に社会民衆党から立候補して衆議院議員となった人。

この中で安部は、はからずも「幸福」という言葉を何度も使用しています。人間の幸福とは何かといえば、「是は決して衣食住という如き物質上の幸福をのみ指すのでは無い」。そこで例にとられるのは、イプセン『人形の家』の、ノラです。「小鳥のように愛せられる計《ばか》りでなく、同時に人としての人格を認めて貰い度《た》いというのがノラの要求」であり、彼女は、

「私は妻たり母たる前に、先《ま》ず人間として立たなければならぬ」

と言ったのだ、と。

一方日本の女性はといえば、「人形のようにでも愛せられて生活をして居る女は寧ろ幸

福な方であって、人形どころかもっと酷い待遇を受けて居る」。そして、「日本婦人は幸福なりや否やと言えば、私は幸福でないと答える。何故ならば日本人は婦人を独立したる人格として認めないで、之を服従せしめて行こうとする」とあるのです。

日本の男性の幸福が、女性の従属によって成立するものなのであれば、「奴隷を使役することが人間の最大幸福でなくてはならない」。女性が幸福を得るためには、「婦人は先ず人間としての人格を男子から認めて貰うようにせねばならぬ。侮辱や軽蔑を受けないようにせねばならぬ」のだ、と。

『婦人公論』創刊号の最初に位置するこの文章を読んでわかるのは、まだほんの百年前に、女性は「人間としての人格」を「男子から認めて貰」っていなかったということです。幸福を求める『婦人公論』百年の旅路は、ここから始まったと言っていいでしょう。

人生が長くなったからこそ

百年の間には、様々なことが変化しました。今は女性にも選挙権が与えられ、「人間としての人格」も、認められています。百年前、まだ女性と男性が平等ということも知られていなかった時代と比べると、格段の進歩です。

とはいえ変わっていないことも、また多いのでした。たとえば創刊第三号に登場しているのは、「嫁と姑」というページ。ある女性が、姑との関係に悩んだ挙句、深夜の船から子供を抱いて投身自殺をしたという事件を受け、知識人達が意見を披露しているのです。

嫁姑問題が百年経って解決したかといえば、そうではありません。姑と同居する嫁の数はぐっと減少したとはいえ、今でも見られる「嫁姑」の特集。大正五年の時点で「姑と嫁との間の問題は古くして、また常に新らしい問題である」とありましたが、古来存在し続けてきた問題が、この百年で霧散《むさん》するはずがないのです。

一方で今、嫁姑問題よりも目立っているのは、母娘問題です。平成二十八年十一月八日号の特集も「母と娘、年を重ねてどう向き合う」というもの。「『長生きして』から『死んでくれ』まで母への本音を明かします」ということで、実の母娘関係も穏やかではない。

日本では嫁姑問題を避けるために核家族化が進み、夫婦はそれぞれ自分の実の親のケアをするようになりました。昔であれば「嫁いだらその家の人間」と帰省も許されなかった「嫁」がいましたが、今は結婚しても実家との結びつきは変えない人が多数派。母親達も実の娘を頼りにしているということで、母娘の密着期間が長いが故に、トラブルも多いのでしょう。

その背景にあるのは、「女の人生が長くなった」という事実です。特に女性は男性よりも長生きなのであって、今となってはほとんど「人生九十年」。母親と娘が共に過ごす時間が長期化することによって発生する軋轢《あつれき》も、無視できません。

ちなみに『婦人公論』創刊時は、男女ともに平均寿命は四十代前半でした。乳幼児の死亡率が高かったからこその短さですが、しかしたとえば『婦人公論』創刊の年に死去した夏目漱石は、享年四十九。大物感漂う漱石も実は四十代で世を去っていたわけで、ざっくり言うならこの時代は「人生五十年」という感覚だったのではないか。

　その時代と今を平均寿命だけで比べるならば、女性の人生は倍以上の長さに延びています。そして昨今の『婦人公論』の目次を見ていると、人生が倍に延びたが故に発生した問題が実に多いのです。

　老後や介護といった問題は、その代表格。初期『婦人公論』に、老いや死、介護といった問題が取り上げられることは皆無でした。読者層はまだ若かったですし、介護が必要となる前に、人はあっさり死んでいたのです。

　セックスレスの問題もまた、人生が長くなったせいで発生しました。人生が延びれば、結婚生活もまた延びます。何十年も同じ相手と暮らし続け、飽きずにセックスをし続けるという想定を、おそらく人間という生き物はしていなかったのです。

個人の幸福は捨てる時代を経て

「幸福」というものの意味合いも、時代によって変化してきました。「人間としての人格を男子から認めて貰う」ことが女性の幸福の始まりなのだ、とされた『婦人公論』創刊時。その後、昭和初期にかけて、女性はずいぶん物質的な自由を謳歌《おうか》するようになりましたが、なかなか「人間としての人格」を認められるようにはなりませんでした。

　そんな中、大正十三年（一九二四）一月号は、「幸福の出生」号と名付けられています。前年の九月に関東大震災が発生、同年臨時特別号で編集長の嶋中雄作は、「未曽有の大災厄」としつつも、震災をきっかけとして「婦人の地位の向上も、婦人の権力の拡張も、此危急の秋に於ける婦人の力の実現によって容易くなされるでしょう」と、こと婦人問題においては「禍《わざわい》を転じて福」的な感覚を持っていた模様。震災によって被害を受けた印刷や輸送の都合により、「婦人雑誌は一斉に十二月号を休刊」となったのですが、新しい年の最初の号を「幸福の出生」号と名付けたのです。

「『幸福の出生』とは、災禍の中から生れ出た吾々の幸福です」「着物も要《い》らない、道具も要らない、髪飾りも要らない、ただ要るものは愛の生活であった。——おお、それだけを教えてくれただけでも、そこから吾々の幸福はどれほど生れて来るでしょう」と、この号の予告頁には、希望に溢れた文言が記してあります。震災を機に女性の地位は飛躍的に向上し、参政権も得られるようになるだろうと、期待がおおいに膨らんでいる様子。

　しかし時代が昭和に変わっても、その希望は実現されませんでした。戦争の足音が次第に大きくなり、日中戦争そして太平洋戦争へと、日本は突入することとなります。

　戦争中、女性の幸福などは、国にとってどうでもよいものとなりました。ただ一つ、女性の手を借りなくてはどうにもならなかったのは、兵力増強のための人口増加。女性はまさに「産む機械」と目され、「最低五人は産め」と促されたのです。

『婦人公論』における女性の幸福観も、当然のように変化していきます。昭和十七年（一九四二）六月号「日本女性文化の伝統と革新」という座談会において、文芸評論家の河上徹太郎は、「今の女は幸福だと思います」と述べます。四、五年前までの平和な時代の女は「何をなすべきか困ってい」たけれど、今の女は「身近に戦争という壁があるから、それに凭《もた》れかかって生きていることが出来る。それは大変幸福なことです」と。

　また昭和十八年（一九四三）四月号には、哲学者の柳田謙十郎が「女性の責任感」との文章を寄せていますが、そこには「女性はまだまだ自覚が足りない」とありました。国が大変な時だというのに「着物のことお化粧のことに思いわずらい一身一家の幸福のことを無上の問題として生きてゆくものは、何といっても男でなくて女」であり、「女性の精神はまだまだあまりにも狭小な自己の小範囲に閉《とざ》されている」とありました。

　個人の幸福は捨てて全体の利益のために尽くせ、という戦争の時代は、しかしやがて終わります。『婦人公論』も休刊を余儀なくされていた時期を経て、復刊。昭和二十二年（一九四七）一月号の対談「自由と幸福」では、哲学者の谷川《たにかわ》徹三と天野貞祐《ていゆう》が、今までの日本人は「幸福の問題を大っぴらに取上げることさえも遠慮」していた、と語り合います。「すべて楽しむということをよくないことのように思」ってきたのだ、と。

　戦争が終わると、人々はようやく、個人の幸福を追求できるようになりました。新しい憲法のもとで女性にもやっと人権が与えられ、『婦人公論』の当初の目標は達成されたかのようにも思えるのです。

もう努力に疲れた

しかし自由に幸福を追求できるようになると、今度は何が正解かがわからなくなってきます。何度も発生した専業主婦論争は、そのあらわれだったのでしょう。晩婚化、少子化、高齢化……といった時代の変化によって、幸福の形もまた人それぞれになってきたのであり、昔の基準で幸福を語ることができなくなったのです。

たとえば平成二十八年十二月十三日号の特集タイトルは「100歳以上が6万人！　今から備えたい『長寿で幸せ』な生き方」。このタイトルからは、長寿が必ずしも幸せとは言えなくなってきた空気を感じます。人生五十年時代であれば、長寿は幸せの象徴だったはずですが、「今から備えたい」という文からは、長寿がほとんど災厄であるかのようなムードが漂う。

同年一月二十六日号の特集タイトルが「100年分の幸運をあなたに」であるのは、そのような時代と無関係ではありません。『婦人公論』は、女性が「幸運」でなく「幸福」を自分の手で摑むことができる世を求めて、創刊された雑誌です。しかしその後、女性の地位は向上。今や制度的にはかなり整備され、何かを戦って勝ち得なくては女性は奴隷のまま、という悲壮感はなくなりました。

　そうなった時、女性達が改めて欲しくなったのが、「幸運」なのかもしれません。玉の輿にのりたい。長く生きすぎずに、ポックリ死にたい。棚から落ちてくるぼた餅が欲しい……、と。

　昔の女性は〝幸福〟を摑むためのスタートラインにつくことができず、苦悩していました。しかし百年後の今、女性達は〝幸福〟であり続けるための努力に疲れて、〝幸運〟を求めています。

　その感覚もよくわかるのですが、太平洋戦争の時代を振り返れば、時の政権や時代の空気によって、女性を巡る環境は封建時代に戻ってしまうことを、私達は既に知っています。昭和初期に女性達が謳歌した自由も、戦争中は簡単に取り上げられてしまったのです。

　美輪明宏は前述のインタビューで、「『ありのままの私を受け入れて』というのはなまけもの」と言いました。それは「畑から抜いてきた泥つき大根を食え食えと言っているのと同じ」であり、料理してきれいに盛り付けるからこそ美味しいのだ、と。

　しかし戦争の只中、昭和十八年九月号の「必勝食生活」には、女に大根を与えたら、料理しようなどと考えるのがけしからん、とありました。「決戦下、正しい食い方というものは生齧りで口の中で嚙んで大根卸しにする」ことだ、と。

　時代は、戻る。だからこそ私達は、幸福を追求する権利を、この先も手放してはいけないのでしょう。大根を料理することすらも一つの大切な権利であることを、『婦人公論』の百年は、私達に教えてくれているのです。

おわりに

「マガジン」という言葉の語源は、「倉庫」なのだそうです。情報の倉、といった意味を持つのが「マガジン」。

ここまで『婦人公論』の百年の歴史を振り返ってきたわけですが、それはまさに、広大な倉庫を探索するような作業となりました。懐中電灯を片手に、百年分の女性の歴史が積み重なった層の奥底まで下りていくのは、何とも刺激的な作業だったものです。

与謝野晶子に平塚らいてうといった、ほとんど歴史上の人物として捉えていた人達と我々が、『婦人公論』を通じてつながっていることに驚いたり。大人しく真面目に生きていたイメージの昔の女性達が、時に激しい恋に身を投じ、時に道を外れてゆく姿にも、「やるなぁ」と感嘆しました。そして我々が当たり前のように享受している自由や権利が、昔の女性には与えられていなかったことにも、改めて衝撃を受けたものです。

日本の女性は、百年前と今とでは大きく変わりました。着るものや髪形といった外見も異なれば、精神のあり方にも変化が見られます。また女性を取り巻く社会環境も、第二次世界大戦前後では大きく異なっているのです。

女権の拡張、婦人の解放を目指して創刊された『婦人公論』ですが、女性読者を、

「男に反旗を翻《ひるがえ》せ！」

と扇動《せんどう》していたわけではありません。保守的な意見から革新的な意見まで、女性にまつわる様々な事象に関する幅広い意見を収納する倉庫として、常に『婦人公論』は存在し続けました。様々な意見の中から何を選ぶかは読者に託されたのであり、受け入れ幅の広さと深さがあったからこそ、この雑誌は百年続くこととなったのではないか。

百年の歴史を振り返って実感するのは、「女が丁寧に扱われるようになった」ということです。戦争前まで、女性はたいそう雑に扱われてきたのであり、〝雑に扱っても文句を言わない生き物〟とされていました。女も人間として見られるようになったのはようやく戦後のことであるという事実は、今の若い女性達にも是非、知っておいてもらいたいところです。

女性の生き方の選択も増え、セクハラもパワハラも訴え出ることができるようになった、今。百年前の女性達は、この環境をどれほど喜ばしく見ていることでしょうか。

ここに来るまでの先人達の努力に幾度も手を合わせたくなった私ですが、しかし丁寧に扱われるようになって女性の悩みが消えるかといったら、そうではないようです。かつては人ではなかった女が人となり、仕事も結婚も出産も、しようとしまいと自由

ですよ、となったらなったで、「どの道を進めばいいのか」「いつまで頑張ればよいのか」という悩みが浮上。むしろ男性に「所有」されている方が楽と、自分で考えたり選んだりすることから退行していく現象も見られます。

女性が自らの身体を丁寧に扱うようになった結果としての長寿化も、新たな悩みを招きました。介護、セックスレスといった問題のみならず、「いつまでも若くあらねば」というプレッシャーも、今の女性達にはのしかかるように。

それらは、昔の女性達から見たら贅沢な悩みなのでしょう。が、今の世を生きる女性の中には、セックスレスで死にたくなる人もいる。環境が変化することによって、悩みの質は、変わるのです。

『婦人公論』はこれからも、そんな女性達のための倉庫として、機能し続けることと思います。様々な女性の生き方を提示することによって、「このままでいいのか？」という疑問と「このままでいいのだ」という自信を与えるのが、その役割。百年分の女の生き方を蓄えた壮大な倉庫は、未来を生きる女性達の生き様をもおさめ続ける準備を整えているに違いありません。

この連載中、私は雑誌というものの魅力を改めて嚙《か》み締めていました。精製し切る前の、雑然、雑多な情報が詰め込まれているのが、雑誌。『婦人公論』においても、特に男性文化人などは、女性向けの雑誌ということで軽い気持ちで臨んでいる様子が見受けられることもままありました。

　だからこそそこには、人々の本音が無防備にさらされています。次の号が刊行されたら消えゆく運命の雑誌は、時代の波に乗る人、翻弄される人の、最も生々しい姿を切り取って伝えているのであり、私はしばしばそんな人々に揉まれつつ、タイムトラベル気分を味わうことができたのです。

　百年分の『婦人公論』を読むことは、女性を通して日本の近現代史を見る、またとない勉強の機会となりました。大正、昭和、そして平成の女性達と確かに自分もつながっているという事実を、読者の皆様にも感じていただけたなら、これほど嬉しいことはありません。

　最後になりましたが、この広大な倉庫の鍵を与え、共に巡ってくださった中央公論新社『婦人公論』編集部の皆さん、書籍を編集してくださった打田いづみさん、素敵なデザインで本を仕上げてくださった大島依提亜さんに、御礼を申し上げます。

二〇一八年　初夏

酒井順子

文庫版あとがき

二〇一六年に『婦人公論』が創刊百年を迎えてから、はや七年が経過しました。この間、日本は平成から令和へ。そして日本を含む世界は、未知なるウィルスである新型コロナのパンデミックに見舞われます。

『婦人公論』はその間、いつも通りに刊行され続け、

「ワクチン接種が〝出口〟への切符に」

「感染対策とケアの両立は」

等、コロナ関連の記事にも力を入れます。

二〇一九年には、ウェブ版の『婦人公論』がスタート。二〇二一年には、『婦人公論』で表紙や誌面を度々飾った瀬戸内寂聴さんが、九十九歳で亡くなります。二〇二二年からは、それまで月二回刊だった『婦人公論』が月刊化されました。また、かつては雑誌にとっての王子様だった氷川きよしさんは、次第に性別の軛《くびき》から離れ、歌手生活に区切りをつけるといったことも。

百一年目からの『婦人公論』は、このように多くの変化と共にあるのですが、その

間に確実に迫り来るのは、日本の、そして『婦人公論』読者の高齢化です。百周年を迎える前から、老後の問題を頻繁に取り上げていたことは本文にも書きましたが、百周年後は、「死」「終活」といった、人生の着地点を意識させるキーワードが誌面で目立つように。表紙を飾るカバーレディーの平均年齢も、ぐっと高くなります。

東日本大震災の頃は、まだセックスレス問題を熱心に取り上げていたのが嘘のよう。「そんなことはどうでもいい」とばかりに、「ひとり老後」「認知症」「80・50問題」といった切実な話題が頻出するようになりました。

平均寿命、高齢化率ともに、世界トップクラスの日本。中でも女性は男性より長寿ということで、日本女性は、高齢化問題において世界の先頭をひた走っていることを、『婦人公論』のあり方は示します。創刊時からこの雑誌は、時代の先端に立つ女性のために存在し続けましたが、令和の『婦人公論』は、まだ誰も見たことのない世界一の高齢社会を生きる日本女性を導くことによって、創刊時のポリシーを堅持しているのです。

高齢化問題だけでなく、女性を取り巻く様々な状況が激変する中で、『婦人公論』の歴史は、今を生きる女性達にとっての財産となることでしょう。過去の上に今があるということは、今の上に未来があるということ。『婦人公論』が百年の歴史の上にどのような未来を重ねていくのかを、今後も私は多くの読者と共に見続けていきたいと思います。

文庫版の刊行にあたっては、単行本に引き続き、デザイナーの大島依提亜さん、中央公論新社の打田いづみさんに大変お世話になりました。この場を借りて御礼申し上げます。

二〇二三年　初夏

酒井順子

解説　だいじなことはみんな『婦人公論』に書いてあった！　中島京子

わたしはかつて、『主婦の友』（旧誌名『主婦之友』）という雑誌の編集者だった。『婦人公論』と、ほぼ同時期に創刊され、ともに時代を駆け抜けた老舗女性雑誌という点では、浅からぬご縁の雑誌と言えるのではないだろうか。

新米の雑誌編集者だったころ、わたしはしょっちゅう会社の資料室に籠《こも》り、創刊から平成に至るその雑誌を、夢中で読んだ。

『小さいおうち』という小説は、わたしの代表作なのだが、その小説に「『主婦之華』の編集者・睦子さん」というキャラクターを登場させたのは、時代の変遷を映す女性誌の魅力を、小説読者といっしょに味わいたかったからだし、じっさいに小説を書くにあたって、その雑誌は第一級資料となったのである。

参考にしたのは、戦前から戦中にかけての世相の変化で、家庭の食卓の変化などは非常におもしろかった。日中戦争時代は余裕もあったのだが、太平洋戦争に突入するくらいから、様子が変わってきて、昭和十八年、十九年あたりになると、物を食べるというより根性を食べるみたいになってくる。

そのあたりは、『婦人公論』もよく似ている。酒井さんが鋭く指摘する部分を引用すると、昭和十三年あたりの料理記事は、「時局的に『戦時下』というタイトルをつけてみたフランス料理教室、という感じ」であったのに対し、昭和十八年の「必勝食生活」では「たとえば大根があったなら、今はふろふきだのおでんだのと考える時期ではない。燃料と手間が勿体無いから、『大根丸ごとをバリバリ齧《かじ》って、口の中で嚙んで大根卸しにする』べきだ」と、陸軍大佐の農学博士は言うのである。

しかし、主婦大衆向け生活情報誌『主婦之友』と、『中央公論』の「妹分」として誕生した『婦人公論』とは、似ているようでずいぶん違う。「女中の心得」や「化粧の仕方」のような実用的な記事の多い『主婦之友』と違い、『婦人公論』は「言論誌」なのだ。創刊以来「女権拡張」という高邁《こうまい》な理想を掲げ、女性のための、オピニオンリーダーとなるべく世に出た雑誌なのである。

百年もの時の流れを映す膨大な雑誌資料を紐解くならば、それらをきちんと読む目利きの存在ほど助けになるものはない。

酒井順子さんという、またとないガイドを得て読み出《い》だされる『婦人公論』は、また格別のおもしろさを持って胸に迫る。

「婦人と言えども人である」

という、日本女子大学校長・成瀬仁蔵の言葉を、創刊間もない雑誌から酒井さんは発掘する。うわあ。（こんなんでも一応、人間ですから）というようなニュアンスか。『婦人公論』の百年、つまり近代日本の女性の歩みは、この状態からのスタートであったのだ。

女性を男性と同等の人と認めようという理想を持つ『婦人公論』が扱うテーマは、そもそもの初めからかなり現在と通じる。「職業婦人」とか、「婦人参政権問題」とか。女性の働き方については、いまも盛んに議論されているし、婦人参政権は手にしたものの、女性議員の少なさや政治参加の機会の乏しさは、いまだにわたしたちを悩ませている。そして「自由恋愛」や「セックス」が、かなりしっかり扱われる。

とはいえ、なにしろ「婦人と言えども」からのスタートなので、気持ちよくまっすぐな線を引くようには、女性の権利獲得は進まない。妙な足踏みや悲しい後戻りなど、ジグザグしながら進んでいく。

大正の「新しい女」が、昭和の戦時下で「封建時代へ逆戻り」したのは、百年の歴史から見れば序盤戦。戦争が終わると、ＧＨＱの指導の下、日本は「民主主義国家」へと生まれ変わり、悲願の「女性参政権」が与えられる。ここで、創刊のころからの執筆者のひとりである山川菊栄は、「『女も人間だ』という事実を初めて発見させた意義は大きい」と書いた。「婦人と言えども人である」アゲイン。今度こそ、それが常識になるのだろうか。

戸惑いつつ戦後与えられた「人権」を受け入れた女性たちに、ほんとうの意味で変化があらわれるのは、昭和三十年代に入ってからだったようだ。

やはり昭和二十九年に始まる高度経済成長の影響は大きかったのだろう。昭和三十三年に、『婦人公論』は創刊五百号を迎え、はじめての女性編集長が登場した、とある。このあたりから、「男性飼育法」とか「恐妻」とかいった、言葉の上では男女逆転現象のようなものがあらわれる。

酒井さんは、しかし、ジグザグの歩みを正確にとらえていく。昭和四十年代には「女性が戦後のさばりすぎ」（大宅壮一）との意見が見られ、瀬戸内晴美（当時）は「（女は男に）いじめられたいという被虐本能」があると言い出す。この、あっけにとられるような言説は、昭和五十五年の対談「女と男のほどよい関係」での吉行淳之介の「女性というのは誰しも、男性から殴られるなどひどい目に遭わされると『とてもいい気持』になるものだ」という発言、対する宮尾登美子の「それはあると思います。女はみんな」という答えにも繰り返される。「共に大正生まれ」の吉行・宮尾・瀬戸内世代には共通の感覚だったのか。

もちろん、いまわたしが拾ったのは、反動、揺り戻し、あるいは当時としても古臭くなりつつあった言説ではあるだろう。昭和五十五年といえば、一九八〇年。八〇年代は「女の時代」と言われて、男女雇用機会均等法も成立する。『婦人公論』が夢見た「女権拡張」の波が、大きくまたうねりを持って上昇するのが、バブルを背景にしたこの時代であるのもおもしろい。酒井さんの慧眼《けいがん》は、八〇年代に登場する「女を殴らず、買わず、悦ばせよう」とする「軽い」男たちの登場に、くっきりと時代的な変化を見る。田中康夫、椎名誠、糸井重里を例に挙げるのだが、たしかにこのあたりから男たちは変わり始めたのかもしれない。三人の男性クリエーターたちが、理想の男性像というわけではない。でも、やはり、吉行・大宅的な男性像からすれば、突然変異的に現れた「新しい男」ではあったのだろう。

いずれにしても、興味深かったのは、高度経済成長期、バブル期という、経済の底上げがある時期に、女性の権利獲得、あるいは女性への意識の変化が進んだという事実だ。

バブル経済が崩壊して以降、日本は長い、長い、長い不景気の時代に入った。女性の「人」としての進歩も、なんとなくここ三十年くらい停滞している気がする。

お隣の韓国や台湾などでは経済成長が進み、とっくに女性たちは政界への進出を果たしている。台湾は、女性のみならず性的マイノリティの権利への理解も進み、アジアで最初に同性婚を実現させた。

ひるがえって日本は、と考えると、なんとなく落ち込んでくるけれども、わたしたちが本書から学ぶべきは、この一進一退の繰り返し、反動と停滞、その百年の中で、しかし、気がつけばここまで来ている、という事実の重みではないだろうか。

本書は、『婦人公論』の百年、つまり二〇一六年時点で考察を終えているが、このあと、わたしたちは#ＭｅＴｏｏを経験し、フラワーデモを経験し、『エトセトラ』や『シモーヌ』といったフェミニズム雑誌の創刊を見ることになる。一方で、本書の中でも何度か登場する「家」回帰、「家庭」重視の政策などにも、現実の中で出会うのである。

なんだか進まないわね、遅れてるわね、という感覚の中で、ものごとはちょっとずつ動き、どこかで思わぬ突然変異を生み、そうして変わっていくのだ。きっと。

（なかじま・きょうこ　作家）

初出　『婦人公論』二〇一六年三月二十二日号〜二〇一七年十月十日号に「『婦人公論』100年に見る　変わる女、変わらぬ女」として連載

単行本　二〇一八年六月　中央公論新社（単行本化にあたりコラムを書き下ろし）

さ　行

索 引

【人名】

中公文庫

百年《ひゃくねん》の女《おんな》

──『婦人公論《ふじんこうろん》』が見《み》た大正《たいしょう》、昭和《しょうわ》、平成《へいせい》

2023年6月25日　初版発行

著　者　酒《さか》井《い》順《じゅん》子《こ》

発行者　安部順一

発行所　中央公論新社
〒100-8152　東京都千代田区大手町1-7-1
電話　販売 03-5299-1730　編集 03-5299-1890
URL https://www.chuko.co.jp/

DTP　平面惑星
印　刷　大日本印刷
製　本　大日本印刷

Published by CHUOKORON-SHINSHA, INC.
Printed in Japan　ISBN978-4-12-207377-7 C1195